博物館の系譜と現代的実践

安高啓明
YASUTAKA Hiroaki

ひろがる
ヴンダーカンマー

History of the Museum and Practice
in Contemporary Society-Expanding
Wunder kammer

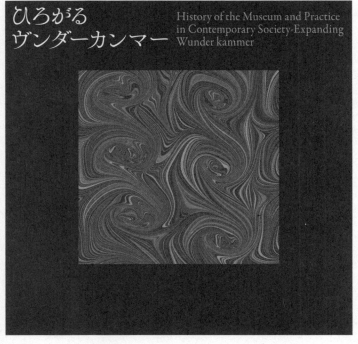

昭和堂

はじめに

　"博物館"は、蒐集された資料を保存した"一室"を起源とする。蒐集者（コレクター）の嗜好や関心などが動機となって、集められた文物は、現在にも残り続け、そこには、様々な価値が付帯している。時代を経るに従って多角的な評価が加えられた一方で、その価値が否定されたり、戦争・災害などにより紛失・消失することもある。"一室"から"博物館"へと発展した背景には、独立して文物を収集・保存する機関の必要性を是認した世論が担保にあった。

　今日の博物館法では、資料の収集、調査研究、教育普及・展示活動が三位一体となっているように、基本的なサイクルは、今も昔も大差ない。蒐集者が学芸員（専門職）として、前述した職務をこなす研究者となったが、博物館や学芸員が存在する前提には常に"モノ"の実在がある。

　かつて、"驚異の部屋"とも呼ばれた Wunderkammer（ヴンダーカンマー）は、博物館への進化を予見させる。「フェッランテ・インペラートも陳列室」をみると、資料が所狭しと並べられている（陳列）状況は、展示という教育的要素を持つものに成長するであろう期待感にあふれている。そして、キャビネットに入れられて珍重され、天井に至るまで張り巡らせている陳列物は圧巻で、資料の持つ可能性と蒐集者の高い熱量を感じる。さらに、見学者と思われる数人が版画に収められている様には、蒐集者同士の連帯性、ひいては、ネットワーク化している状況も見受けられる。ヴンダーカンマーからミュージアムへの昇華には、市民権を得ることが不可欠であって、多くの人たちの文化的教養の高まりとリンクする。蒐集者の嗜好性の先に、学術的かつ文化的価値を"モノ"が有していたのであった。

　ヴンダーカンマーからミュージアムという、"ハコ"が変化を遂げてきた一方、現在では"空間"的な広がりをみせている。博物館単体ではなく、その周辺（遺跡や史跡公園など）を含めて俯瞰的にとらえるようにな

フェッランテ・インペラート『博物宝典』より「フェッランテ・インペラートの陳列室」(町田市立国際版画美術館蔵)

り、そこに"フィールド・ミュージアム"という概念が生まれた。それは、博物館だけでの展示では不十分なところを補う周辺の史跡などを一体的に見据え、総括的な社会教育のツールとする考え方である。ここに教育的効果は一層高まり、フィールド・ミュージアムの構成資産の相互に人流を生じさせる。さらには、ミュージアム都市として、博物館を核とした街づくりも展開される選択肢も創出し、地域社会と一体を織りなす重要な存在にまで博物館は昇華してきた。

　その一方で、文化財が少ない、見出されていない物件を有する自治体も多い。学術的評価は、長い調査研究の末に結実するものであり、即効性がある訳ではない。自治体の"体力"もあるため、一律的な努力を求めるわけにもいかない状況において、国からは文化財を観光資源として活用する方向性が示されている。国の指針に追い付けない自治体も散見されるなか、どのような対応が求められるのか。また、観光客の誘致だけに迎合し

ていいのかという疑問は常につきまとう。

　そこで、本書では、博物館や文化財行政、街づくりを含めた、博物館界の今後あるべき姿を見出すため、文化財を保護してきた先人の動きを追っていき、将来のあるべき観光振興のあり方についても検討していく。また、博物館や自治体が取り組んでいる具体的な事例を分析するとともに、大学や博物館産業との連携を含めた、博物館界の指針を提示していきたい。そして、博物館史のなかで比較的新しい大学博物館に焦点を絞り、現状と課題、その可能性を紹介する。

　博物館と社会は乖離してはならない。そして、博物館や文化財行政は時代に敏感であり続け、独立独歩であってもならず、機を見るに敏であることも求められる。地域博物館や大学博物館が、社会を構成する資産としてどのようにあるべきなのか。本書を通じて、一人ひとりが考える契機となるよう、そして、歴史学が現代社会に果たす意義を本書で提示していきたい。なお、本書には一貫してフィールドワークを重視した成果を盛り込んでいる。決して机上の空論ではなく、現地を訪れて得られた情報も取り入れている。論考（本章）とレポートを関連付けながら手に取っていただき、問題意識を共有していきたい。

目　　次

はじめに ………………………………………………………………… i

●第Ⅰ部　資料の概念変化と保護体制——公開と保護のあり方

第1章　宝物の保存から文化財の活用へ ………………………… 2
　　はじめに　2
　　1　文化財保護法前史　3
　　2　文化財保護法の制定　11
　　3　文化財保護法の改正　15
　　おわりに　19

第2章　日本の博物館前史 ………………………………………… 23
　　はじめに　23
　　1　研究会の結成と薬品会の開催　24
　　2　東都薬品会の開催　31
　　3　医学館薬品会の特性　38
　　（1）床の間・床脇陳列　40
　　（2）幔幕内陳列　41
　　（3）結界内陳列　44
　　（4）庭園陳列　45
　　（5）柱部・桁部陳列　46
　　おわりに　48

第3章　行政資料から文化財へ
　　　　　——踏絵に関する資料的概念変化 ……………………… 53
　　はじめに　53

1　踏絵の変遷と管理　*54*
　　2　踏絵の移管——長崎県から教部省へ　*59*
　　3　踏絵の資料的概念——長崎博覧会出品を巡って　*63*
　　4　踏絵の展示公開化　*67*
　おわりに　*74*

レポート1　現代に残る"迷子石"　*78*
レポート2　発祥の碑——無形の可視化　*82*

●第Ⅱ部　多様化する博物館——大学博物館と地域博物館

第1章　大学ミュージアムの導入と機能　*92*
　はじめに　*92*
　　1　生涯学習の拡充と大学博物館　*93*
　　2　「ユニバーシティ・ミュージアムの設置について」の分析　*98*
　　3　大学博物館の分類と機能の多角化　*109*
　おわりに　*116*

第2章　熊本地震の教訓にみる大学博物館の役割　*121*
　はじめに　*121*
　　1　熊本地震における被害状況　*122*
　　2　文化財への災害対応　*125*
　　3　資料への対応と熊本地震における体制　*129*
　　4　大学博物館の非常時での役割　*133*
　おわりに　*137*

第3章　博物館をつくる——組織・個人・郷土の三類型　*142*
　はじめに　*142*
　　1　博物館の類型と種別　*143*
　　2　新設博物館の現状　*149*

（1）西南学院史資料センター　*150*
　　（2）大田区立勝海舟記念館　*152*
　　（3）上天草市歴史資料館　*156*
　3　博物館活動の多様化　*160*
　おわりに　*165*

レポート3　台湾のキャンパス・ミュージアム
　　　　　　――台湾大学と成功大学　*169*
レポート4　統治時代の遺産の活用――台湾に残る建造物と宗教　*175*

●第Ⅲ部　"文化財"と地域振興――新たな価値と観光ツーリズム

第1章　"負"の遺産の評価と継承　……………………………………… *188*
　はじめに　*188*
　1　江戸の刑場の変遷と現在　*189*
　2　"投げ込み寺"浄閑寺　*197*
　3　震災遺構の保存と活用　*203*
　おわりに　*208*

第2章　感染症への対応とアマビエ流行
　　　　　　――資源の活用と可能性　………………………………… *213*
　はじめに　*213*
　1　江戸時代の感染症対応　*214*
　2　瓦版アマビエとその解釈　*222*
　3　アマビエの流行の契機と広がり　*228*
　おわりに　*233*

第3章　『鬼滅の刃』にみる拠点の形成　…………………………… *237*
　はじめに　*237*
　1　聖地巡礼の原理と"鬼"　*239*

2　『鬼滅の刃』にみる拠点創出――八幡竈門神社　*243*
　　3　『鬼滅の刃』の舞台――吉原遊廓　*246*
　　おわりに　*254*

レポート5　キャラクター像の設置と地域振興　*259*
レポート6　"ポケふた"と"マンホールカード"　*264*

　　おわりに …………………………………………………………………*269*

第Ⅰ部

資料の概念変化と保護体制
――公開と保護のあり方

第1章
宝物の保存から文化財の活用へ

はじめに

　この法律は、文化財を保護し、且つ、その活用を図り、もつて国民の文化的向上に資するとともに、世界文化の進歩に貢献することを目的とする。

　これは、「文化財保護法」第1条（この法律の目的）の全文である[1]。文化財保護法は、昭和25（1950）年5月30日に公布され（8月29日施行）、これにより、文化財保護委員会が設置されるほか、無形文化財や埋蔵文化財を追加して、保護すべき範囲を広げるに至り、改正されながら現行法となっている。その精神性は、「世界文化の進歩に貢献すること」（下線部）であり、国内にとどまるものではなく、国際社会を射程にしている。"保護なくして活用なし"という前提にありながら、昨今では「地方創生・観光活用」に向けた法整備が進められており、"運用"重視の方向性が示されているが、この条文に則したことである。

　文化財の前身である"モノ"、そして"宝物"の保護に関する法律は、その時の社会状況に応じて制定されていた。近代国家化の一方で、様々な文物が散在している状況を目の当たりにし、それらを将来に残す体制が整えられていく。保護するにあたっては、"モノ"に学術的・文化的・資産的価値を認める客観的な評価が必要である。明治期に国の調査によって対象物を確定していくと、その範囲を広げていき、最終的に罰則規定をともなう体系的かつ包括的な法律が制定された。

　実際の法運用にあたっては、"文化財"という意識醸成を国民全体に促さなければならない。つまり、"モノ"から昇華した"宝・財"として概

念形成していくことが重要となってくる。"文化財"という意識を国家主導的に萌芽させるためには、相応の学術調査が担保となる。文化財と認定される評価基準を合理的根拠のもと策定することで一体的な評価が付与されよう。最初に保護対象となった寺社などを事例にみれば、日本人が心の拠りどころとする仏像や神体の"信仰"という領域とは別に、学術的評価が加えられている。対象物に普遍的価値を与え、個人的な信仰とは一線を画した評価が、罰則付き立法の条件となったのである。こうして"守る"という国家指針のもと、文化財行政は歩んできたといえる。

現在の文化財行政は、文化財を"守る"から"活用"にシフトしている。この背景には、インバウンドを見込んだ"稼ぐ"モノと見なす国家的意向が見透かせる。その動きは、先人が守ってきた文化財意識からの一大転換といえ、そのためには法的な位置付けがなくてはならない。また、博物館法や社会教育法などの文化財保護法に紐付けられる関連法があり、これらとの整合性が必要となってくる。文化財は、博物館法や文化財保護法の範疇で活用されてきたわけだが、近年ではこれを不十分とみなされたのである。今日の法改正にあたり、国は十分な検証をしてきたのだろうか。拙速な文化財活用の方針策定は、これまで文化財保護に尽力してきた先人への裏切り行為になり得る。そこで、ここでは、文化財保護法の制定に至る歴史的変遷を見ていくなかで、現在の文化財に対する考え方を整理し、活用と保護のあり方を検討していくことにする。

1 文化財保護法前史

明治4（1871）年5月23日、太政官布告第251号において、「古器旧物保存方」が発せられた。これは、「神仏判然令」(1868年) や「大教宣布」(1870年) などが出されたこと、そして、神道と仏教を分離する施策（神仏分離）がとられていくなかで、廃仏毀釈運動が各地で起こり、寺院の仏像や古物などが破壊されていく状況下で出された。こうした国内で対立する世相を受けて、寺院の宝物などを保護しようとする動きが生じ、制定されたのが古器旧物保存方である。その条文の冒頭を挙げれば次のように記されている[2]。

古器旧物ノ類ハ、古今時勢ノ変遷・制度・風俗ノ沿革ヲ①考証シ候為メ、其裨益不少候処、自然圧旧競新候流弊ヨリ追々遺失毀壊ニ及ヒ候テハ、実ニ可愛惜事ニ候条、各地方ニ於テ歴世蔵貯致シ居候古器旧物類②別紙品目ノ通、細大ヲ不論、厚ク③保全可致事、

　古器旧物のなかには、日本の社会的変遷、制度や風俗の沿革を「考証」（下線部①）するための役に立つことが少なくないと明記される。ここに、国体の証明として古器旧物を位置付け、これらが近代国家化のなかで遺失・破壊に及んでしまうことを懸念している。そこで、各地で長年、管理されてきた古器旧物の調査を行うべく提示した「別紙品目」（下線部②）に従い、厚く「保全」（下線部③）するように指示しているのである。
　古器旧物保存方は、管理が曖昧になっている宝物を寺社の財産として保全する方策でもあった点は注視すべきであり、この太政官布告が国家主導による文化財保護政策の第一歩であったことを意味していると評価される[3]。明治政府が考える「古器旧物」が、「別紙品目」により明確に示されると、これを財産として捉える意識の萌芽となり、「各地方」（波線部）という広域を対象としていった。これは、旧幕藩体制からの脱却を果たした動静とも位置付けられ、国家として「考証」するという、明治政府の"史観"を見出せる。そこに、「保全」する道義を一体的に落とし込み、近代国家としての正当性を「古器旧物」に求めているのである。
　前掲した文章の後に、31項目からなる保護対象物が列挙されている。それは、祭器・古玉宝石・石弩雷斧・古鏡古鈴・銅器・古瓦・武器・古書画・古書籍並古経文・扁額・楽器・鐘銘碑銘墨本・印章・文房諸具・農具・工匠器械・車輿・屋内諸具・布帛・衣類装飾・皮革・貨幣・諸金製造器・陶磁器・漆器・度量権衡等・茶器香具花器・遊戯具・雛等偶人児玩・古仏像並仏具・化石である[4]。神祭に用いるもの、古来の什器、日用生活品、遊戯、信仰物に至るまで幅広いものが対象となっており、まさに、「古器旧物」に相応しい目録となっている。
　古器旧物保存方が出された背景には、明治4（1871）年4月25日の大学献言があった。『公文類聚』（国立公文書館蔵）の冒頭部を抜粋すると次の

ようにある。

> 集古館ヲ建設致候一大要件ハ既ニ外務省等ヨリ及献言候旨ニ付、更ニ贅言不仕候へ共、戊辰ヲ戈ノ際、以来①天下ノ①宝器珍什ノ及遺失候モノ儘有之哉ニ伝承致、遺憾ノ至ニ有之候処、殊ニ世上ニ於テ欧州ノ情実ヲ悉知不仕候輩ハ、彼国日新開化ノ風ヲ以テ徒ニ新奇発明ノ物耳貴重仕候様誤伝致、只管厭旧尚新ノ弊風ヲ生シ、経歳②累世ノ古器旧物敗壊致候モ不顧、既ニ毀滅ニ及候向モ有之哉ニ相聞へ、②考古ノ徴拠トモ可相成物逐日消失仕候様成行、実以テ可惜次第ニ有之候（後略）

ここに、外務省などからの献言をうけて集古館の建設構想があがっていたことがわかる。そして、戊辰戦争で宝器珍什が失われている状況を問題視しており、「天下」（下線部①）という文言には国家としての普遍的かつ重要な文物であることが示唆され、これを保護する道義が示された。さらに、社会的風土が、古物を忌避し、新しいものを求める誤った方向に進んでおり、「古器旧物」を破壊している動向にあると述べている（下線部②）。考古の証拠となるものが日々失われている現状を、「口惜しい」ことであるという心情を吐露する。ここに、「古器旧物」を保護する概念が生じていたとみることができ、「天下」の「宝器珍什」（波線部①）、さらに「考古ノ徴拠」（波線部②）としての価値が提示されている。

　古器旧物保存方を起点とする保護制度は、内務省と宮内省によって行われてきていた。これを一元化するとともに体系化しようとの機運から、明治30（1897）年6月、古社寺が所有する宝物及び建造物の保護を目的とし、内務大臣により、「古社寺保存法」が制定された[5]。「古社寺保存法」の制定にあたっては、「古社寺保存法案理由書」（国立公文書館蔵）に次のようにある。

> 抑モ我国ノ美術ハ概ネ神仏教ニ依リテ発達シ、神社仏閣ノ建築及諸藩ノ宝物等一種ノ精妙ヲ極メ本邦固有ノ①特能トシテ宇内ニ雄飛シ、特殊ノ光輝ヲ放ツニ足ルヘシ、然ルニ方今美術ノ倉庫タル古社寺ハ一般

ニ衰頽ヲ極メ、漸ク破損ニ就クモ修繕ノ<u>力</u>①ナク、殆ント維持スルコト能ハサラントス、是時勢ノ然ヲシムル所ニシテ、已ムヲ得スト雖モ、其盛衰ハ<u>②一国ノ光栄ニ関スルヲ以テ国家ニ於テ固ヨリ之ヲ傍観スルヲ得ス</u>、宜シク至当ノ方法ヲ設ケ、之レカ保存ノ道ヲ講セサルヘカラス、曩ニ古社寺保存費ヲ五万円ニ増加シ、又<u>②古社寺保存会ヲ設置セラレタル</u>モ職トシテ古社寺保存ノ旨趣ニ出テスンハアラス、今古社寺保存ノ目的ヲ確定シ、更ニ進テ其方法ヲ定ムルノ必要アルニ依リ、茲ニ古社寺保存法案ヲ提出ス

　これによれば、日本の美術の大概は、神道・仏教から発達したものであり、神社仏閣の建築や、諸藩の宝物等の精巧さは、日本固有の「特能」（下線部①）として天下に轟いていると高く評価している。しかしながら、その美術品を所持する古社寺が廃退している状況にあり、破損しても修繕する「力」（波線部①）もないという。維持することが困難になっている状況は、「一国ノ光栄」（日本国家の名誉）に関わることであるため、国家としてこれを傍観できない（下線部②）。そこで、「古社寺保存会」（波線部②）を設けるとともに、必要に応じて支援する体制が整えられた。保存する目的を明確にし、さらには、必要な措置を講じるために、「古社寺保存法案」を提出しているのである。
　国費を投じて保存する対象は、「一国ノ光栄」に関するものである。それは、古社寺保存会に諮問して内務大臣が定めることになっている。ここでの基準は、「社寺ノ建造物及宝物類ハ歴史ノ証徴、由緒ノ特殊、又ハ製作ノ優秀」（第2条）であることだった。さらに、「歴史ノ証徴、又ハ美術ノ模範トナルヘキモノ」（第4条）とあり、"歴史ノ証徴"であることは必須条件といえる。あわせて、伝統的なもの、または優秀な製作品であり、美術の模範となる後世への影響をも包摂した評価をともなっている。国費で補助する以上、国家的評価につながるものがその対象だったのである。
　「宝物」を保護する動きは、国際情勢のなかで創出されている。明治28（1895）年の日清戦争勝利によって民族意識・国家意識の高揚が生じており、同30年代以降、民間から古墳墓、歴世の宮跡、天皇や国家に対する功

労者に関する遺跡などの保護を訴える主張が帝国議会への建議案で頻繁に行われるようになった。明治44（1911）年には、貴族院議員、動物学・植物学・地質学・人類学・考古学・歴史学・建築学等の学界、ジャーナリズムなどの人々に、内務省関係者を加えて、「史蹟名勝天然紀念物保存協会」が設立され、大正3（1914）年9月から機関誌『史跡名勝天然紀念物』を発刊するなど、それらの保存の緊急性を広く訴えていた[6]。

こうしたなか、全6条からなる「史蹟名勝天然紀念物保存法」（大正8年法律第44号）が公布され、ここには、現状保存の原則、そのための必要な方策が定められている。指定物件の現状変更や保存に影響が及ぶ行為がある場合は、地方長官の許可を必要とし（第3条）、内務大臣は、指定物件に対して一定の行為を禁止、制限を加えることができる（第4条）。そして、内務大臣は地方公共団体に物件を管理させることができた（第5条）。史蹟名勝天然紀念物保存法は、自然科学系にも及ぶ保護法制として位置付けることができよう[7]。

古社寺保存法に次いで制定された「国宝保存法」（昭和4年法律第17号）は、全25条と附則からなる。国宝保存法が昭和4（1929）年7月1日から施行されたことで、古社寺保存法は廃止された。そこで「国宝保存法案理由書」（国立公文書館蔵『公文類聚』）をみれば、次の立法理由があった。

> 建造物宝物ノ類ニシテ、①<u>歴史ノ証徴・美術ノ模範ト為ルベキモノ</u>ノ保存ニ付テハ、古社寺保存法中社寺有ノ物件ノミニ関シテ、規定アルニ止リ而モ、同法ハ三十年前ニ制定ニ係リ、不備ノ廉尠カラザルヲ以テ、古社寺保存法ハ之ヲ廃止シ、新ニ国宝保存法ヲ制定シテ、②<u>汎ク是等貴重ナル物件ノ保存ニ付</u>、必要ナル規定ヲ設ケ、之ガ保存上遺憾ナキヲ期セントス、是レ本案ヲ提出スル所以ナリ

これによれば、対象となる建造物と宝物について、「歴史ノ証徴」「美術ノ模範」となるものを保存するという古社寺保存法の系統を引くものとして国宝保存法も位置付けられていることがわかる（下線部①）。ただし、古社寺保存法は、神社や寺院が所有する物件についての規定だったが、こ

れは、30年前に制定されたもので不備が少なからずあることを認めている。そこで、今回、新たに国宝保存法を制定することとし、「汎ク」（＝遍く）貴重な物件を保存するために必要な規則を設けるとしている。つまり、古社寺保存法から国宝保存法へとつながる明確な法規定であることは言うまでもない。また、寺社だけでなく、対象範囲を広げることを理由書に盛り込んでいるのは、今日の文化財保護法へと通じる概念である。そこで、国宝保存法の第1条をみれば、次のように記されている。

　　建造物、宝物其ノ他ノ物件ニシテ、特ニ歴史ノ証徴又ハ美術ノ模範ト為ルベキモノハ、主務大臣国宝保存会ニ諮問シ、之ヲ国宝トシテ指定スルコトヲ得

　これは、古社寺保存法の第4条に系譜をひくもので、理由書にもあった「歴史ノ証徴又ハ美術ノ模範ト為ル」ものに対して、主務大臣は国宝保存会に諮問することとある。古社寺保存法では、古社寺保存会が諮問機関で

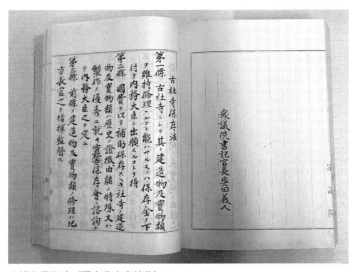

古社寺保存法（国立公文書館蔵）

あったが、これに代わる「国宝保存会」が設けられている。主務大臣が国宝に指定したときは、官報で告示し、物件の所有者に伝えるとされた（2条）。国宝の輸出や移出（3条）、現状変更（4条）にあたっては、主務大臣の許可を必要としている。

国宝保存法は25条で構成されるが、その主な内容は、次の4点に特筆される。①従来、宝物と特別保護建造物にわかれていたものを文部大臣が指定する「国宝」に統一すること。②国有・公有及び私有の文化財すべてを指定の対象とし、これらについて維持修理のための補助金を交付すること。③国宝の輸出又は移出は、文部大臣の許可を受けた時以外はできないこと。④国宝の現状変更については、文部大臣の許可を受ける必要があることである[8]。ここに、主務大臣である文部大臣の許可制を採ることで、現状把握（品質保持・現在地特定）に努めたのである。それは、「国宝保存法制定ノ趣旨」（国立公文書館蔵『公文類聚』）からも窺い知れる。

　　更ニ最モ痛心ニ堪ヘザルハ、①未ダ古美術保存ノ思想大ニ起ラザリシ、既往ニ於テハモトヨリ近時ニ至リテモ、我ガ絵画、彫刻、版画、及工芸品、刀剣等各種類ニ亘リテ、海外ニ流出セルモノ頗ル多ク、中ニハ国宝ニ準ズベキ名品マタ少シトセザルノ一事ナリ、此ノ寒心スベキ脅威ヲ根本的ニ除去セント欲セバ、マタ②保存法ヲ古社寺以外個人ノ所有品ニマデ拡充シテ厳重ニ是等ノモノノ海外流出ヲ禁止セザルベカラズ

ここには、いまだに古美術を保存する国家風土には至っていない現状が懸念されている（下線部①）。そして、過去はもとより、近年においても、日本の絵画、彫刻、版画、工芸品、刀剣など、海外に流出しているものが極めて多いという。なかには国宝に準ずるような名品も含まれている状況だった。こうした恐るべき脅威を根本的に除去したければ、保存法を古社寺以外の個人所有品まで拡充しなければならないという（下線部②）。そして、これらのものが海外流出しないよう厳重に禁ずる必要性が示唆されている。日本の名品が海外流出している状況を受けて、古社寺所有品だけ

の法規制では不十分であり、個人所有の文物にも対象を拡充する意向が提起された。そこには、古美術を保存する思想がいまだ一般には定着していない状況があり、個人所有を含めた規制に至ったのである。

　さらに、「重要美術品等ノ保存ニ関スル法律」（昭和8年法律第43号）が制定される。これは、経済悪化にともなう円為替安などを原因として、国宝に指定されていない古美術品等の海外流出が激増したため、国宝に匹敵する価値があるものの海外流出を防止することのみを目的としている[9]。このきっかけとなったのが、大正10（1921）年、「吉備大臣入唐絵詞」がアメリカに流出したことである[10]。特に流出しやすい個人所有の作品に重点をおいて認定されており、これまで国宝に対する保護は図られていたが、個人レヴェルにまで波及するものではなかった。そして、海外に流出するという事態を目の当たりにして、喫緊に対応策が講じられたのであった。「重要美術品等ノ保存ニ関スル法律」は、全5条からなるもので、その第1条をみれば次のようにある[11]。

　　歴史上又は美術上、特ニ重要ナル価値アリト認メラルル物件（国宝ヲ除ク）ヲ輸出又ハ移出セントスル者ハ主務大臣ノ許可ヲ受クベシ、但シ現存者ノ製作ニ係ルモノ、<u>製作後50年ヲ経ザルモノ、及輸入後1年を経ザルモノハ</u>此ノ限ニ在ラズ

　歴史的かつ美術的に、特に重要な価値があると認められた物件を輸出、移出する時は、主務大臣の許可を受けるようにとされた。これは、「国宝保存法」で国宝に指定されたものを除いているが、国宝に準じると判断された「重要美術品」と「認定」されたものに規制をかけたのである。その基準としては、製作後に50年、輸入後1年を経ったものがあげられ（下線部）、それ以外はこれに限らないとする。許可を要する物件は、主務大臣が認定し、官報で告示、所有者に通達されることになっている（2条）。これによらずに認定物件を輸出、移出した者は3年以下の懲役か禁錮、1000円以下の罰金とされ（5条）、罰則付きのものだった。

　このように、当時の国内の社会状況、文物の現状（破壊、遺失、海外流

出）によって、様々な法律が制定されていった。それでも十分な解消とは至らなかったため、度々、法改正されている。その背景には、古器旧物から宝物へと新たな価値が見出されたことがあり、それを国家的に保護していこうという動きが生じたのである。集古館から博物館へとハード面も整備されていくが、いまだ国民意識としては、保存するという意識は低かった現状が、法制定に結びついたのである。「古美術保存ノ思想」（国宝保存法）の醸成は、国家主導で取り組まれていったのである。

2　文化財保護法の制定

「文化財保護法」（昭和25年法律第214号）は、「国宝保存法」と「史蹟名勝天然紀念物保存法」、「重要美術品等ノ保存ニ関スル法律」を統合し、文化財に関する法律を総合化することを目的の一つとして制定されたものである[12]。昭和24（1949）年1月に法隆寺金堂の失火により、世界最古の木造建築物に描かれた壁画が灰燼に帰したが、これは文化財保存の危機を深く憂慮する世論となって表出した。この事件がきっかけとなって、全般的、統一的立法がなされ、①文化財保護委員会の設置、②無形文化財および埋蔵文化財に関する保護制度の新設、③文化財保護行政における国と地方公共団体の協力体制の確立が、主な拡充点として挙げられている[13]。

文化財の定義は、文化財保護法第2条において規定されている。

　一　建造物、絵画、彫刻、工芸品、書跡、典籍、古文書その他の有形の文化的所産で我が国にとって歴史上又は芸術上価値の高いもの（これらのものと一体をなしてその価値を形成している土地その他の物件を含む。）並びに考古資料及びその他の学術上価値の高い歴史資料（以下「有形文化財」という。）

　二　演劇、音楽、工芸技術その他の無形の文化的所産で我が国にとって歴史上又は芸術上価値の高いもの（以下「無形文化財」という。）

　三　衣食住、生業、信仰、年中行事等に関する風俗慣習、民俗芸能、民俗技術及びこれらに用いられる衣服、器具、家屋その他の物件で我が国民の生活の推移の理解のため欠くことのできないもの（以下「民俗文化財」という。）

四　貝づか、古墳、都城跡、城跡、旧宅その他の遺跡で我が国にとつて歴史上又は学術上価値の高いもの、庭園、橋梁、峡谷、海浜、山岳その他の名勝地で我が国にとつて芸術上又は観賞上価値の高いもの並びに動物（生息地、繁殖地及び渡来地を含む。）、植物（自生地を含む。）及び地質鉱物（特異な自然の現象の生じている土地を含む。）で我が国にとつて学術上価値の高いもの（以下「記念物」という。）
　五　地域における人々の生活又は生業及び当該地域の風土により形成された景観地で我が国民の生活又は生業の理解のため欠くことのできないもの（以下「文化的景観」という。）
　六　周囲の環境と一体をなして歴史的風致を形成している伝統的な建造物群で価値の高いもの（以下「伝統的建造物群」という。）

　まず、有形の文化的所産で、「歴史上又は芸術上価値の高いもの」、また、考古資料と「学術上価値の高い歴史資料」とある。「我が国にとって」という、日本にとって、歴史・芸術・学術上の価値が高いものと定義されている。国宝保存法にあった「歴史ノ証徴又ハ美術ノ模範」の系譜をひきつつも、さらに「証徴」「模範」ではなく、学術的価値を認めていることが特徴である。また、「国民の生活の推移」（民俗文化財）や「国民の生活又は生業」（文化的景観）の理解のために不可欠なものが明記されていることも、これまでとは異なっており、保護すべき対象範囲を広げていることがわかる。

　文化財保護法の制定によって、保護対象が従来よりも広がりをみせ、そして全ての品々を包括している。その一方で、即物的であり、この分類に馴染めないものや、はみ出してしまうものがあるという指摘もあり、「価値の高い」という評価ゆえに、社会に存在する数からいえば、「多いもの」が、ともすれば後回しにされているという[14]。物量的多寡による価値基準と学術的価値の塩梅は、一次調査にあたる現場の学芸員の技量に求められ、彼らが果たすべき役割は大きい。

　前述した現在の文化財保護法では、有形文化財、無形文化財、民俗文化財、記念物、文化的景観、伝統的建造物群の六分野を文化財として定義している。また、文化財の保存技術、埋蔵文化財もこの体系に内包されると

考えられており、各文化財の区別は、下記のように示される。

　有形文化財には、建造物と美術工芸品がある。美術工芸品には、絵画・彫刻・工芸品・書跡・典籍・古文書・考古資料・歴史資料等が含まれ、このなかで重要と評価されたものが「重要文化財」、世界文化の見地から価値の高いもので、類ない国民の宝を「国宝」に"指定"する。一方、近年の都市開発などにより、貴重な資源が失われていく状況にあるなかで、保存と活用が特に必要なものを"登録"する「登録有形文化財」がある。

　無形文化財は、演劇や音楽、工芸技術等があり、特に重要なものは「重要無形文化財」と"指定"される。また、記録作成などの措置を講じる無形文化財を"選択"することも含まれ、これは次に述べる民俗文化財でも同様である。

　民俗文化財のなかで、特に重要なものと判断されれば、「重要無形民俗文化財」と「重要有形民俗文化財」に指定される。無形文化財には、衣食住・生業・信仰・年中行事などに関する風俗慣習・民俗芸能・民俗技術があり、有形文化財には無形の民俗文化財で用いられる衣服や器具、家具などがある。また、保存と活用が特に必要なものを「登録有形民俗文化財」として"登録"する。

　記念物の指定は3区分からなる。①貝塚や古墳、都城跡、旧宅等の遺跡で、歴史上または学術上価値の高いもの。②庭園や橋梁、峡谷、海浜、山岳などの名勝地で、芸術上または観賞上価値の高いもの。③動物、植物及び地質鉱物で学術上価値の高いものである。遺跡や古墳、碑、旧宅・園池などから重要なものが「史跡」、そのなかでも特に重要なものは「特別史跡」に指定される。庭園や公園、松原、洞穴などの重要なものを「名勝」、さらに重要と判断されれば「特別名勝」に指定される。動物や植物、地質鉱物で重要なものを「天然記念物」、特に重要なものを「特別天然記念物」に指定する。また、保存と活用が特に必要なものに関しては、「登録記念物」として"登録"されることになる。

　文化的景観は、地域における人々の生活、生業、地域の風土により形成された景観地から、都道府県または、市町村の申し出に基づき"選定"する。特に重要なものに関しては「重要文化的景観」に選定し、世界文化遺

産の構成資産はこれに相当する。具体的には、棚田や里山、用水路などがその対象となる。国民の生活や生業の理解のために欠くことができないもので、日本社会や産業構造の変化、国民生活・意識の変化により、その価値が認識されないまま失われつつあることを受けて設けられた。国民共有の財産として、次世代への継承が求められているのである。

　伝統的建造物群は、周囲の環境と一体をなして歴史的風致を形成している伝統的な建造物の集合体で、市町村が条例などによって決定する。「伝統的建造物群保存地区」として管理、さらに、日本にとって価値が特に高いものを、市町村の申し出に基づき、「重要伝統的建造物群保存地区」に選定する。具体的には、宿場町や城下町、門前町、農漁村等がその対象である。昭和50（1975）年の文化財保護法の改正によって、伝統的建造物群保存地区の制度が発足したことで、現状変更の規制を行い、歴史的集落や町並みの保存と活用を図っている。

　文化財保存のために欠くことのできない伝統的な技能や技術を保存するために、保持者、団体を認定して補助を行っている。また、埋蔵文化財についても、個性豊かな地域の歴史的・文化的環境を形作る国民共有の貴重な財産として認めている。

　このように、文化財保護が体系化されたなかで、国として、または地方自治体として連綿と保存・管理されてきた。国宝保存法が施行されて以降、国内で醸成されてきた文化財意識の到達点が文化財保護法として結実したのである。これまでの関連法は、国外流出や国内での破壊などを防ぐことにあったように、「保護」ありきの成文化であった。文化財行政の到達点でもある文化財保護法は、博物館法と関連付けながら運用され、活用が促されてきた。両法律を双軸とした文化財の保存と活用がなされてきたが、その対象を国民から訪日外国人へと拡大させ、「活用」を主とした法改正を迎えることになった。こうした歴史的変遷を理解すれば、"インバウンド"獲得のために、博物館と学芸員を動員することには、慎重を要することはいうまでもない[15]。

3　文化財保護法の改正

　文化財保護法は、一部改正されながら今日に至っており、近年では、平成30（2018）年に改正、翌年4月に施行された。改正の目的には、過疎化・少子化・高齢化などの社会状況の変化を背景に、各地の貴重な文化財は失われてしまうかもしれないという危機的状態にあることから、指定文化財以外の、価値付けが明らかになっていない未指定の文化財（有形・無形）も含め、文化財をまちづくりに活かしつつ、文化財継承の担い手を確保し、地域社会総掛かりで文化財の継承に取り組む体制を作ることにある[16]。ここでの要点は、文化財継承のスキーム作りであるが、"まちづくりに活かしつつ"という前提条件が付加されていることに改正の意義が集約されている。つまり、活用のあり方と"まちづくり"を直結させるという、従来強調されていなかった視点であり、広くその担い手を創出し、関与させることにある。

　平成30年の文化財保護法の改正で特筆すべきことについて、概ね次の4点が挙げられている[17]。

① 都道府県に総合的文化財施策の「文化財保存活用大綱」の策定、市町村には「文化財保存活用地域計画」（以下「地域計画」）の策定を求め、国の計画認定により、国の登録文化財にすべき物件の提案や現状変更等の国の権限の一部委任を可能とする。

② 「地域計画」策定に関して住民意見の反映のための協議会の設置、文化財所有者の相談などに応じられる民間団体を文化財活用支援団体として指定する。

③ 国指定重要文化財の所有者または管理団体に対して「重要文化財保存活用計画等」の策定を求め、国の計画認定により、計画内の現状変更等を国の事前許可から事後届出に緩和する。

④ 条例により、文化財保護事務を教育委員会所轄から地方公共団体の首長部局への移動を可能とする。ただし、この場合、地方公共団体には地方文化財保護審議会を必置とする。

　ここには、管理者側へ活用に関する策定を求め、その認定範囲において権限を委任、もしくは緩和するとある。また、地域住民や民間業者を含め

て"活用"の担い手に転換する法改正であり、文化財を「活用」することに重きが置かれている。そこには「文化財保存活用大綱」のもと、「地域計画」の策定が前提とあるが、行政が主導するのではなく、住民意見の反映が図られている。さらに、条例によって、文化財保護事務が教育委員会所轄から首長部局へ移動することも可能としており、その際は、文化財保護審議会の設置が必要である。これらの体制の変化は、従前の保護行政からの転換を意図し、活用ありきの制度設計となっている。改正から2年後の令和2（2020）年4月17日には、「文化観光拠点施設を中核とした地域における文化観光の推進に関する法律」（文化観光推進法）が公布される。これは、文化財を観光振興の手段とするための一連の法律として評価されている。

　文化観光推進法の問題点については、社会教育施設としての博物館等の属性（使命・機能）を棚上げして、「文化資源保存活用施設」と捉え直し、文化観光の拠点に整備しようとしていること。さらに、生涯学習を保障する社会教育施設の機能と、文化観光拠点施設の機能とは一線を画するにもかかわらず、後者に重点を置いていることである。結果、文化観光の推進は、「人間存在を消費者としか見ない前提の上に成り立っている」という指摘もみられる[18]。これは、平成28（2016）年3月30日に策定した「明日の日本を支える観光ビジョン――世界が訪れたくなる日本へ」のなかで、「観光資源の魅力を極め、地方創生の礎に」する策として、「『文化財』を、『保存優先』から観光客目線での『理解促進』、そして『活用』へ――『とっておいた文化財』から『とっておきの文化財』に」と改革する方向性が示されたことに通じる[19]。いわば、既定路線ともいえる保護から活用への転換は、社会教育法や博物館法などとの整合性、将来的な資料保護の担保が未整理のまま進められているのである。

　平成30（2018）年の文化財保護法改正の問題点は、既に指摘されている。実際に企画調査会に参加した経験から、今回の法改正は、文化財を知らない人たちが行った観光重点政策で、観光の役に立たない文化財を置き去りにするもの。そして、文化財を核とする観光拠点（日本遺産）の認定を平成27（2015）年に200とする数値目標、その達成に関心があり、地域

に何が残るのかということではない、換言すれば地域に寄り添って考えたものではないという[20]。この2点の指摘は極めて的を得たもので、「地域計画」の策定を自治体が行うよう要請されていることの表裏一体として、これに応じられなければ、"文化財"と認定しないという考えも透けてみえる。自治体にはマンパワー不足などの諸事情から、取り組めていない課題が山積するなかで、弱者切り捨ての方向性が看取されるのである。

　文化財の活用が観光ありきとする考え方は、前述した文化財を保護、保全してきた先人の努力と対峙するものである。研究の土台は、観光重視、観光拠点化とは異なっている学問が大半であろう。例えば、民俗学であれば、民俗誌や報告書をまとめることによって、地域の記憶を記録している。そこに暮らす人々が伝承してきた多様な文化を、幸せな暮らしの原感覚（楽しさ・怖れ・味・匂い・色彩等）に至るまで記録化することが今求められている。この民俗学の蓄積は、文化財に指定するためでも、観光資源としてブランド化するためでもなく、あたりまえの暮らしを持続させ、その地域の個性を継承していくために必要なことである[21]。これは、文化財保護法改正と民俗学の学術的立場の違いを明確にした指摘であり、決して行政指針とは相容れない"学問の独立"がそこにはある。民俗学に限らず、他の学問にも同じことは言え、結果、観光に寄与する研究が優先され、基礎研究の軽視も懸念される。

　一方、文化財保護法改正を受けて、文化財をまちづくりの促進に供している自治体もある。伊勢原市（神奈川県）では、観光振興による地域経済の活性化を重点施策として掲げ、国の「歴史文化基本構想」の方針を踏まえ、平成25（2013）年には保存重視から活用を図る条例に改正している。日本遺産の認定を目指し、伊勢原市歴史文化基本構想を策定、さらに、文化財保護法の改正にともない、「地域計画」の作成に取り組んでいる。結果、資金を確保し、従来にない規模での保存・活用の取り組みができ、入込観光客数や消費額の増加に結びついたという。そして、市民の意識調査をすると、「歴史」が第2位にランクインするほど、歴史文化が地域の資産として市民にも浸透しつつあると評価している[22]。伊勢原市では、国の指針に沿った行政施策を着実に行ってきた実態が見受けられる。

また、伊勢市（三重県）では、歴史的・文化的資産の保存・継承及び文化芸術の振興と活性化を相乗的に推進することを目的に、教育委員会事務局から市長部局（情報戦略局）に担当課を移管して取り組んでいる。文化財を生かしたまちづくりを行うためには、文化財の保護と活用を一体的に進める必要があり、その際、市民と行政との協働が期待され、そのためには、人材の確保・育成が必要と指摘する。その方策として、市内のまちづくり協議会などへの働き掛けなどにより、人材を確保したり、皇學館大学や三重大学とも連携する必要性を挙げている。伊勢市は、慎重かつ協働的な体制構築、住民や大学との連携を掲げた一体的な取り組みを志向していることが窺える[23]。

　東近江市（滋賀県）では、「保護」から「活用して保存」するために、文化財の所轄課を教育委員会から市長部局に移管し、観光部局と文化財部局が相互に連携し、積極的に政策を推進できる体制に整えた。近江商人の発祥の地、そして、平成27（2015）年には「琵琶湖とその水辺景観―祈りと暮らしの水遺産」が日本遺産となっている。また、聖徳太子魅力発信事業を展開、広域連携による観光振興を目的に「東近江観光振興協議会」を設立している。歴史や文化、伝統が蓄積された地域資源を、市民をはじめ市職員も十分認識できていなかったこともあり、まずはしっかりと市民に情報を発信し、地域愛を醸成し質の高さを伝えていくことも重要であると述べている[24]。これからは、文化財的"資源"をまずは、市民含めて共有することが急務と考えており、その土壌作りが行われているといえよう。

　以上のように、具体的に三市の文化財を活用した"まちづくり"を紹介した。国が求める「地域計画」に応じられる自治体もあれば、これからのところもあるなど、一様ではない地方自治体の取り組みが浮き彫りとなった。また、何より、地域住民の意識や理解が国の求めるような画一化した"文化財"活用に寄与するまでには到達していない実情がある。自治体による意識醸成が図られていない実態は、市職員自身の認識にも裏打ちされており、都市間でバラツキがあるのは当然である。地域住民などを取り込んだ活用計画は、状況を精査した上で、現場で判断せざるを得ず、国の理想と乖離していることも考えられる。そして、その差異の責任をどこに求

めるのか。地域の文化財担当職員に委ねるのも適当とはいえず、国と地方とで十分な協議と、共通認識をもつことが不可欠である。

「地域計画」を策定するにもマンパワー不足の状況は顕著となっている。例えば、埋蔵文化財専門職員は、平成15（2003）年には全国で4,433人だったが、平成28（2016）年には3,811人と減少している[25]。こうした現状では、地域のために、総合的に文化財の保護と活用を進めていこうとする意識・知識・技術が広がらず、具体的行動力が育たなかったとも指摘される。性急な文化財活用の前に、保護・保存する体制作りが必要だ。自治体間で均一化された体制にはなっていない現状を、努力不足として断罪するのではなく、実態を検証してから、活用に転換する方針を定めるべきであろう。"失っては戻ってこない"という、文化財保護法前史をふまえて今一度考え直すべきである。

おわりに

『文化芸術立国の実現を目指して』――――

これは、文化庁40年史として文化庁が監修して刊行された書名である[26]。平成13（2001）年には、文化芸術振興基本法が施行され、その翌年、「文化芸術の振興に関する基本的な方針」が閣議決定されるなど、文化庁予算が増加し、文化庁の取り組みも大きく広がってきた。「クールジャパン」を掲げて、省庁を超えた日本の文化芸術立国としての性急な舵取りは否めないが、まさに、本書名には、国家戦略の意図するところが集約されている。

文化財保護法の改正が検討されるなかで、目先の活用がクローズアップされ、ことがすすめられているようで、最低限、国の文化財調査官等から現状認識・問題点の指摘を丁寧に聞き取るべきという意見もある。市町村により基本計画の策定が提案されているものの、できなかった自治体の文化財は切り捨てられることになる。これで文化財保護と言えるであろうかという、国の丸投げ体質が非難されている[27]。こうした批判的な意見があがる背景には、活用ありきの「改正」が図られたことにあり、総括的な現状分析が十分ではなかったからにほかならない。

文化財保護法の改正が、現代社会に即応するための必要な施策であるということは理解できる。しかし性急かつ結果ありきの改正には甚だ問題がある。ただし、文化財を「未来へ継承する方策」として、地域の自然・歴史・文化遺産をそこに住む人びとが「参画」して、実際にどのようなものが自ら継承すべき文化財なのかを明確にすることが、文化財保護法「改正」のなかのキーワードでもある「地域における文化財の総合的な保存・活用」の前提だということにしている点は評価できるという指摘もある[28]。文化財の保存・活用の担い手を住民参画型へと転換しようとしていることに、職員への負担軽減を図っているとも看取できるが、それは、住民の文化財保護への意識の醸成と向上があってのことだろう。しかし、これを画一的に評価する向きには懸念があり、地域によって当然ながら差異がある。地域に見合った住民参画のあり方を検討すべきであり、それが国の求めるレヴェルに達していないことも考えられる。決して統一化されない文化財活用の形態を想定して捉えなければならないだろう。

　平成25（2013）年度に設置された企画調査会議の答申には、①専門的・技術的判断の確保、②政治的中立性・継続性・安定性の確保、③開発行為との均衡、④学校教育や社会教育との連携が挙げられており[29]、首長による文化財行政の推進という方向性に抑制する余地を残している。これまでの文化財行政のあり方を急進的に変えようとする政府の意向の歯止めとなっていることを認識しておくことで、「改正」文化財保護法への対応もかわってくる。

　活用を促す発想は、博物館に導入された指定管理者制度にも通じる。これは、公的施設を民間企業などが管理・運営できるようにするものだが、事業（調査研究）の継続性や責任の所在などで問題点が指摘されている[30]。バラエティに富んだ積極的な運営手法は評価できるものの、"継続性"の担保は解決されることなく今日に至っている。文化財を稼ぐ装置として、民間企業が活用することに対する課題が解消されない現状は、後年への懸念として潜在しており、改正された文化財保護法も同じ轍を踏む可能性がある。

　古器旧物から古社寺所有物、さらに個人所有物へと保護すべき対象を広

げ、「国宝」指定や「重要美術品」認定などによって、海外流出を防ぐ手立てを整えてきた。「保護」優先的な文化財行政から、近年では、「活用」に重きをおいた法改正がなされることになった。決して活用が悪いわけではなく、むしろ積極的に展開すべきである。そこには、活用と保護のバランス感覚とそれを担保とする法整備が必須であり、ここに関与する文化財担当職員、そして、参画を予定される住民たちとの認識差が十分埋められているとはいえない。これまで、"守られてきた" 文物からの転換は、将来的にどのような状況となるだろうか。保護の担保をなくした活用が展開されることになるとすれば、未来は決して明るいとはいえない。

[註]
1 「官報」7012号（昭和25年5月30日）444頁。
2 文化庁『文化財保護法五十年史』（ぎょうせい、2001年）494頁。
3 内川隆志「『古器旧物保存方』31種の古器物選定の背景について」（『國學院大学　博物館學紀要』47輯、2022年）50頁。
4 東京国立博物館編『東京国立博物館百年史　資料編』（東京国立博物館、1973年）606頁。
5 文化庁文化財保護部美術工芸課監修『文化財保護行政ハンドブック　美術工芸編』（ぎょうせい、1999年）3頁。
6 和田勝彦『遺跡保護の制度と行政』（同成社、2015年）277〜278頁。
7 安高啓明『歴史のなかのミュージアム―驚異の部屋から大学博物館まで』（昭和堂、2014年）114〜115頁。
8 文化庁文化財保護部美術工芸課監修『文化財保護行政ハンドブック　美術工芸編』（前掲書）5頁。
9 和田勝彦『遺跡保護の制度と行政』（前掲書）273頁。
10 文化庁文化財保護部美術工芸課監修『文化財保護行政ハンドブック　美術工芸編』（前掲書）5頁。
11 文化庁『文化財保護法五十年史』（前掲書）496頁。
12 文化庁『文化財保護法五十年史』（前掲書）3頁。
13 若松澄夫「文化財保護行政の過去・現在・未来」（『月刊文化財』411号、1997年）8頁。
14 水藤真『博物館学を学ぶ―入門からプロフェッショナルへ』（山川出版社、2007年）44〜45頁。

15　辻秀人「博物館法はどこに向かうのか」(青木豊・辻秀人編『博物館が壊される！―博物館再生への道』雄山閣、2019年)。
16　文化庁 HP 文化審議会一次答申。岩﨑奈緒子「夢をつなごう―改正文化財保護法と賢くつきあう方法」(『和歌山地方史研究』78号、2019年) 3頁。
17　杉本宏「今回の文化財保護法の改正と課題」(『考古学研究』65-2、2018年) 11頁。
18　岩﨑奈緒子「文化財保護法改正とその後―博物館等の観光拠点化」(『人民の歴史学』228号、2021年) 5頁。
19　岩﨑奈緒子「博物館・美術館のミライ」(岩城卓二・高木博志編『博物館と文化財の危機』人文書院、2020年) 19頁。
20　岩﨑奈緒子「夢をつなごう―改正文化財保護法と賢くつきあう方法」(前掲書) 4～9頁。
21　大江篤「地域歴史遺産としての民俗文化―改正文化財保護法と民俗学の課題」(『岡山民俗』240号、2019年) 14頁。
22　髙山松太郎「地域資産としての歴史文化を活用したまちづくり」(『市政』vol.71、2022年) 35～37頁。
23　鈴木健一「地域の文化財を生かしたまちづくりの取り組み」(『市政』vol.71、前掲書) 38～40頁。
24　小椋正清「先人から受け継いだ歴史文化を活用することで後世につなげる」(『市政』vol.71、前掲書) 41～43頁。
25　杉本宏「今回の文化財保護法の改正と課題」(前掲書) 14頁。
26　文化庁監修『文化芸術立国の実現を目指して―文化庁40年史』(文化庁、2009年)。
27　藤井讓治「文化財保護法「改正」の動きについて」(『千葉史学』72号、2018年) 2頁。
28　久留島浩「歴史系博物館の可能性」(岩城卓二・高木博志編『博物館と文化財の危機』前掲書) 41～42頁。
29　岩﨑奈緒子「夢をつなごう―改正文化財保護法と賢くつきあう方法」(前掲書) 9頁。
30　安高啓明「非常勤学芸員に関する諸問題」(『博物館研究』44 (11)、2009年) 3～6頁。

第2章
日本の博物館前史

はじめに

　日本に博物館の概念が持ち込まれるのは、明治時代になってからである。しかし、"博物館"に類似した活動は、これ以前から確認され、期間のある催事として各地で行われていた。つまり、常設された"館"としての体裁ではなく、その形態も地域ごとで異なり、画一的なものではなかった。"研究者による研究者のため"の催事として行われていたことが端緒であり、また、催事で陳列されていた学術成果も、中国の本草学に系譜をひくものが多かった。長崎貿易を通じて様々な中国典籍が持ち込まれ、日本国内の本草学者は、これに倣いながら研究していき、後に日本独自の本草学が萌芽したのである。

　個人による本草学研究が進展していく一方、江戸時代後期になると、研究会が組織されていく。ここには、本草学者だけが参加したのではなく、藩主や町人なども加わり、身分の垣根を越えた研究が行われていた。本草学が身近な"モノ"全般を研究対象にしていたことに起因し、薬学などにも通じる学問体系であることから、幅広い層に受け入れられていった結果である。

　江戸時代の"鎖国"状態が、中国本草学に傾倒する環境となり、日本本草学への進展と成熟をみることになる。こうした研究の蓄積が、「本道」（漢方・内科）と「外料」（外科）の発展にもつながった。さらに、江戸時代中期には、蘭学、そしてオランダを介した西洋"博物学"がもたらされることになる。長崎貿易で博物学書が輸入されていたことも背景にあるが、オランダ商館長らが江戸参府するにあたって立ち寄った宿場町では、

学問的な交流も生じていた。その代表的な人物がオランダ商館医のフィリップ・フランツ・フォン・シーボルトで、自身も『日本』・『日本動物誌』・『日本植物誌』を著し、西洋諸国に日本を紹介している。

　西洋博物学が教授されたことによって、日本本草学も新たな局面を迎えることになる。日本国内で研究が盛んになるとともに、薬品会・物産会という催事が各地で活況した。いわゆる"流行"ともいえる現象が表出したのは、博物学・博物趣味が、市民たちの健全な生活を守るための格好の手立てであり、好ましい習慣であるとみなされたためである[1]。研究者からアマチュア層へ、さらに公衆へと"開かれた学問"として受け入れられながら、日本本草学・博物学は発展していった。

　以上をふまえ、ここでは、博物館前史として、各地で実施されていた催事を通覧するとともに、その画期として評価される江戸の「東都薬品会」と尾張の「医学館薬品会」について、会の運営形態と実施の意義を検討する。また、これらが地方にどのような影響を与えていったのかもあわせてみていく。薬品会（物産会）を下支えした本草学の国内動向は、個人から研究会へと進展していくが、その過程を含めて紹介する。江戸時代に行われていた後年の博物館活動に通底する取り組みを具体的事例から検証し、その系譜を辿るとともに、本来あるべき博物館の基層的な姿を提起することを本章の目的とする。

1　研究会の結成と薬品会の開催

　慶長12（1607）年に李時珍著『本草綱目』がもたらされると、日本国内の本草学に大きな影響を与えることになる。長崎貿易の輸入書籍だった『本草綱目』を林信勝（道春・羅山）が長崎で入手すると、本草に興味を持っていた徳川家康に献上したという[2]。これにより、幕府でも本草学の研究に着手することになり、林道春は慶長17（1612）年に、『本草綱目』を抽出する形で『多識篇』全5巻を刊行する。儒学者で僧籍となった林道春は、徳川家綱に至るまで、4代の将軍に仕えた人物であることに鑑みれば、官学として本草学研究は取り組まれていたといえる。『多識篇』は重版され、さらに、『本草綱目』そのものの各種和刻本の出版は、知識階層

に博物学的な関心を高めることにつながった[3]。

実際に、『本草綱目』は、市井の学識者の研究対象へと広がっていく。例えば、貝原益軒は、日本独自の本草学を樹立すべく、「民生日用」を旨とした本草学の実践と資料蒐集に生涯を捧げ、宝永5（1708）年に『大和本草』16巻・附録2巻を完成、翌年、刊行する。これは、400種以上の書籍を引用しているが、そのなかでも大きな影響を与えたのが『本草綱目』だった。しかし、「本草綱目ニ品類ヲ分ツニ可疑フ事多シ」とも記しており、貝原益軒は、『本草綱目』によらない独自視点の必要性を提示している[4]。

次いで、元文3（1738）年、稲生若水と丹羽正伯による『庶物類纂』が完成する。これは、稲生若水が正編362巻、丹羽正伯が後編638巻を編纂した本草学書である。本書は、元禄10（1697）年、稲生若水が加賀藩主前田綱紀から命ぜられて編纂に着手、事業の途中で両者が死去したため、一時中断されるが、丹羽正伯によって引き継がれ、一応の完成をみた。さらに、延享4（1747）年、丹羽正伯に命ぜられていた続巻54巻が出来上がると、これをもって『庶物類纂』の成立とみる。『庶物類纂』の編纂を命じられた稲生若水は、その意気込みを「庶物類纂編輯始末一」（元禄7年）のなかで次のように記している[5]。

> （前略）中華ノ書籍ノ中ニ朝鮮国ノ人物ハ多ク載リ申候得共、日本ノ人物ハ一人モ無之候、私乍恐<u>日本ノ耻</u>ト奉存候付、本草一書ヲ作リ、万物ノ理ヲ包羅仕リ、古今ノ真偽ヲ正シ申、連々ニ中華ヘ渡、大日本国文華ノ盛事ヲ著シ申度奉存、編述ノ志出来申候、

中国書籍で、日本人が一切取り上げられていないことに言及し、これを「日本ノ耻(はじ)」（下線部）と述べている。そのため、本草書を作成することで、真理探究を行い、これを中国に伝え、日本の研究を華々しく紹介することを目指していることがわかる。日本の本草学研究は、朝鮮国よりも劣っている現状を憂慮し、中国から認められるために、本草書の刊行を企図したのである。稲生若水の死後、編纂に携わったのは丹羽正伯だった

が、その間、松岡恕庵に打診されるも、一度は、辞退している。それは、『庶物類纂』を編纂する大事業を一個人が成し遂げることの難しさゆえであるという[6]。

　元来、加賀藩主の編纂事業として行われていた『庶物類纂』だったが、幕府の事業として継続された。これについて、『御触書寛保集成』の享保19（1734）年3月の触では、次のことを確認できる[7]。

　　此度<u>丹羽正伯書物編集</u>之儀ニ付、諸国之産物俗名并其形其国々え承合
　　申儀も可有之候間、正伯相尋候ハヽ申聞候様、御料は御代官、私領は
　　其領主且地頭并寺社領は其支配頭々より可被申渡候、以上、
　　　　　三月
　　　　右向々え可被相触候、

　「丹羽正伯書物編集」（下線部）のこと、これは『庶物類纂』を指すが、諸国の産物の俗名や形状など、各国へ問い合わせがあればこれに応じるようにと記される。そして、代官はもとより、領主、地頭、寺社領にも協力を要請しており、幕府の後ろ盾を得ながら事業が遂行されていることがわかる。これは、徳川吉宗の命を受けて幕府医官に引き継がれて出された触書であり、実際には、各藩留守居役が丹羽正伯のもとに呼び出され、各藩が「産物帳」（享保・元文諸国産物帳）の大規模編集に動かされることになったという[8]。こうして、幕府による支援を受けながら、日本の本草学は進展をみせていったのである。

　個人を主とした研究蓄積の一方で、研究グループの結成もみられるようになる。その代表的なものが、江戸の赭鞭会（しゃべんかい）と尾張の嘗百社（しょうひゃくしゃ）であり、両者とも同時期に活動している。赭鞭会は、兼ねてから本草学に傾倒していた前田利保（万香亭・富山藩主）や福岡藩主黒田斉清に加え[9]、栗本丹洲らが本草研究を行っていたなか、天保7（1836）年9月25日に成立した「赭鞭会業軌則」によって正式発足する。藩主や旗本、薬種商らが会員となり、共通の課題を設けて研究集会を続けるとともに成果物を残していった。そこで、「赭鞭会業軌則」をみれば、研究課題が列挙されている[10]。

一会業剋日毎月八箇日為限
　　第一日　草木根　　第二日　草木茎　　第三日　草木　　第四日　介
　　第五日　鳥獣　　　第六日　金石　　　第七日　虫魚　　第八日　草木種子

　一瞥して草木に重点を置いて研究されていたことがわかるであろう。また、草木そのものはもとより、根や茎、種子とに細分された集会日が設定されており、赭鞭会が当初、抱いていた課題が明らかとなる。しかし、これはすぐに改定され、「赭鞭会業軌則」の同項目は次のようになっている[11]。

　　第一ノ日　鳥獣虫魚甲介　　第二ノ日　種物　　　第三ノ日　金石
　　第四ノ日　生草木　　　　　第五ノ日　人類水火土　第六ノ日　草木
　　第七ノ日　服器

　8日あった研究日が7日に減じられるとともに、細分された草木の研究が再編されている。さらに、新しい課題も挙げられるなど、対象をより広めていったことが窺える。これらを研究する目的は、次に掲げる文言から知ることができる。

　　（前略）以テ国家ノ用ヲ裨ケ補ヒ、四方ノ民ヲ救ヒ済フニ在ル事ヲ。是ヲ以テ学ハ博シテ、且ツ精キ事ヲ貴ブ。博カラザレバ精カラズ。精カラザレバ真ナラズ。然ニ方ニ今、事ニ斯学ニ従フ者ハ徒ニ①該博ノミヲ事トシ、徒ニ②新奇ノミヲ貴ブ。（後略）

　国家の役に立つように少しでも補助してあらゆる民衆を救うことを本旨としており、そして、博学の精神により、真理探究することを述べている。また、「該博」（下線部①）（万事に兼ねて広く通ずること）だけを目指し、「新奇」（下線部②）（目新しく珍しいこと）だけを尊ぶことに対する苦言を呈していることが読み解ける。この精神性からは、赭鞭会の研究組織

としての"大義"が確立していたことがわかる。

　楮鞭会は、全くのアマチュア同好会であったという。それは、武家本来の職務がそう多忙ではなく、生活上の心配もない階級のものばかりで構成されていたためで、身分制度の厳しい当時において、その上下を撤廃して自由に発言し、論題について知識を交換したことは、学問のあり方を互いに自覚したからに違いないと評価する[12]。アマチュアとはいえ、研究会として活動していったことが、学問としての裾野を広げていくことになったといえまいか。身分制社会において闊達な意見交換をすることができる環境が、研究会を発展させたのである。

　尾張本草学派の創始は嘗百社にあり、京都本草学派の小野蘭山の門人である水谷豊文や伊藤圭介らによって結成された。その学問的性格は、京都本草学派の系統にありながら、蘭学の影響が強いのも特徴である。それは、水谷豊文が熱田駅でシーボルトと面会し、交流していたことからも明らかであろう[13]。

　尾張では、文化年間（1804～1818）に「本草会」と称して、浅野春道・水谷助六（豊文）らが集まり、薬物を持参して鑑定し合い研鑽を積んでいた。また、『本草綱目』を読んだり、「詩経名物ノ会」を正覚寺で開催しており、既に研究会とこれにあわせた催事が開かれている。その後の動きとして、「嘗百社来歴」のなかには、次のようにある[14]。

　　水谷助六・石黒済菴・伊藤瑞三・大窪太兵衛・余等、其会ヲ継テ、本草ノ業ヲ考究シ、<u>輪会スルコトナリ</u>、大窪（太兵衛）宅ニハ毎月十七日ニ会ス。其内、后ニハ吉田平九郎・大窪舒三郎（太兵衛ノ男）・伊藤圭介等モ入リテ盛ナリ。博物会トテ、寺院、又ハ自宅ニ時々設ケリ。此ハ文政ノ頃ニシテ、此時初テ嘗百社ノ名ヲ命ズ。

　水谷助六（豊文）らが会を継承し、本草学研究に従事し、「輪会」（下線部）（交互に会を開く）していることがわかる。さらに、大窪太兵衛の私宅で毎月17日に開催しており、以降は、吉田平九郎や大窪太兵衛の息子、伊藤圭介らも加わって盛会となった。そして、「博物会」と称して、寺院や

自宅で催事場を設けており、文政年間（1818〜30）に「嘗百社」と命名されている。本草学の研究会が結成、その後、定例開催の形態で続けられていったのである。また、近隣の美濃藩でも本草学が盛んになっており、洋学を積極的に取り入れながら、親試実験（臨床）などの実証主義的な研究方法が徹底されたという[15]。水谷豊文、その門人である伊藤圭介によって嘗百社は牽引されていったが、明治22（1889）年に桑名の「北勢交友社」と合併されている[16]。

　博物趣味は、本草・物産家、あるいは一部の好事家や学問好きだけでなく、一般大衆を巻き込んで社会のすみずみにまで深く浸透していった[17]。そして、地方でも本草学研究は盛んとなったが、これは、熊本においても確認することができる。それは、宝暦6（1756）年に細川重賢が設立した熊本藩医学校である再春館で闘草会が開催されていることからも裏付けられる。これを主宰したのは村井椿寿（ちんじゅ）である。村井は病により宝暦13（1763）年に講釈方を辞職するが、その翌年には、善音堂で薬物会を開催している[18]。本会開催にあたり、村井椿寿は『熊府薬物会目録』（国立国会図書館蔵）を宝暦14（1764）年2月付で作成し、本書に「善音堂薬物会請啓」を記し、さらに「社約」を定めている。

　　　一会之期毎年以六月六日為約集在己牌散不為之限
　　　一会之日余有病有事亦不敢辞諸君子若有病有事必報若有欲致示者因便送致
　　　一会之譚要在弁正薬物不許雑議
　　　一会之席食不必設酒不必勧唯烟茶可供
　　　一会之次長幼可序貴賤不等
　　　一遠邇君子所在土物及所蔵蓄唯願送致苟有議定則急遄奉返
　　　一会之日若有所不知余不敢拒焉拒廣品来者幸賜相顧若不然者敢辞
　　　一会之日諸君子幸誨所識請勿蘊蔵余亦不敢隠爾
　　　一会之品乞評於浪華旭山先生不敢逞私識

　ここには、毎年6月6日に薬物会を開催することが定められ（1条目）、

第2章　日本の博物館前史　29

その際、食事の席を設けることも、酒を勧めることも許さず、煙草や茶だけを提供することとある（4条目）。そして、年齢や貴賤に関わらず開放する会として催されており（5条目）、会の品評にあたっては、戸田旭山に依頼している（9条目）。ここに、薬物会の定例化がみられるとともに、大坂の本草学者である戸田旭山に評価を託すことで、薬物会の権威付けを図っていることがわかる。また、広く市井に開放する目的を反映して、今日に通じ得る"見学マナー"を示していることに、会としての品格を高めている。なお、催事を公開する姿勢は、細川重賢による宝暦の改革、そして藩校時習館の方針にも通じる。酒食を禁じる一方、煙草と茶は認められるなど、研究会の延長線上の催事としての体裁を保とうとしたものと考えられる。

　このように、宝暦年間に熊本でも薬物会の開催がみられるようになったが、宝暦13（1763）年4月望日（15日）には京都東山芙蓉楼で「産物の会」が催されている。会主は鑑古堂不磷斎で、出品物は「介品十五種」・「柳品十一種」・「竹品十二種」・「雷刀七種」・「薔薇品十五瓶」・「白微品八種」などだったことが『蒹葭堂雑録　第二巻』に所収されている[19]。出品者は会主のほか20人を数え、出品数も240余種だった。各地でこうした催事が行われるようになったが、その端緒となったのは大坂である。津島恒之進（如蘭）が宝暦元（1751）年以降、毎年、京都から大坂へ行き「本草会」を催したといい、催事の先駆と評価されている[20]。

　前述した津島恒之進は、松岡玄達（如庵）の門下生であり、小野蘭山や戸田旭山とも同門である。松岡恕庵について、『続近世畸人伝』には次のようにある[21]。

> 恕庵先生はもと本草者にあらず、儒家たれども詩経の名物を困しみ、稲生若水にしたがひて本草を三遍見給ひしが、大方暗記して、同じ比、後藤常之進などいへる本草者あれど、其右に出たり。故に人しきりに本草をとひ、終に本業となりしかども、其志にあらずとぞ。博覧、好古、倹素、淳樸の人なること人のしる処也。

本来、儒家だった松岡如庵は、稲生若水に師事して、本草学に傾倒していったことがわかる。「博覧」や「好古」などを嗜む人として知られるようになり、多才な人物だった。その影響を受けた津島如蘭も物産会を企画するほどになり、その嚆矢と位置付けられるのである。これは、戸田旭山に引き継がれ、自宅に「薬園」を設けたほか、宝暦10（1760）年4月15日には、浄安寺で物産会を開くばかりか、『文会録』を刊行し、出品された物品名・出品者とともに解説を加えている[22]。戸田旭山は、「本草に委しく、医生のみならず、好事の士門人となれるもの多し」とされ[23]、医学を生業としながらも、本草学に通じ、「士」（武士）を門人として多く抱えたことがわかる。戸田旭山の活動が、幅広い層へ本草学が受け入れられる要因になったのである。

　このように、本業を有しつつ、本草学にも従事するという研究者の動きがみられた一方で、同志を集めた研究会が結成され、本草学研究の裾野が広がりをみせていった。あわせて、薬物会のような催事も企画されるようになり、これは、研究会の延長線上に位置付けられると、市井に広まり、周知されていった。研究成果を公表するツールとして、図書の刊行が主流であったものの、さらに、催事が企画されたことによって、多くの人を取り込み、関心を集めていった。知識を得ることはもとより、実物をみることによる直感教授の効果もあって、宝暦年間に生じた本草学の潮流は、三都から地方へ、そして研究者からアマチュアへと広がりをみせていったのである。その状況は、市民権を得たように映り、本草学を下支えする人々を数多く生んでいったのであった。

2　東都薬品会の開催

　江戸で開催された薬品会は、田村藍水（元雄）らを中心とする本草学者が主導した。その動きは宝暦7（1757）年からみられ、7月に田村藍水を会主に約180種を集めた薬品会が湯島で開かれたが、これが江戸で初めての催事である。翌年4月、田村藍水を会主とした第2回薬品会が神田で企画されると、231種の出品物を集めて実施された。次いで、宝暦9（1759）年8月18日、平賀源内が会主となって湯島で物産会を開催する。この時の

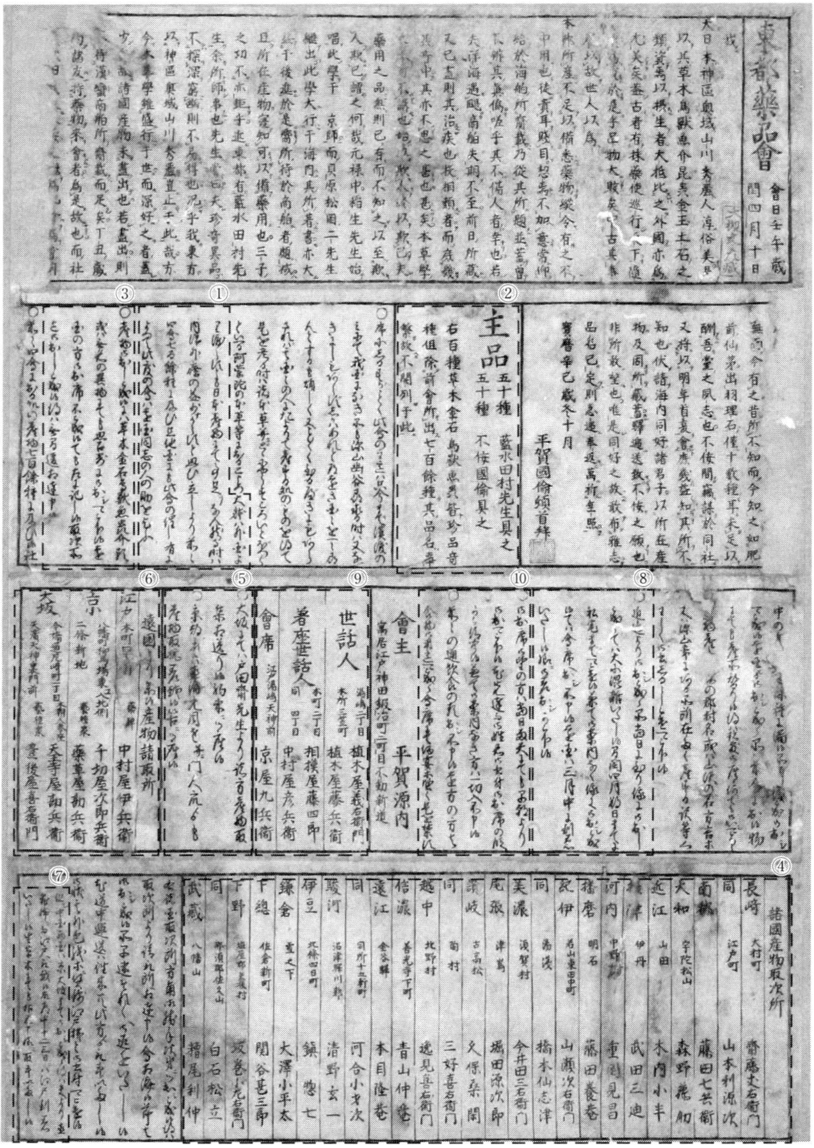

東都薬品会（早稲田大学図書館蔵）

出品者は35人、出品数は216種に及んでおり、これまで催した3回の薬品会・物産会の出品者と主品をまとめた『会薬譜』1巻が作られている[24]。さらに、同10年には、田村門下生の松田長元が市ヶ谷で物産会を開催するに至るなど、江戸での催事は次第に定着していった。

　宝暦12（1762）年閏4月10日に湯島と湯島天神前の京屋久兵衛（会席）のところで開催された東都薬品会はとりわけ大規模なものとなった。宝暦11年10月付で、「告海内同志者」という引札が頒布され、各地で出品者が募られたことが功を奏した。催事のスタイルもこれまでとは異なっており、平賀国倫撰「東都薬品会」（早稲田大学図書館蔵）をみれば、その実態が示されよう[25]。

　まず、会の趣旨として、「漢渡」（中国）中心に取り上げられてきた本草学において、国内の産物を集めようとしている強い意志がわかる。これを「会主　平賀源内」が端的に表した趣意書が次の文言である（点線部①）。

　　大体ハ外国より渡らすとも日本産物にて事足りなん、然る時ハ内治外療の益少なからすと思ひ立しより、前々四会七百余種に及ひ、且他国にも此会の催し有によつて、此度の会ハ遠国同志の人の助を乞ふ

　ここに、日本の産物による薬品会の開催意向とともに、前回までの会との継続性を示唆している。田村藍水と平賀源内、松田長元により行われた薬品会・物産会の4回で、700余種の出品があった成果を強調し、あわせて他国においても催事が開かれている状況に鑑みて、東都薬品会を主催している。一堂に会するためと、「遠国同志」への支援を呼びかけている姿勢からは、国内における本草学の定着と発展、薬品会・物産会の浸透を図ったものと解される。源内らは外来品はおろか日本産の薬物の実体を把握することすらままならず、耳学問だけで済まされがちであった状況を改善しようとしたのである[26]。

　会主である平賀源内、そして師匠である田村藍水が主品50種ずつ出すと記した上で、「右百種草木・金石・鳥獣・魚蟲、皆珍品奇種、但除前会所出七百余種、其品名事繁故、不開列于此」（点線部②）とあり、本草学で

第2章　日本の博物館前史　33

とりわけ重視される「草木・金石・鳥獣・魚蟲」の珍品奇種を出品している。なお、前回までの会で出した700余種について、その品名は既に知られているため、今回は陳列しないとある。ここに初公開となる物品の陳列を掲げることで、催事の斬新性を主張している。

　他国から募ることになると、江戸までの輸送が、金銭的にも大きな負担となる。そこで東都薬品会ではこれを解消すべく、趣意書のなかで次のような呼びかけを行っている（点線部③）。

　　産物御出し被成候ニハ、草木・金石・鳥獣・魚蟲・介類、或ハ無名の異物にても思召寄に御出シ可被下候、遠国の方御出席不被成候ても、左に記し候取次所迄御出し被成候得ハ、無間違相達申候、

　同志に向けて、前述した種別に加えて、介類（魚介・甲殻類などの海産物）を募っている。そして、無名の「異物」であっても出品を促しているところに、新規性の標榜が強く見受けられる。さらに、遠国のため出席することが難しい場合は、「取次所」（下線部）まで持参すれば、会場まで間違いなく輸送すると記されている。本来であれば、出品者が会場まで持参することが原則だったものの、「取次所」を設置して、出品者のなかでも、特に遠国の人の負担軽減を図っているのである。

　この取次所は、「諸国産物取次所」として、長崎・大村町の斎藤丈右衛門と江戸町の山本利源次、南都の藤田七兵衛などをはじめ、大和（宇陀松山）・近江（山田）・摂津（伊丹）・河内（中野）・播磨（明石）・紀伊（若山東田中町・湯浅）・美濃（須賀村）・尾張（津島）・讃岐（古高松・陶村）・越中（北野村）・信濃（善光寺下町）・遠江（金谷駅・十五新町）・駿河（沼津駅川郭）・伊豆（北條四日町）・鎌倉（雪之下）・下総（佐倉新町）・下野（塩屋郡矢板村・那須郡佐久山）・武蔵（八幡山）に置かれ、それぞれの担当者も明記されている（点線部④）。なお、大坂と京都については次のように記され、これらとは別立ての輸送体制を築いていた（点線部⑤）。

　　大坂にてハ戸田齋先生より諸方産物取集相送り候約束ニ御座候、

京都にてハ直海元周老并ニ門人衆ゟも産物取揃差越候筈ニ御座候、

　大坂では「戸田齋先生」（戸田旭山）が産物を取り集めて江戸まで送る約束でいるということ、さらに京都では直海元周とその門人たちが取り揃えて江戸に送る手筈であることを記している。戸田旭山と直海元周という京坂で著名な本草学者からの出品、ならびに輸送することに源内の思惑が透けてみえる。ここに、両者からの出品を明記することで、東都薬品会の権威付け、さらには信任を得ている趣旨を効果的に演出しているのである。前述した産物取次所に名前を連ねた人々を含めて、幅広く協力体制を構築することができたのは、平賀源内と田村藍水の人脈によるところが大きいという[27]。また、田村一門に限られていた薬品会を、全国にむけ門戸開放することで、名もなき深層まで動き出していた物産への関心を促進し、彼らを動員することにも成功したのである[28]。

　「産物取次所」で集められた物は、「産物請取所」へ引き渡される。ここには、江戸本町四丁目の薬師中村屋伊兵衛、京都八幡町柳馬場東エ入北側の千切屋次郎兵衛と二条新地の芸種家薬草屋勘兵衛、大坂の今橋道尼崎一丁目の本朝人参屋天王寺屋勘兵衛と天満天神裏門前芸種家豊後屋喜右衛門が担当している（点線部⑥）。諸国に取次所、さらに三都に請取所を設けることで、輸送網を形成し、東都薬品会を下支えしていたのである。

　なお、輸送にあたって、出品者に対する心掛けが記されていることも、この引札の特徴である。取次所から請取所まで輸送するとともに、会期終了後は、すぐに各人へ返却することとなるが、運送は会側が取り計らうとした上で、次のような但書がある（点線部⑦）。

　　中国・西国ハ京・大坂まて御出シ被成候得ハ、夫より直飛脚ニ而江戸へ取越候故、道中十二・三日ニハ江戸到着いたし候、生草木にても枯不申様ニ取計いたし候、

　これは、遠国の場合の輸送方法について記したもので、中国・西国の取次所からは一旦、京都と大坂まで発送するとある。ここから、直飛脚で江

戸まで送ることになるので、道中は12〜13日を要すると述べられ、江戸までの輸送の見通しを示している。そのうえで生草木については枯れない措置を講じるようにと記されている。つまり、生草木の出品者に対する一定の責任を求めていることがわかる。生草木が枯れた時を想定しつつ、出品者の理解を前提とした催事が計画されていたのである。

遠国にあたっては如上のシステムが築かれていたものの、近国からの出品にあたっての注意事項として次のことが記されている（点線部⑧）。

> 近辺より御出シ被成候品、当日に至り俄に御出し被成候てハ大に混雑いたし候間、閏四月朔日までに私宅まて可被遣候、兼て御案内なく俄に御出シ被成候てハ会席へ出シ不申候、遠国ハ三月中に到着いたし候様ニ御差出シ可被下候、

近国から出品する場合は、当日になって急に持ってこられては大変な混雑に見舞われるとし、閏4月1日までに私宅（平賀源内宅；寓居江戸神田鍛冶町二丁目不動新道）に送るように求めている。また、案内がないにもかかわらず、急に出したいと言って会席に出品しないようにとも求め、遠国からは3月中に到着することを見越して、混乱しないような手順を定めていることがわかる。これまでの薬品会開催の経験に裏打ちされたシステマチックな手続きが整備されていたといえよう。なお、取次所を経由して集める方法は、俳諧の前句付のような懸賞文芸などの分野では取り入れられていたものであったという指摘もみえる[29]。

こうした輸送体制を整えることができたのも、東都薬品会への賛同者の存在が大きかった。催事の世話人として湯島二丁目の植木屋義右衛門・本所三笠町の植木屋藤兵衛、着座世話人に本町二丁目の相模屋藤四郎と同四丁目の中村屋彦左衛門、会席に江戸湯島天神前の京屋久兵衛の名前が引札に記されている（点線部⑨）。彼らは、スポンサー的存在に位置付けられ、本草学者を中心とした催事ではなく、広く関連業種の参加を募り、協賛を獲得して運営されていたのである[30]。ここに、マルチな才能を有した会主平賀源内の手腕が見出せるのである。

なお、催事当日の作法についても引札に記されている。これは出品者の参加を見越した事前通知（マナー）といえ、全国各地から集まることを想定した、統一的な作法として通達されたのである（点線部⑩）。

　　御出席御望の方ハ当日雨天にても早朝より御出可被下候、尤先達而御姓名御書付御出席の段可被仰聞候、兼て御案内なき方ハ一切入不申候、
　　前々の通飲食の類出シ不申候、遠方の方者食物御用意可被成候、会席にて酒宴等堅く是を禁す、

　出席を望んでいる人は、当日が雨天でも早朝から出席するようにと記されている。あわせて、提出していた姓名の書付を出席する時に申し伝えるように求め、案内がない人については一切の出席を認めていない。ここに、東都薬品会が会員制を採っていたことがうかがえる。さらに、飲食類は提供しないという通例に従っており、遠方から来訪する者は各自で食事を用意するように伝えている。会席での酒宴などを厳禁としており、今日にも通じるマナーを提示している。前例踏襲と各地から集まることを意識し、改めて共通認識を促す引札が出されていたのである。

　東都薬品会が終了すると、これまで江戸で5回にわたって開催された薬品会に出品された総計2000余種のなかから重要なモノや珍しいモノを厳選し、それぞれに解説をつけた『物類品隲（ぶつるいひんしつ）』が刊行された。「藍水田村先生鑑定」との表記から、平賀源内個人の著作というよりも藍水の鑑定を源内、田村善之、中川鱗、青山茂恂が編集したという評価がされる。ただし、「鳩渓平賀先生著」という文言からは、解説に源内個人の経験に基づいた記述もあり、平賀源内がその中心人物だったことには相違ない[31]。

　平賀源内は、個人的にも多数の西欧の本草書を買い求め[32]、日本の本草を、これを材料に一新しようと試みたものの頓挫し、宝暦13（1763）年に『物類品隲』を刊行してその片鱗を示すに過ぎなかったといわれる[33]。しかしながら、これまでの薬品会を厳選し、さらにこれを解説付き図譜として残しているのは、薬品会の性格に鑑みた動きである。会期が終了すれ

ば、薬品会の痕跡を喪失するが、刊行された『物類品隲』は、学術的成果だけでなく記録物としても高く評価できるのである。

3　医学館薬品会の特性

尾張藩には、嘗百社という研究団体があった。このメンバーは尾張藩士を中心に構成され、アマチュアの集まりと評価されていることは前述の通りである。その一方で、松岡恕庵に師事した浅井図南（1706～1782）が、尾張に京都学派の本草学をもたらしており、この学統は浅井家で継承されている。名古屋では、藩と研究会の二系統から本草学研究が取り組まれていたのである。小野蘭山に学んだ浅野春道に師事した水谷豊文は、春道とともに尾張本草学を牽引、蘭学を修得したこともあり、文政9（1826）年には、江戸参府中のシーボルトとも面会を果たすなど、嘗百社の発展に尽力した[34]。

こうした本草学研究の素地が築かれていきながら、"常設展示"への過渡期と評価できる催事が行われる。これは尾張藩の医学館で開催された薬品会であり、今日につながる博物館事業として位置付けられている[35]。当時の催事の様子は『尾張名所図会　前編二』（国立公文書館蔵）に収められている[36]。図版とともに解説が付されており、本書「醫学館薬品會」をみれば次のようにある。

> ①毎年六月十日にして、山海の禽獣蟲魚鱗介草木玉石銅銭等の②あらゆる奇品をはじめとして、竺支西洋東夷の物産までを一万餘種集め③廣く諸人にも見る事をゆるし、当日見物の④貴賤老弱隣国近在よりも湊ひて群をなす

まず、この催事の特徴は、医学館が主催していることである。医学館は尾張藩医である浅井家が医者を養成するために設けた私塾である。浅井図南の曾孫にあたる紫山の時に描かれたのが、この「医学館薬品会」の図である。当初、私塾だった医学館は、尾張藩の支援を受けて運営されるようになったため、薬品会も公的な性格が強い催事となり、これは、陳列され

ている文物からもうかがい知ることができる。

　先にあげた資料からは、毎年6月10日に開催されたことがわかる（下線部①）。これまでの薬品会や物産会は、時宜をみて開催されているところが多かったが、医学館薬品会は「毎年」という定期性を打ち出している。博物館がなかった時代における定期開催は、"常設展示"に至る過渡期と位置付けられ、主催者、そして来館者にとっても、恒例行事として定着していくことになる。つまり、医学館による薬品会を通じた実物教育の安定的供給といえまいか。なお、医学館薬品会は、天保3（1832）年6月20日を皮切りに、その翌年は5月20日、同5年には6月1・2日に開催されていることがわかっている[37]。

　ここに陳列されたものは、山海を問わず鳥獣・魚類や虫、貝類、さらに、草木の植物、玉石、銅銭などの万物を対象とした「奇品」（≒珍品）で、さらに、対象国は、インドや中国、西洋、「東夷」である（下線部②）。ここにある「東夷」とは、朝鮮半島、蝦夷を指しているが、これらの国々や地域からの産物を集めることを想定しており、その数は「一万餘種」と、普く収集したものが陳列されている。「奇品」という珍奇性、さらに「物産」の親近性とを融合させた催事であることがここから読み取れる。

　この催事は、広く庶民に開放している（下線部③）。身分制社会であった江戸時代において、教育機関も身分秩序に従っていたことはいうまでもない。藩士の家系に生まれた子弟であれば藩校で儒学などを学んでいくことに対して、百姓・町人は寺子屋で読み書き、そろばんなどが教えられる。これに加え、有識者による私塾では、自身の研究や思想が広く教授されており、著名な私塾には、全国各地から優秀な学生が集まっている。この医学館薬品会は、庶民にも分け隔てなく開放されており、身分の垣根を超えた教育的催事と評価することができる。

　さらに、ここには身分的格差、老人や子供に関係なく見学に訪れている。そして、尾張名古屋はもとより、「隣国」や「近在」からも集客があったことがわかる（下線部④）。「湊ひて群をなす」（＝群集）状況は、医学館薬品会の開放性はもとより、尾張藩周辺の人たちの知的好奇心の高ま

りを示唆しているのである。これまで開催されていた薬品会が着実に公衆に受け入れられていた証左といえ、これに応じた人たちの内面的成熟を見出すことができるであろう。

このように、当時、開放性を有した催事である医学館薬品会は、『尾張名所図会』のなかでも盛会な様子が収められている。

本図は、薬品会の一会場であると考えられ、別室に続く廊下には群衆が奥にまで連なっている。この会場の空間的陳列法は、日本家屋の構造を活用しつつ、動態かつ静態展示が採り入れられていることが特徴である。それは、床の間や柱に相応のものを配列するとともに、結界や幔幕で導線を確保するなどの工夫もみられる。畳敷に柱が立つという日本家屋の構造が、平面的かつ立体的な陳列を可能とし、結果として躍動感のある会場を演出している。また、訪れた人たちの様子をみると、前列の人は正座して見入り、後列の人への配慮もある。ここに、見学する人たちの民度の高さもうかがえ、珍品奇種を公開するという貴重な機会を等しく共有しようとする姿勢が見出せるのである。

図版には、帯刀姿の武士、僧侶、子どもなどが多く描かれている。なかには裃姿の正装で訪れている武士もいるが、ここに女性の姿は確認できない。本図だけでは、見学者の全貌を詳らかにすることはできないが、前掲の「老弱」（老人・子供）の様子は捉えられている。

以上を踏まえたうえで、薬品会での出品物について、（1）床の間・床脇、（2）幔幕内、（3）結界内、（4）庭園、（5）柱部・桁部にわけて、具体的にみていこう。

(1) 床の間・床脇陳列

書院造の座敷飾りで、床の間は一段高く、床柱を境に床脇が設けられている。床の間には掛軸一幅が掛けられ、その前には三点が置かれている。中央に「木像人骨」（点線部Ⓐ）を配し、左に「銅像人骨」（点線部Ⓑ）、右には「御預人参熊胆」（点線部Ⓒ）がある。木像人骨は、"奥田木骨"と呼ばれるもので、各務文献に師事した奥田万里が工人池内某に依頼して製作させた。これが医学館へ献納され、薬品会で陳列されたのである[38]。国内で製作された木骨として星野木骨や各務木骨が知られるが、それとは結合

部に違いがみられ、奥田木骨は椅座位に組み立てることができるように、胸郭等は一体化され、結合のための装具が工夫されているという[39]。これをあらわすように、図版でも木箱の上に等身大の骨格模型の「木像人骨」が描かれているのである。星野木骨と各務木骨が全身を組み立てることが難しかったとされるように、奥田木骨の表現力の高さはいうまでもない。

「銅像人骨」は"銅人形"と呼ばれるもので、近世においては医学の教材として用いられていたことで知られる。経絡や鍼灸を施す経穴をめぐらした人体模型であって、漢方系の教育に活用された。東京国立博物館が所蔵する銅人形は、国指定重要文化財となっており、これは、寛文2～3（1662～63）年に作製され、考証には和歌山藩医の飯村玄斎があたったことがわかっている。なお、この銅人形の来歴は、箱書により旧西条藩（紀州藩支藩）の所有物であり、廃藩置県後に国に寄贈された[40]。ここに描かれているのは、医学館で用いられた教材と位置付けられようが、奥田木骨と並列することによって人体への理解を促している意向が看取される。

続いて「御預人参熊胆」は、人参・熊胆ともに薬種にあたる。「御預」という表現より、藩から預かったものと思われ[41]、長膳のような台の上に置かれて丁重に扱われている。「御預」という性格、そして、人骨と並んで床の間に陳列していることに、医学館主催としての意義が象徴的に示されている。薬種栽培は享保の改革によって本格化し、国内各地で採り入れられていった。幕府自ら朝鮮人参の人工栽培に着手していることからもわかるように、薬種流通政策が積極的に展開されていた[42]。そのため貴重とされ、床の間での陳列に至ったものと考えられる。

以上のことから、床の間におけるテーマ性は、医学・薬学であり、空間の上席に陳列された意義は高い。まさに医学館が主催したという権威性も見受けられる。なお、床脇の違い棚の下には、葵紋（尾州中納言葵）の入った木箱が置かれており、公儀による催事としても演出されている。

(2) 幔幕内陳列

浅井家の幔幕内で目隠し導線が図られ、陳列物の正面には結界が設けられている。この内側で、一番目を惹くのが「虎皮」（点線部Ⓓ）で、そのほか、「イバラガニ」（点線部Ⓔ）や「シマネズミ」（点線部Ⓕ）などが置か

「医学館薬品会」(『尾張名所図会』国立公文書館蔵)

れている。「虎皮」は朝鮮半島からの貿易品であり、対馬を介して日本にもたらされた。豹皮と並んで皮革製品として加工され、宗家文書のなかには、その返礼状がある。例えば、正徳4（1714）年5月9日付の老中連署奉書では、秋元但馬守喬知らが宗対馬守に宛てて「虎皮三枚」などの献上を受けたことに返礼をしている[43]。虎皮のなかには太刀の拵えなどに用いられるような特別なものがあり、一般に流通することは少なかった。虎が日本国内にいなかったことはもとより、加工される前の状態で陳列されているため、多くの見物者の興味を惹いたものと考えられる。

「イバラガニ」（点線部Ⓔ）や「シマネズミ」（点線部Ⓕ）は、尾張では珍しかった。「イバラガニ」は相模湾から土佐湾にかけて分布するタラバガニ科の大型のカニであるが、通常、水深300〜400メートルの海底にいることから稀少だった。「シマネズミ」は蝦夷地（北海道）に生息しており、名古屋で生体を目にすることはない。両者とも剥製であろうが、「虎皮」と並列されているため、動物学をテーマにしていたブロックであることがうかがえる。なお、その横には、鉱物らしきものが複数置かれており、これらを結界のまえで整然と着座して見物している姿が捉えられている。

（3）結界内陳列

結界内に置かれているものとして、「白鳥」（点線部Ⓖ）・「化石」（点線部Ⓗ）・「双頭蛇」（点線部Ⓘ）・「両股竹」（点線部Ⓙ）・「海獺皮」（点線部Ⓚ）・「出雲ニテ龍蛇ト称スルモノ」（点線部Ⓛ）が挙げられている。「白鳥」は籠に入っており、「双頭蛇」（二つの頭がある蛇で江戸時代には珍重されていた）も脚のある籠に入れられている。一方、「海獺皮」は、前述した「虎皮」と同様に加工されているが、この海獺については、天保4（1833）年の興味深いエピソードが知られる[44]。

小田切春江の『海獺談話図会
かいだつばなしずえ
』（西尾市岩瀬文庫蔵）によれば[45]、天保4年7月7日に台風の影響を受けて熱田前の新田の堤防が決壊、ここに海水が流入すると、一頭の海獺が迷い込んだという。「海獺」は「長サ六尺五寸」（体長：約197cm）、「廻リ四尺弐寸」（胴回り：127.3cm）、「手八寸弐分」（手：25.0cm）、「足幅壱尺長サ壱尺弐寸」（足幅：37.9cm ／長さ45.5cm）、「重サ三十貫五拾目」（体重：約112.6kg）だった。その特徴は、「虎ノコトク夜

分ハ大イビキニテネイリ、食物ハ生魚ニ死魚ハ食ハズ」とあり、夜には大イビキで寝入り、生魚を食し、死魚は食べなかった。"虎"のようにとあり、生きた虎を見たことがないにも関わらず比喩的に表現するなど、稀有な「海獺」に驚いている様子がわかる。

　この海獺を見るために多くの人が集まると、舟で近くまで寄って見せる者が表れ、また、土人形が販売されたり、大道芸人までも出現するなど興行化している。その後、漁師に捕獲され、いくつかの芸を仕込まれたといい、見せ物を披露し始めて3日で死んだという。このように社会現象にもなった海獺騒動だったが、医学館薬品会で陳列された「海獺皮」は、この時の海獺という可能性もある。薬品会で陳列されていることに、時世を意識した取り組みを展開していたものと評価することができよう。

　「双頭蛇」が脚付きの籠に入れられていたことに対して、「出雲ニテ龍蛇ト称スルモノ」は敷物の上に置かれて露出した状態である。龍蛇は出雲大社に大国主大神の使者として、八百万神を案内する存在である。出雲大社では旧暦10月の神在祭で龍蛇を奉納しており、通常、名古屋の人々は目にすることが少ない珍奇なものとして、上記のようなキャプションが付されたものと考えられる。

　このように、動物の生体・静態の陳列をしていることに加え、ここには、「両股竹」・「化石」も同じ区画に置かれている。「両股竹」は途中が二つに裂けた珍しいもので、「化石」も演示台に置かれている。両者とも自然物にあたるが、前述した動物と同じ扱いを受けているところに規則性は見出せない。「化石」に関しては、幔幕内陳列に同種のものがみられるため、ここに配置されるべきものであろうが、特段、大きい化石であることから別置されたと推測される。こうした状況から未成熟な"見せる"手法といわざるを得ない。

（4）庭園陳列

　ここには、「野猪」（点線部Ⓜ）・「クロタヌキ」（点線部Ⓝ）・「国君恩賜ノ鶴」（点線部Ⓞ）・「鯢魚」（点線部Ⓟ）がある。庭園という性格上、露出を想定し、檻のなかに入れられた「野猪」の描写からは生体陳列と解される。盥のなかにいる「鯢魚」（山椒魚）も「野猪」と同じ手法がとられて

いるのに対して「クロタヌキ」は檻に入れられておらず、より臨場感のある演出をしている。また、「鯢魚」については、宝永5（1708）年に貝原益軒が著した『大和本草　巻十三』（早稲田大学図書館蔵）にも所収される[46]。

> 鯢魚（ニンキヨ）　名人魚、此類二種アリ、江湖ノ中ニ生シ形鮎ノ如ク、腹下ニツハサノ如クニメ足ニ似タルモノアリ、是鯢魚ナリ、人魚トモ云、其聲如小児、又一種鯢魚アリ、下ニ記ス、右本草綱目ノ説ナリ、海中ニ人魚アリ、海魚ノ類ニ記ス、

ここには、「鯢魚」には二説あるとし、ひとつは「人魚」、もうひとつは「鯢魚」という。人魚の姿形で、声は子供のようであるなどその特徴を示し、「鯢魚」（山椒魚）については次の項目にあるとしつつ、『本草綱目』の説を引用している。『本草綱目』（万暦18（1590）年序）は、李時珍が万暦24（1596）年に刊行した本草書で、中国はもとより、日本の本草学・物産学に甚大な影響を及ぼしたと言われるものである[47]。つまり、『本草綱目』に倣いながら、薬品会でも出品されており、本草学の系譜を意識した催事の性格があった。なお、「鯢魚」は、『大和本草　巻十三』において「鯢魚（サンセウウヲ）　渓澗ノ中ニ生ス、四足アリ、水中ノミニアラス陸地ニテヨク歩動ク、形モ聲モ鯢魚ト同、但能上樹山椒樹皮ヲ食フ、国俗コレヲ山椒魚ト云」と記し、「鯢魚」との共通性が記される。

「国君恩賜ノ鶴」とは、徳川幕府から賜ったものと推測される。鷹狩りは権威の象徴でもあり、贈答される鳥の格で鶴は最上位とされている[48]。また、福岡藩では初鶴を将軍へ献上するのを恒例としていたようで、贈答儀礼としてしばしば用いられている[49]。武士間での贈答儀礼であり、かつ国君による恩賜で受けた鶴は、一般公衆の目に触れる機会は限りなく少なかったといえる。これを薬品会にて一般公開することで、幕府との関連性を公衆に示すことにつながり、政治的プロパガンダの要素も含んでいる。

（5）柱部・桁部陳列

日本の伝統的家屋には柱や梁、桁があるが、これらにも陳列されてい

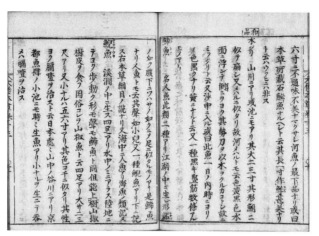
大和本草（早稲田大学図書館蔵）

る。ここを利活用することにより、空間を有効に埋めることができ、立体的な演出を可能としている。前述した幔幕内や結界内を補足するような機能を有し、来訪者へのインパクトを高める効果があった。幔幕内の柱には、「鳳凰」（点線部Ⓠ）が陳列されている。「鳳凰」は、『本草綱目』（国立公文書館蔵）にも記載され、「鳳」は雄、「凰」は雌であり、天では朱雀となり、鳳は「羽蟲三六十」の長としている。そして、四種類あって、赤色が「鳳」、青色が多いのが「鸞」、黄色が多いのが「鶠」、白色が多ければ「鸑鷟」といったと四神を記録する。寺島良安が正徳2（1712）年に完成させた『和漢三才図会』には、「鸞」として所収され、鳳凰が進化した鳥とする。このように、鳳凰は本草学の範疇で取り扱われており、ここでも陳列されていたのである。

　結界内の隅の柱には、「穿山甲」（点線部Ⓡ）が掛けられている。「穿山甲」も『本草綱目　巻四十三』に「鯪鯉」（龍鯉・石鯪魚）として所収され、生薬として重宝された。熱や下痢、婦人病などあらゆる主治があり、鱗を炙りすり潰した粉末を酒と一緒に飲用したという。中国ではよく知られた生薬で、日本国内に穿山甲は生息しないため、長崎貿易でもたらされたものであろう。珍しく稀少なものとして、ここで陳列されたのである。

第2章　日本の博物館前史　47

桁の部分には「脱蛇皮」（点線部Ⓢ）が掛けられている。これも『本草綱目』に「蛇蛻（だぜい）」として収められている。喉の痺れや腫れ痛みなどに効用があり、解毒作用のある生薬である。ここには、大型の蛇があたかも蠢（うごめ）くように掛けられており、蛇の生体を彷彿（ほうふつ）とさせる陳列手法がとられている。単に掛けるのではなく、生体時を再現するかのような見せ方で、躍動感のある陳列手法と評価できる。

　以上のように、柱部分には『本草綱目』にも記載されているものが配列されている。そして、生薬として生成する前の状態で管理されており、これが薬品会で披露されたのである。これらの出品は、医学館主催に相応しく、かつ、本草学の領域に即した陳列がなされていたことがわかる。

おわりに

　中国本草学の典籍が日本にもたらされると、これを入手できた幕府に仕える儒者らが本草学研究を開始する。そして、医業などに従事するものたちがこれを担うようになると、研究会が作られ、闊達な意見が交わされていった。ここに身分の垣根を越えた学問追求の姿勢がみられたが、さらに藩主らが研究会に加わったことで、本草学に実学としての評価が加えられることになる。そして、より一般に開放する催事が企画されていったことは、本草学が博物学へと昇華する意識的涵養をもたらしたのである。

　平賀源内が開催した東都薬品会は、催事かつ事業として一画期となったものの、「御案内なき方ハ一切入不申候」と会員制を採用し制限していたことに対して、医学館薬品会は、尾張国内外にも広く開放しているところに違いがある。それは、主催者に起因するところであり、東都薬品会は会主平賀源内を中心とする本草学者が主導、一方、医学館薬品会では尾張藩の公的催事としての性格が強かったためである。出品物にも違いはみられ、東都薬品会では本草学者による主品であったことに対し、医学館薬品会では、「恩賜」や「御預」といったものも陳列されている。また、前者が日本産、後者が東アジアと、公開対象も異なっており、当時の世情が反映されている。つまり、研究成果の発信と表裏一体でプロパガンダ的性格も同居していた。会の趣旨の相違が、このような差となって表れたのであ

ろうが、薬品会・物産会は、次第に公共性を帯びていった。換言すれば、研究者層による催事からアマチュア層へと広がり、さらに公衆にも受け入れられたものと評価することができよう。

　ここには、多くの文物を集める仕掛けが必要であり、各地の本草学者の権威を借りながら実現した平賀源内の実行力は特筆すべきことである。効果的な輸送方法や宣伝、催事内容の図書刊行など、今日の博物館活動に通じる動きが事業内容から確認できる。また、来訪者へ"魅せる"動きを医学館薬品会からは見出せる。時世を意識した陳列物、そして日本家屋の特性を活かした空間を利用するなど、"展示"とまではいえないものの、圧倒する空間を演出している。珍奇なもの、高価なものを効果的に配列することで、来訪者の知的好奇心を刺激し、さらにはリピータの確保につながるものとなっている。ヴンダーカンマーを想起させる空間であるが、日本国内にも"博物館"に通じる催事のひとつが開かれていたといえる。

　日本に博物館ができる以前、本草学者や研究会が由緒ある場所（寺院など）で催事を開いていた。それが公的施設での開催となったことで、会の性格にも変化が生じていったのである。さらに、催事が定日化したことは、多くの人に物産会への意識を持たせることになり、常設には至らなかったものの、これらの催事をその伏線として位置付けられよう。中国由来の『本草綱目』に依拠した本草学から、蘭学を通じた博物学へと昇華していく日本の本草学は、幅広い層に支持されていたのであった。『本草綱目』へ傾倒する一方で、批判的な視点を持ち続け、さらに、本草学者の飽くなき探究心が博物館の前提となる"モノ"が保護されることに繋がったのである。こうして"モノ"に価値付ける"ヒト"が成熟し、アマチュア層を含めて、文物への関心を広く集め、博物館創設へとつながる土壌がつくられていったのである。

[註]
1　西村三郎『文明のなかの博物学―西欧と日本　上』（紀伊國屋書店、1999年）90頁。
2　上野益三『日本博物学史』（平凡社、1973年）42頁。

3　西村三郎『文明のなかの博物学―西欧と日本　下』（紀伊国屋書店、1999年）381～382頁。
4　郭崇「『大和本草』「薬」類・「草木」類と『本草綱目』」（『外国語学研究』20号、2019年）74頁。『大和本草』での「薬」部と「草木」部の独自性を指摘する。
5　稲生若水・丹羽正伯編『近世歴史資料集成第Ⅰ期　庶物類纂　第Ⅺ巻』（科学書院、1991年）414頁。
6　田籠博「丹羽正伯の『庶物類纂』編集と「産物帳」」（『島根大学法文学部紀要　島大言語文化』35号、2013年）4～5頁。
7　高柳眞三・石井良助編『御触書寛保集成』（岩波書店、1958年）995頁。
8　山本秀樹「江戸時代出版法の布達範囲―熊本藩史料・岡山藩史料・加賀藩史料を通じて　含『庶物類纂』編纂関係令・享保八年大坂触一一九二人形規制令」（『岡山大学大学院社会文化科学研究科紀要』49号、2020年）32頁。
9　上野益三は黒田斉清を会員として認めているが（上野益三『日本博物学史』（前掲書）127頁）、平野満は黒田斉清の会員について懐疑的な意見を示している（平野満「天保期の本草研究会「赭鞭会」―前史と成立事情および活動の実態」（『駿台史学』98号、1996年）29）。
10　平野満「天保期の本草研究会「赭鞭会」―前史と成立事情および活動の実態」（前掲書）14頁。
11　平野満「天保期の本草研究会「赭鞭会」―前史と成立事情および活動の実態」（前掲書）16頁。
12　上野益三『日本博物学史』（前掲書）127頁。
13　謝蘇杭「近世中期における地方本草学派の興隆―尾張本草学派「嘗百社」を中心に」（『千葉大学人文公共学研究論集』41巻、2020年）57～58頁。
14　磯野直秀・田中誠「尾張の嘗百社とその周辺」（『慶應義塾大学日吉紀要・自然科学』47号、2010年）22頁。
15　謝蘇杭「近世中期における地方本草学派の興隆―尾張本草学派「嘗百社」を中心に」（前掲書）56頁。
16　土井康弘「伊藤圭介から田中芳男に引き継がれた天産物研究構想」（『神奈川大学日本常民文化研究所調査報告』Vol25、2017年）123～124頁。
17　西村三郎『文明のなかの博物学―西欧と日本　上』（前掲書）146～147頁。
18　浜田善利「『熊府薬物会目録』所載の薬物の研究（第1報告）　主品三十種について」（『薬史学雑誌』Vol20、No 3、1985年）109頁。
19　『兼葭堂雑録　第二巻』（国立国会図書館蔵）。
20　上野益三『日本博物学史』（前掲書）368頁。

21 『続近世畸人伝　巻之二』。国際日本文化研究センターデータベースより。
22 安高啓明『歴史のなかのミュージアム―驚異の部屋から大学博物館まで』（昭和堂、2014年）14～15頁。
23 『近世畸人伝　巻之五』。国際日本文化研究センターデータベースより。
24 上野益三『年表日本博物学史』（八坂書房、1989年）178頁。
25 早稲田大学図書館資料請求番号：文庫08B0176。
26 川﨑瑛子「『物類品隲』の知―出来事を編集した本草学書」（『国際日本学』11巻、2014年）277頁。
27 栗野麻子「平賀源内と東都薬品会―本草学のネットワーク」（『史泉』112号、2010年）17～18頁。
28 芳賀徹『平賀源内』（筑摩書房、2023年）155～156頁。
29 西村三郎『文明のなかの博物学―西欧と日本　上』（前掲書）138頁。
30 安高啓明『歴史のなかのミュージアム―驚異の部屋から大学博物館まで』（前掲書）17頁。
31 川﨑瑛子「『物類品隲』の知―出来事を編集した本草学書」（前掲書）278～279頁。
32 例えば、宝暦11（1761）年5月には『紅毛花譜』（Emmanuel Sweerts: Florilegii, pars secunda, Amsterdam, 1631）を入手している（上野益三『年表日本博物学史』（前掲書）181頁）。
33 木村陽二郎「植物の属と種について」（山田慶兒編『東アジアの本草学と博物学の世界　上』思文閣出版、1995年）59頁。
34 上野益三『日本博物学史』（前掲書）129～130頁。
35 『よみがえる尾張医学館薬品会』（名古屋市博物館、1993年）。
36 国立公文書館（内閣文庫）資料請求番号173-11。
37 磯野直秀「薬品会・物産会年表（増訂版）」（『慶應義塾大学日吉紀要　自然科学』29号、2001年）60頁。
38 蒲原宏「名古屋市博物館所蔵の木骨について」（『日本医史学雑誌』第41巻第2号、1995年）272頁。
39 片岡勝子「江戸時代に制作された木骨に関する研究―星野木骨、各務木骨、奥田木骨の比較」（『日本医史学雑誌』第53巻第1号、2006年）50頁。
40 加藤幸治「紀州藩で製作された銅人形について―その監修者と近代における展示についての覚書」（『東北学院大学論集　歴史と文化』49号、2013年）42頁。
41 安高啓明『歴史のなかのミュージアム―驚異の部屋から大学博物館まで』（前掲書）86頁。

42　田代和生「享保改革期の薬材調査」（山田慶兒編『東アジアの本草と博物学の世界　下』思文閣出版、1995年）43〜45頁。
43　対馬宗家文書（国指定重要文化財）、収蔵品番号 P2031。そのほかにも「虎皮」の献上に対する返礼書は多数ある。
44　安高啓明『歴史のなかのミュージアム―驚異の部屋から大学博物館まで』（前掲書）88頁。
45　西尾市岩瀬文庫資料番号19-63。
46　早稲田大学図書館請求番号ニ01-00413。
47　西村三郎「東アジア本草学における「植虫類」―西欧博物学との比較の一資料として」（山田慶兒編『東アジアの本草学と博物学の世界　上』（前掲書）91頁）。
48　岡崎寛徳『近世武家社会の儀礼と交際』（校倉書房、2006年）392頁。
49　福田千鶴『江戸時代の武家社会―公儀・鷹場・史料論』（校倉書房、2005年）126頁。

第3章
行政資料から文化財へ
——踏絵に関する資料的概念変化

はじめに

　江戸幕府が掲げたキリスト教禁教政策の象徴的なものに踏絵がある。絵踏は、幕府の禁教政策が強化されるなかで導入され[1]、九州の一部の地域で領内のキリシタン穿鑿にあたって用いられた。踏絵はキリシタンを取り締まる長崎奉行の職権に従って、長崎奉行所で管理されていたが、熊本藩と小倉藩は独自のものを所有していたことがわかっている[2]。熊本藩と小倉藩が所有していた踏絵は現存していないが、長崎奉行所旧蔵の踏絵に関しては、現在、東京国立博物館が所蔵し、国指定重要文化財となっている。平成30（2018）年に「長崎と天草地方の潜伏キリシタン関連遺産」が世界文化遺産に登録されたこともあって、当時の"潜伏"を証明した"モノ"として、その資料的価値は高くなっている。

　踏絵や、これを踏む（絵踏）様子については、江戸時代に既に描写されている。このなかでも、特に著名なものがシーボルト著『日本』に所収される「jefumi」であり、正月に長崎で絵踏している光景が描かれている。『日本』は海外で広く頒布された状況に鑑みれば[3]、日本で行われていた絵踏は、当時から外国人にも広く認識されていたと考えられる。鎖国下においても来日を許されていたオランダ人や中国人からの情報ルートに加え、外国人漂流民にも絵踏していることから、日本の禁教政策の状況は不確実ながらも知られていたといえよう。

　ここでは、江戸時代に築かれた禁教社会が、時を経て緩和、そして、禁教解禁されていく明治初期において、踏絵がどのように取り扱われていったのか。踏絵の性質の時系列的な変容を射程に検討を加えていくことにす

絵踏の図（シーボルト著『日本』より、福岡県立図書館蔵）

る。また、踏絵が"資料化"していく過程を、博覧会への貸与・出陳を通じて考察していく。一般的に資料化される段階において、学術的評価が加えられるが、踏絵については、政治・外交との関連が配慮されていた。今日にも通じる資料化の背景を、踏絵を通じて明らかにする。

1　踏絵の変遷と管理

　江戸幕府の禁教政策のひとつに、全国で展開されていた寺請制度がある。寺請制度は、住民を寺院に所属させて、寺檀関係を結ぶものであり、17世紀後半に確立していったとされる。島原天草一揆以降、寺請は強化されるが、これを満たすための寺院が絶対的に不足していた。その間、キリシタンが大量に露見する、豊後崩れや濃尾崩れが発生しており[4]、キリシタンの取り締まりが断行されていくなか、地域ごとでその手法は確立されていったのである。

　寺院に住民を管理させる制度は、俗請からの転換であり、一神教である

キリスト教義を巧みに利用した政策である。その一方、寺院が"役所"化、僧侶が"役人"化する一因にもなり、本来のあるべき姿からかけ離れていく。また、寺院の存在が村成立の条件にさえなり、キリスト教の信仰禁止を背景に神社や寺院は当時の人々の生活に密接に関わっていった。

これにあわせて、市中には訴人褒賞札を掲げており、伴天連・イルマン・キリシタン・同宿を訴え出た者に対して銀を付与すると公告した。そして、五人組による住民相互監視の体制を整えたことで、市井では排キリシタン観が形成されていく。さらに、島原天草一揆を素材にした版本の流通も、勧善懲悪の世界観にキリスト教を落とし込むことに成功したのであった。こうした社会環境のなかで禁教社会が形成されていき、表層的にはキリシタンが存在しない世の中が築かれていったのである。

また、九州の一部の地域、ならびに会津や岡山などでは、キリシタンの絵像を踏ませていた[5]。つまり、絵踏は全国的に導入されたのではなく、一地域で実施されていた制度にすぎなかった。特にキリシタンが多かった地域で採り入れられた政策であり、会津藩と岡山藩では、いつしか行われなくなっていく。また、既述のように熊本藩と小倉藩は独自の踏絵を有していたものの、それ以外の藩は長崎奉行所へ借用に訪れ、自藩に持ち帰って実施していた。

鎖国体制が確立されるなか、長崎奉行が自身の職掌に基づき踏絵を管理するようになり、長崎が貿易港として機能すると、禁教重点地区に九州は位置付けられた。宗門改が制度化され、表向きの禁教社会が実現すると、九州の一部を除いた地域では絵踏はなくなっていったものと考えられる。

長崎で管理されていた踏絵について、熊野正紹が寛政4（1792）年に記した『長崎港草』の「踏絵之始」に端的にまとめられている[6]。

踏絵ノ始マリシハ寛永五戊辰ノ年水野君ノ御時ニ①転ビノ者ヲ②試ン為メ、③切支丹ノ尊信スル掛物ノ絵像ヲ以テ之ヲ踏マセラル、翌年竹中氏掛物并ニ④鋳物ノ銅像ノアルヲ⑤版ニ彫リ入レ広ク⑥諸人ニコレヲ踏セラル、同七年庚午ノ年大坂ヨリ邪宗門ノ乞食七十人送ラレ来ル、是ハ其比大坂ニ於テ之ヲ改ムルコト厳密ナルニヨリ乞食トナリテ匿レ

居タル執着深キモノドモナレバ、長崎ヨリ警固ノ士并通詞名村八左衛門ヲ差添ヘ呂宋国ヘ流罪セリ、今乞食ニ至ルマデ踏絵アルハ此因縁トゾ聞ヘケル、寛文九年河野氏ノ御時ニ絵像破レ銅像不足ナルニヨリ本古川町祐佐ニ仰付ラレ⑦唐銅ニテ廿枚一日ニ鋳造ルト云ヘリ、
長崎ヨリ踏絵借用ノ国ハ⑧肥前ノ島原、同平戸・大村・五島、筑後ノ久留米、豊後ノ木付、同竹田、同臼杵、同府内、同日田、日向ノ延岡、以上十ヶ所ナリ、

　踏絵の始まりは寛永5（1628）年であるとし、この時の長崎奉行は水野河内守守信だった。当初は、「転ビノ者」（下線部①）、つまり、棄教者を対象としていた。さらに、「試ン為メ」（下線部②）という文言からは、棄教したかどうかを確認するための手段だったことがわかる。その際、踏ませていたのは「切支丹ノ尊信スル掛物ノ絵像」（下線部③）であり、キリシタンが信仰の対象としていた掛絵だった。当時は、紙製の掛絵が多かったため、これを"紙踏絵"と称している。
　この翌年、竹中采女正重義が長崎奉行に就任すると、前述の「掛物」（紙踏絵）に加えて、「鋳物ノ銅像」（下線部④）を用いるようになる。これは、キリシタンが信仰していたメダイ（銅牌）で、信心具のメダイを「版ニ彫リ入レ」（下線部⑤）と、木板に嵌め込んだのである。広く「諸人」（下線部⑥）に踏ませたとあり、紙踏絵では形質上、脆弱で損耗が著しいため、メダイを木板で補強したものを用いるようになったのである。これを"板踏絵"といい、当初、紙踏絵と併用されていたと考えられる。寛永7（1630）年に大坂から邪宗門70人が長崎に送られてきた時に、乞食になって隠匿していたキリシタンがいたとして、以降、絵踏の対象となった。つまり、これまでは対象外だった乞食層へ絵踏は拡大し、全ての長崎住民に踏ませる契機となったのである。
　こうして絵踏は行われていたが、絵像が破れるなど銅像が不足する事態になっていた。そこで寛文9（1669）年に、河野権右衛門通定が萩原祐佐に仰せ付けて、20枚の踏絵をつくらせた。その素材は「唐銅」（下線部⑦）、つまり、真鍮製だったことから"真鍮踏絵"と称される。ここで、

紙踏絵や板踏絵よりも強固な素材として、真鍮踏絵が導入されたのである。

真鍮踏絵の製作は、絵踏を実施する長崎奉行所側の都合であって、結果として、キリシタン捜索の質的変化を生じさせることになる。それは、キリシタンの信心具を踏ませなくなったため、彼らにとっては心的負担を減少させることにつながった。また、取り締まる側も、キリシタンを検挙し処分するという刑事手続から、キリシタンではないことを確認する行政手続へと変化させていったのである[7]。

真鍮踏絵の複製（個人蔵）

また、長崎奉行所に踏絵の借用に訪れていたところとして、「肥前ノ島原、同平戸・大村・五島、筑後ノ久留米、豊後ノ木付、同竹田、同臼杵、同府内、同日田、日向ノ延岡」（下線部⑧）が挙げられる。これらは自前の踏絵を有しなかった藩で、平戸や大村といった、かつて自前で行っていた藩も含まれているが、それは、自ら長崎奉行所からの借用を望んだことによる[8]。これ以外の藩も借用に訪れていたが、長崎奉行は踏絵の貸与を通じた九州内における支配秩序を築いていったのである。また、借用に訪れた藩も幕府の掲げる禁教政策を遵守している証左となったため、双方の利害が一致したともいえる。踏絵を借用して実施する背景には、両者の政治事情が交錯していたのである。

踏絵に限らず、各地で押収されていたキリシタンからの没収品は、長崎奉行所で管理されていた。これは、キリシタン取締権を有する長崎奉行の職権に裏付けられたもので、九州全域にキリシタン穿鑿を可能とした。屋久島に潜入したシドッチが所持した信心具や、「親指のマリア」が長崎奉行所で管理されていたことは周知のところであろう。そこで、ここでは、踏絵の管理実態について、「長崎諸事覚書」（国立公文書館蔵）からみていきたい[9]。

一板ニ彫入候切支丹踏絵八枚　　　　　　　　　　（年行事預置之）
　　　　　　　　　　　　　　　　　　　　　　　　右同断
　　　是ハ前々より有之候
　一唐金ニ而鋳立候切支丹踏絵廿枚　　　　　　　　右同断
　　　是ハ寛文九年酉申付之
　一切支丹油絵壱枚　　　　　　　　　　　　　　　右同断
　　　右同年ニかゝせ申候

　長崎奉行所立山役所には板踏絵が8枚あり、年行事が管理していたことがわかり、以前から所蔵していたものとして記されている。次いで、真鍮踏絵20枚が挙げられており、これは寛文9（1669）年に「申付」（＝製作依頼）とあるが、前掲資料の萩原祐佐へ製作を申し付けていたことと一致する。ここに板踏絵と真鍮踏絵が年行事に管理されていたことがわかるが、すでに紙踏絵は所在していなかった。それだけ、摩耗が激しかったといえ、これにかわる踏絵の製作が必要だったことを裏付けよう。また、「切支丹油絵」1枚が挙げられ、寛文9年に描かせたものとある。これは、キリシタンの没収品ではなく（≠信心具）、キリシタンの取り締まりのために作られたものであろう。その用途は不明ながらも、真鍮踏絵と同時期に「切支丹油絵」を描かせたことに対する検証が今後、必要である。
　このように、長崎奉行所を拠点に禁教政策は展開されているが、それは、鎖国下においても海外の窓口になっていたこと。さらに、長崎をはじめ、九州に多数のキリシタンがいたことに由縁する。貿易都市である以上、鎖国体制を維持する前衛拠点が長崎であり、その支配者である長崎奉行は、必然的にキリシタン穿鑿権を有していった。殊に、踏絵は、長崎奉行が政治利用していた側面もあり、他藩にも大きな影響を与えるため、長崎奉行所が厳重に管理していたのである。江戸幕府の禁教政策が徹底されるほど、その存在意義を高めていき、キリシタンではないことを証明する最も有効な手段とまで評価された。しかし、鎖国体制が瓦解に至る時代の転換の渦のなかでその扱いは翻弄されていくことになった。

2 踏絵の移管――長崎県から教部省へ

　踏絵は貸与した藩にも取り扱いに慎重を期すように命ぜられているように、長崎奉行所でも厳重に管理されていた。安政5（1858）年に米・英・仏・露・蘭と締結した安政五カ国条約によって長崎での絵踏が廃止されると、他藩に貸し出すことも次第になくなっていく[10]。こうして、用途を失った踏絵は、目に触れる機会がなくなっていったものの、日本で絵踏が行われていたことを知っていた外国人の興味関心の的となっている。

　開国により居留地に滞在していた外国人のなかには、絵踏を蛮行として受け止めつつも、踏絵を所望するものもいた。これは江戸時代後期には見受けられるようになり、長崎海軍伝習所の教官として赴任したカッテンディーケは、「私はこの踏み絵の板を一枚手に入れたいと思ったが、奉行代理は、皆それは江戸へ送られたと言っていた」と述べている[11]。ここでの奉行代理の発言は、当座凌ぎで、実際には長崎奉行所に所在したが、オランダ側からも踏絵を入手したいという動きがあったことは注目される。

　明治になると、より具体的な長崎県へのアプローチがみられるようになる。踏絵を管理していた長崎県令は、今後の対応を含めて政府へ相談しており、『公文録』（国立公文書館蔵）のなかには、その遣り取りが残されている。

　　　　　絵踏銅版之儀ニ付伺
　神奈川裁判所御雇外国人ブツ過日本港ヘ罷越シ、長崎裁判所官員田島基光ヲ以テ当廰ヘ申越シ候ニハ、昔時当所ニ於テ①耶蘇ノ像ヲ模写シ国民ヲシテ土足ヲ以テ践踏セシメシ由、右ハ②珍奇ノ品ニ付キ、価ヲ論セス候間、購求之儀相叶フ間敷哉、若不相叶義ニ候ハヽ、一見致シ度旨ニ付、右像ノ縁故取調候処、中古
　皇国ニ於テ耶蘇宗門ハ制止罷在、肥前国ハ寛文年間右宗門ヨリ騒擾ヲ醸シ候地故、別而厳禁ニ相成候得共、密ニ信仰之者モ有之哉ニ付キ、人民ヲシテ其禁ヲ遵守スルヲ表セシメンガ為メ、一年一回其ノ像ヲ踏マシム、③旧政府是ヲ名ツケテ絵踏ト云フ、近傍諸藩モ亦然リ、④即今本縣倉庫ニ蔵存スルモノハ銅版ヘ耶蘇ノ像ヲ鋳模シタルナリ、約

<u>二十四枚程有之</u>、然ルニ外国人ノ是ヲ懇望スル、其意ノ嚮フ所果シテ
　何レニ有ルヤ汲量致シ難シ、渠レカ望ニ任セ万一葛藤ノ瀰漫ヲ生シ候
　テハ不相済儀ト推考致シ候内、右外国人ハ突然横浜帰港ノ由、尤其際
　ニ望ミ、右像購求之成否縣廳ヘ問合置呉候様、右田島基光ヘ依託致シ
　候趣、就テハ渠ヨリ自然催促モ可有之歟、将夕他ノ外国人ヨリ同轍申
　出モ難計候間、⑤<u>将来予防之為メ</u>版像御省ヘ相納置申度、此度相伺候
　也、
　　右版像之外新古犯禁之者ヨリ収没相成候、或ハ癩病、又ハ美貌ニ映
　リ候鏡、其外木像・陶像等許多有之候ニ付、共ニ相納度候也、
　　　明治七年九月廿二日　　　　　　　　　長崎縣令宮川房之　印
　　教部大輔宍戸璣殿

　これは、明治7（1874）年9月22日付で長崎県令宮川房之から教部大輔
宍戸璣に宛てられたものである。神奈川裁判所のお雇い外国人〝ブツ〟が
長崎港に到着すると、長崎裁判所官員である田島基光を通じて長崎県庁に
連絡を入れた。その内容は、昔、長崎で「耶蘇ノ像ヲ模写シ」（下線部
①）、これを国民に土足で踏ませていた点にふれ、これは「珍奇ノ品」（下
線部②）であるので購入したいと望んでいることがわかる。もし、これが
叶わないのであれば、一度目にしてみたいとも申し出ている。そこで長崎
県が、踏絵の「縁故」を取り調べており、前述した絵踏の様子があわせて
記され、「旧政府」（＝幕府）ならびに近隣諸藩は、像を踏ませることを
「絵踏」と称していたと結んでいる（下線部③）。
　これからは、ブツが認識していた踏絵観が看取できる。まず、「模写」
したものであるという、いわゆる真鍮踏絵の存在を認識していることが挙
げられる。つまり、信心具を踏ませていたのではないことが正しく理解さ
れているのである。そして、「耶蘇ノ像」という表現からは、具体的なモ
チーフまでは知らなかったことがうかがえ、図像の詳細は外国人へは伝
わっていなかった。ついで、国民に土足で踏ませていたと認識していたよ
うだが、前述した長崎の事例からもわかるように正しくない。実際には、
土足で踏ませていた記録はなく、管理を含めて丁重に扱われていたことか

ら絵踏に対する誇張した認識といえよう。

　また、「国民」とあることからも全ての日本人に踏ませていたかのように述べており不正確さを露呈している。しかし、稀有な「珍奇ノ品」を所望する強い気持ちは確かで、それは購入できなければ一見したいとまで述べていることからもうかがえ、踏絵が外国人の強い興味対象となっていた実態がわかる。カッテンディーケやブツが踏絵を所望する姿勢からは、実際に用いられていた踏絵が過去の所産と受け止められ、現在では不要の"モノ"と考えられていたと思われる。そこに、日本の禁教政策を忌避するような強い想いは感じない。なお、ブツは神奈川裁判所のお雇い外国人であるため、長崎裁判所を通じて長崎県庁へ伺いを立てたものと考えられる。旧長崎奉行所の文書類は、長崎県庁へ引き継がれており、ここで一時管理されていることを把握しているような動きである[12]。

　宮川房之は踏絵の管理状況について、約24枚が長崎県の倉庫に納められていると述べている（下線部④）。そして、今回に限らず、再び外国人から要望が出ることがあるのではないかと予見しており、「将来予防」のために教部省に納めたいと申し出ているのである（下線部⑤）。踏絵だけではなく、関係する一式をまとめて教部省へ移管したい旨を述べており、ここには、幕府（＝国家）の禁教政策を長崎奉行が履行していたにすぎないという関係上、明治政府がこれらを管理することが相応しいと宮川房之は考えていたのである。それは、踏絵の鋳造そのものを老中から長崎奉行が指示を受けているため、他藩が独自に踏絵を鋳造することを認めなかったという、江戸時代の原理に通じるものがある[13]。

　こうした宮川房之の申し出を受けて、教部大輔宍戸璣は太政大臣三条実美に伺いを立てている。『公文録』（国立公文書館蔵）に所収される「長崎縣踏絵銅版之儀ニ付伺」には次のようにある[14]。

　　長崎縣倉庫ニ蔵存スル踏絵銅版当省ヘ納置度旨、右縣令宮川房之ヨリ
　　別紙之通伺出候条、如何可及指揮哉、別紙相添此段相伺候也、
　　　　明治七年十月九日　　　　　　　　　　　　教部大輔宍戸璣
　　太政大臣三條實美殿

伺之趣長崎縣申立之通都テ其省江相納候様可相達事
　　　明治七年十月十八日

　長崎県の倉庫で管理していた踏絵や銅版を教部省に納めたいということで、別紙の通り宮川房之から伺いがあった。この「別紙之通」とは、前述した９月22日付文書であり、これを受けてどのようにすべきか指示を仰いでいることがわかる。10月９日付で三条実美に上申された結果、10月18日付文書で長崎県が申し立てた通り、全て教部省に納めるように通達するという判断が下されている。結果として、宮川房之が上申した内容が全面的に認められたのであった。

　太政大臣の意向は、教部省にも伝えられるところとなる。そして、本文書を参議も確認した上で正式に決定し、通達された。『公文録』（国立公文書館蔵）の「教部省伺」によれば次のようにある[15]。

　　　　　　　　　　　　　　　　　　　　十月十二日　同十八日来
　　　　　　大臣　　　　　　　　　　　　　　　　　　　庶務課長
　　　　　　　　参議
　　教部省伺長崎縣蔵存ノ踏絵銅版并木像陶像等同省江相納度趣、右者縣官申立之通御許可相成可然、仍テ御指令案相伺申候、
　　御指令案
　　　伺之趣長崎縣官申立之通都テ其省江相納候様可相達事、
　　　　　　　　　　　　　　　　　　　　　　　　明治七年十月十八日

　これは、明治７（1874）年10月12日付で回覧されており、18日に、庶務課長から大臣と参議に決裁を仰いでいる。大臣・参議には、「三條」「島津」「岩倉」の名前、そのほか、「寺島宗則」もみられる。彼らによって最終的に認められることになり、長崎県官（県令）が上申した通りに教部省へ納めるように達することが10月18日に決定し、前述した「長崎縣踏絵銅版之儀ニ付伺」に記された内容が通達されたのであった。

3　踏絵の資料的概念──長崎博覧会出品を巡って

　明治10（1877）年に長崎で博覧会開催の企画が持ち上がった。これは、長崎の商人たちが結社したもので、関連する資料の出品にあたっては、長崎県令が協力している。長崎博覧会は、商人結社であるとともに長崎県がバックアップした催事としての性格がみられ、ここに政府も関与していくことになる[16]。『公文録』（国立公文書館蔵）には、博覧会開催についての長崎県令北島秀朝と教部省との遣り取りの文書が確認できる[17]。

　当縣下②商人結社来ル明治十年三月一日ヨリ一百日之間博覧会開場致シ候ニ付、一昨七年十一月十四日付ヶ添書ヲ以テ御省へ相納候①耶蘇踏板列品ニ加ヘ度旨願出候間、奥書之通開場中御貸下ヶ相成度、尤此節外用ヲ兼当縣少属木下・志賀ニ上京為致候ニ付、御省へ可罷出候間、運搬方等御差図相成度、此段相願候也、
　　　明治九年八月十八日　　　　　　　　　　長崎縣令　北島秀朝
　　　教部大輔宍戸璣殿

　　　踏絵板　　　三拾
　　　鏡　　　　　弐面
　　　薄銅踏絵板　大小弐枚
　　　木綿地仏画　弐枚
　　　小仏像　　　壱

　これは、長崎県令北島秀朝から教部大輔宍戸璣に宛てた伺書である。その内容は、長崎県下の商人が結社して、明治10（1877）年３月１日から100日間の会期で博覧会を開催するとして、一昨年の明治７（1874）年11月14日付の添書により、教部省へ納めた「耶蘇踏板」を「列品」に加えたいと願い出ている（下線部①）。そこで、奥書に挙げたものを会期中に貸してくれるように希望している。今回、別件を兼ねて長崎県少属の木下と志賀を上京させているので、教部省へ出向いた際に、運搬方法などを指示してくれるようにお願いしている。なお、ここで借用したいと述べている

出品物は、踏絵板30枚、鏡2面、薄銅踏絵板大小2枚、木綿地仏画2枚、小仏像1枚であった。

　まず、明治10（1877）年3月に開催予定の博覧会の準備が、前年8月から行われている点が注目される。「耶蘇踏板」、換言すれば踏絵の列品を企画しており、これにあたり、明治7（1874）年11月14日に納めた教部省に打診している。明治7年時の長崎県令は、北島秀朝の前任である宮川房之で、前任者との引継ぎのもと北島秀朝が宍戸璣に交渉している。具体的な手続きを進めるために、上京中の部下2人を教部省へ向かわせ、輸送手段などの指図を求めているため、北島は借用できるものと考えていたことは間違いない。列品可能を前提にした伺書と評価することができ、「商人結社」（下線部②）による博覧会開催に向けた行政支援の実態が見出せる。

　そして、ここでの出品は踏絵だけではなかった。出品希望の鏡もキリシタンから没収したものと推測できるが、「薄銅踏絵板」は、銅牌（メダイ）と思われる。また、仏画や仏像も没収品であるとすれば、キリシタン絵画、さらには、マリア観音の類となろう。実際に輸送手段を調整しに行く予定だった木下・志賀は、資料選定に立ち会うことを含めて、教部省へ向かうよう指示されたのである。長崎県側としては、博覧会でのキリシタン資料の陳列に向けて、粛々と交渉していたことがわかる。

　北島秀朝からの伺書を受け取った宍戸璣は、政府内で協議している。本件に関する自身の意見を太政大臣三条実美に上申しており、その遣り取りは、『公文録』（国立公文書館蔵）に所収される第69号文書にある[18]。

　　　　長崎縣願耶蘇踏絵版等之儀ニ付伺
　　明治七年十月中長崎縣倉庫所蔵之耶蘇踏絵銅板等当省ヘ差出度旨該縣ヨリ甲印之通申出、其節乙印之通伺之上当省ヘ相納置候処、今般該縣下商人結社明治十年三月一日ヨリ一百日之間博覧会開場中右踏絵板等列品ニ差加度旨両印之通願出候、右者<u>普通考古之物品共相異リ粗御交際上ニモ関係致候品柄ニ付願意不聞届方可然ト存候得共</u>、<u>為念此段相伺候也、</u>
　　　　明治九年十月十三日
　　　　　　　　　　　　　　　　　　　　　　　　教部大輔　宍戸璣

　　　　太政大臣三條實美殿

　明治7（1874）年10月に長崎県の倉庫に所蔵されていた「耶蘇踏絵」や「銅版」などを教部省に差し出したいとして、長崎県から「甲印」文書の通り申し出があった。その時、「乙印」文書に従い、伺った上で教部省に納められることになった。ところが、今回、長崎県下の商人結社が明治10年3月1日から100日間の会期で、博覧会を開催するため、開場中に踏絵板などを列品に加えたいとの願い出があった。これらのものは、「普通考古之物品」と異なり、おおよそ「交際上」に関係する性質のものであるので（下線部）、長崎県の願意は許可しないことが適当であると判断しつつ、「為念」（波線部）（念のため）三条実美に伺っているのである。
　宍戸璣は、踏絵の歴史的経緯を熟知したうえで、「交際上」（＝外交上）の問題となることを懸念している。絵踏の廃止は、前述したように外国人側の要望もあって、安政五カ国条約にも盛り込まれている。多数の外国人が見学に訪れることも想定される博覧会で陳列するのは、外交問題に発展するのではないかと危惧しているのである。旧幕時代に掲げられた禁教は、鎖国体制下における象徴的な外交政策であったが、明治政府においては、外交に支障をきたす"負の遺産"として認識されており、依然として慎重に取り扱うべき案件と考えられていた。そのため、「普通考古之物品」とは峻別して、列品のために貸し出すことを否とした伺書を、太政大臣三条実美へ提出したのである。
　この文書の遣り取りからは、長崎県令と教部大輔の両者で、踏絵に対する認識の相違が生じていたことがわかる。長崎県令としては、元来、長崎県所轄の倉庫に所蔵されていたものであるうえ、長崎で開催する博覧会の陳列に相応しいと考えていた。そこに、外交感覚はみられず、旧幕時代の「歴史資料」と見做していたのである。一方、教部大輔としては、外交問題と宗教問題がリンクする形で、明治政府内で意識共有され、上述したように慎重な姿勢を示している。ここに、踏絵をめぐって、中央と地方の役人との認識差として表出しており、宍戸璣としては、自身の見解を添えて上長の決裁を仰いでいるのである。

この文書で示されている「甲印」とは、前掲した明治7（1874）年9月22日付の「絵踏銅版之儀ニ付伺」のことで、「乙印」は明治7年10月9日付の「長崎縣踏絵銅版之儀ニ付伺」である。長崎県令とのかつての遣り取りを詳細に確認しながら、宍戸璣は判断を下していたことがわかる。長崎県令宮川房之からは、外国人が踏絵を所望していること、踏絵は幕府、換言すれば国家政策を実施する立場として長崎奉行所で管理していたにすぎないという歴史的事実を踏まえて、本来管理すべきは国にあるため、教部省に納めたいと申し出たのである。本件は、踏絵が移管された経緯もふまえて、長崎県令北島秀朝に主導権があるのではなく、教部省側にあることが改めて示されたといえる。申請者である長崎県令が宮川から北島に代わってはいるものの、政府としては、一貫して踏絵の管理を行う姿勢が示されたのであった。

　教部大輔宍戸璣から提出された10月13日上申書は、同月19日に大臣（岩倉）や参議（大久保ら）、大史（土方ら）に回覧、その返答は30日に届いている。その結果、文書が「第二科　五十二号」文書として11月1日付で下記のとおり返答された[19]。

　　　教部省伺長崎縣願縣下商人共結社博覧会開場候ニ付、兼テ同省ヘ相納
　　　　置候耶蘇踏絵版等列品ニ差加度趣、右ハ普通考古之品ニ無之ニ付同省
　　　　　　　　　　　　　　　　　　　　　　　　　　　　トモ異リ候
　　　　　　　不差出方
　　　　見込之通ニテ可然哉、因而御指令案相伺候也、
　　　　　　　　御指令
　　　　　伺之通
　　　　　　明治九年十一月一日㊞

　これには、長崎博覧会の開催にあたり、教部省に納められている「耶蘇踏絵版」などを列品に加えたいということについて、「普通考古之品」（下線部）と異なる見解を示して指示を仰いでいる。そこで出された指令が「伺之通」（波線部）であった。つまり、教部省の上申案が全面的に認可されたのである。太政大臣まで含めた政府内部で、「踏絵」は外交上支障をきたす可能性がある遺産であり、「普通考古之品」とは峻別される物品と

して共有された。こうして、長崎博覧会での列品を通じた踏絵に対する政府見解が成立することになったのである。

　長崎県が要請した踏絵類の貸し出しが認められなかったのは、これらの所轄が教部省にあったことが大きい。明治9（1876）年の時点で、同7年に長崎県から教部省に納められたまま、所轄部署に変更はなかった。これが、宍戸璣の一貫した外交上支障をきたす可能性があるとする根拠であり、前記した「普通考古之品」になったとすれば、博物局に移管されていたことであろう。

　博物局における貸し出しの規定は、明治9年の「博物局第一年報」の「本館ヨリ貸品ノ数」のなかで、次のように明記されている[20]。

　　各府県ニ於テ博物館又ハ博覧会ヲ開キ本館物品借用ヲ乞フトキハ人智開明ニ裨益アルモノハ之ヲ貸与セリ（後略）

　ここには各府県で博物館、もしくは博覧会を開催するにあわせた借用の方向性が示されている。「人智開明」（下線部）（人類の知識・知恵が開けて文物が進歩する＝人類聡明）の助けになると判断されれば貸与するとある。長崎県令による貸与の申請は、博物局である方が、教部省と交渉するよりはハードルは低かったものと思われる。それは、博物局に移管されれば、「普通考古之品」と判断されたことを外形的に示すためで、ここに政府内部の見解において、外交上の支障は解消されたと認められるのである。いまだ明治政府内では、踏絵が"資料"として認識されるに至っておらず、長崎県側との踏絵をめぐる評価に離齬が生じていたのであった。

4　踏絵の展示公開化

　教部省は明治10（1877）年1月に廃止され、事務は内務省社寺局に移管される。この時、踏絵をはじめとするキリシタン関係遺物も社寺局の所轄となるが、明治12（1879）年5月付で、内務省博物局長町田久成から社寺局長桜井能監（よしたか）に宛てて次の照会がかかっている[21]。

切支丹宗門ニ属スル仏体或ハ踏絵等之類、貴局ニ御取纏有之候由承リ及ビ候処、当博物館陳列中ニ右等之類無之候間、御差支無之候ハハ御出品相成度、此段御照会ニ及ヒ候也、

　キリシタン宗門の仏体（仏像）や踏絵の類が社寺局で管理されていることを知った町田久成は、博物館で陳列中のものにはこれに関するものがないとして、支障がなければ出品したく、社寺局に照会している。町田には、博物館における陳列の充実を図ろうとしている意図が看取されるが、これに対して社寺局長代理伊集院兼喜が、町田久成に同年8月9日付けで次のように返答している。

　切支丹宗門ニ属スル仏体或ハ踏絵等ノ類、当局ニ有之分御館内ヘ出品方之儀ニ付御照会之趣了承、右ハ悉皆御廻及フ可キ条貴局ニ於テ御保存相成様願度、尤モ右之内踏絵之儀ハ<u>往時残忍之所業ヲ追想セシムルニ足リ、且方今ニ在テハ外交上ニモ関係有之モノニ付、御陳列ニハ相成サル方然ル可ク存候</u>、此段御答旁々申入候、

　社寺局は、自局が有するキリシタン遺物や踏絵などを出品することの照会の件を了承している。そして、これら全ては博物局で保存してもらいたいと願っているものの、このうち踏絵については「往時残忍之所業ヲ追想セシムル」（波線部）と述べ、さらには外交上で支障をきたすこともあるので陳列をしないほうが良いという社寺局の見解が添えられている（下線部）。ここに、前述した教部大輔宍戸璣の「普通考古之物品」とは異なる、「粗御交際上ニモ関係致候品柄」に通じる考えが社寺局でも共有されていたことがわかる。博物局への移管を望むものの、依然として踏絵の展示には慎重であったことが伺える。
　こうして、社寺局から博物局へ移管されることになるが、それは、明治12（1879）年12月9日付の書面から確認できる。

　<u>耶蘇踏絵外数品</u>御引渡之儀ニ付、去八月中御答申進、受取人御差越相

待候処、猶又御照会之趣承知、右ハ悉皆取調有之候間、明後十一日午前九時ヨリ午后二時迄之中、受取人御差越有之度、此段御回答ニ及ヒ候也、

　　明治十二年十二月九日

　　　　　　　　　　　　　　　　　　　　　　　　　　社寺局

　　　博物局御中

追而兼而申入置候通、<u>御陳列ニハ相成ラサル方ト存候</u>、猶受取人差越サレ候節、請取書持参候様御取計有之度、為念此段申添候也、

　前述した8月9日付文書以後、社寺局と博物局との間で「耶蘇踏絵外数品」（波線部）の移管の了承がとれ、この12月9日付文書で具体的に調整されている。移管するにあたり、再度、悉皆調査され、物品が把握されていることがわかる。その結果、12月11日の9時から14時までの間に受取人を派遣するように博物局へ要請されている。なお、追伸として、陳列にはしないほうが良いと思っていることが念を押されており（下線部）、所轄部局として教部省からの引継事項が、博物局にも伝えられた。

　これとは別に、桜井能監から町田久成に宛てた親展書にも「明来御局にて御管理相成候様致し度、素より出陳無之儀とは存じ候得共、猶念の為内陳に及び候」とある。博物局に管理を委託するにあわせて、出陳がないようにと局長レヴェルで内々に確認されている。キリシタン関連遺物の一部は陳列に相応しいと考えられていたのであろうが、踏絵に関しては、「往時残忍之所業」としてかわることなく継承されており、外交の妨げになることを懸念していたのである。

　最終的に、キリシタン関連遺物や踏絵が公開されることになったのは、明治39（1906）年に開催された東京帝室博物館の第5回特別展が最初だとされる[22]。これは、「嘉永以前西洋輸入品及参考品」という企画で、その時の目録が残されており、凡例の冒頭には、次のような記載がある[23]。

　　一嘉永以前西洋輸入品及参考品ハ、明治三十九年五月開設ノ特別展覧
　　　会甲部ノ列品ニシテ、該展覧会閉会後、更ニ本年末迄引続キ存置ス

ルコトトナリ、其ノ陳列場ヲ三号館階上ニ移シテ陳列公開スルコトトセリ、

　嘉永年間（1848～1854）以前の西洋からの輸入品と参考品を列品する展覧会が、明治39（1906）年５月から開催されている。本展覧会は、閉会後にも場所を三号館階上に移して、引き続き列品公開する企画だったことがわかる。ここで、17項目にわけた列品がみられ、洋書・和書・文書・地図・洋画・和画・銅版・学術器械・耶蘇教遺物・外国武器・楽器・遊具・陶器・硝子器・織物、刺繍・革類・貨幣紀念牌・雑とある。ここにある「耶蘇教遺物」がキリシタン関連遺物であり、「外国製」と「本邦製」とが陳列された。また、全てが東京帝室博物館所蔵のものではなく、個人蔵を含めた催事であることも特筆すべきところである。以下、耶蘇教遺物として陳列された一覧を挙げれば次のようになる（72-73頁表）。

　これは、陳列品からキリシタン関連遺物と思われるものを抜粋したものだが、「耶蘇教遺物」ばかりでなく、文書・洋画・雑にも含まれていることがわかる。それは、キリシタン関係遺物は種別が多岐に及ぶためで、何に主眼を置くかによって分類も異なるからであろう。洋画に含まれている「まりや像」には、「得能良介嘉永以前ニ於而以太利ヨリ帰朝セシモノヨリ譲受ケタルモノナリ」と説明文が付され、嘉永年間以前にイタリアからの帰国者から譲り渡されたものという。真偽は不明ながらも当時の担当者はこれを是とし、会の趣旨でもある「嘉永以前」と判断して陳列に至ったものと考えられる。江戸時代にキリシタンが没収されたもの（信心具）とは異なる西洋絵画と評価されたのであろう。

　また、文書には、「日本耶蘇教徒ヨリ羅馬法王廳ニ贈リシ文書」がキリスト教に関する陳列物として挙げられる。これは、写真・巻物とあるため、複製品かと思われるが、現物に限らず、二次資料も広く収集・公開した展覧会だったことがうかがえる。一方、雑の部には、３点の耶蘇教遺物が出品されている。本来、陳列されるべき「耶蘇教遺物」と区別された理由は記されておらず判然としないが、２点の白磁観音立像は重複している。また、「天草ニ於ケル耶蘇教徒処刑ノ図」が陳列されているが、これ

は、「耶蘇教遺物」とは異なり、"作品"としての評価だろう。

　そこで、「耶蘇教遺物」として陳列されたものの趣意を考えると、ここには歴史的所産としての価値が見出された物であることがわかる。陳列物のほとんどが、浦上村の潜伏キリシタンらの没収品や、踏絵などのキリシタンの穿鑿に使用されたもの（長崎奉行所旧蔵品）であり、そのほかにも出所が明らかとなっているものが含まれる。キリスト教義にまつわる「油絵」のほか、「指輪」や「白磁観音立像」、「白磁観音居像」といった信心具が陳列されている。白磁観音像は、いわゆる"マリア観音像"で、浦上三番崩れや浦上四番崩れで没収されたものであった[24]。「耶蘇架上像」のように、元禄11（1698）年に畠から掘り出されたものも含まれ、禁教期以前の信心具と思われるものもここに加えられており、まさに「嘉永以前」かつ禁教下日本におけるキリシタンの実像に迫る展覧会に相応しい陳列イメージといえよう。

　ここで初陳列となった踏絵も全てが公開されてはいない。板踏絵は真鍮踏絵ができる前に使用されていたもので、かつて8枚があったことは前述の通りである。そのうちの4枚が出品されているが、どのような選定がなされたのかは詳らかにできない。一方、真鍮踏絵は20枚が造られたが、1枚は行方不明となっており[25]、19枚が教部省に納められていた。このうち5枚が陳列されていることを考えると、真鍮踏絵の主題である「エッケ・ホモ」・「ピエタ」・「磔刑のキリスト」の3種各1枚、「ロザリオの聖母」を2枚出品したのではなかろうか。「ロザリオの聖母」が2枚出されたのは、踏絵の周囲をロザリオで覆ったものがあるためで[26]、この違いは、江戸時代においても平戸藩では正確に認識されていることがわかっている[27]。長崎博覧会の際には、板踏絵を含めて30枚の貸し出し要請があったことを考えると、今回は、踏絵に特化しない、まさに「耶蘇教遺物」としての陳列意向だったことがうかがえる。

　なかには今日でも知られる妙心寺春光院所蔵の国指定重要文化財「南蛮寺鐘」（IHS紋・1577刻銘）、そして、伊達政宗が慶長18（1613）年に慶長遣欧使節として派遣した支倉常長を描いた「支倉六右衛門肖像」を含むものが、「伊達伯爵家蔵支倉遺物」として陳列されている。なお、「伊達伯爵家

表 「嘉永以前西洋輸入品及参考品」のキリシタン関係出品表

分類	資料名	点数	所有者
文書	日本耶蘇教徒ヨリ羅馬法王廳ニ贈リシ文書	6	東京帝国大学・文科大学
耶蘇教遺物	天主教祈祷文	1	戸川安宅（東京市）
	耶蘇誕生図	1	戸川安宅（東京市）
	切支丹守銭及指輪	5	山中笑（静岡県）
	白磁観音立像	1	東京帝室博物館
	白磁観音立像	1	東京帝室博物館
	白磁観音居像	1	東京帝室博物館
	白磁観音居像	1	東京帝室博物館
	白磁観音居像	1	東京帝室博物館
	唐金観音居像	1	東京帝室博物館
	唐金観音居像	1	東京帝室博物館
	耶蘇架上像	1	東京帝室博物館
	指輪	1	東京帝室博物館
	油絵	1	東京帝室博物館
	油絵	1	東京帝室博物館
	油絵	1	東京帝室博物館
	油絵	1	東京帝室博物館
	油絵	1	東京帝室博物館
	油絵	1	東京帝室博物館
	油絵	1	東京帝室博物館
	油絵	1	東京帝室博物館
	油絵	1	東京帝室博物館
	油絵	1	東京帝室博物館
	油絵	1	東京帝室博物館
	牌	1	東京帝室博物館
	牌	1	東京帝室博物館
	牌	1	東京帝室博物館
	板踏絵	4	東京帝室博物館
	踏絵	5	東京帝室博物館
	切支丹宗制札	1	東京帝室博物館
	耶蘇教写経	1	東京帝室博物館
	念珠玉	1	東京帝室博物館
	十字架	1	東京帝室博物館
	記念牌	10	東京帝室博物館
	記念牌	1	東京帝室博物館
	記念牌	1	東京帝室博物館
	携帯厨子	1	東京帝室博物館
	携帯厨子	1	東京帝室博物館
	小鐘	1	東京帝室博物館
	南蛮寺鐘	1	妙心寺中春光院（京都市）
	七年目御改寺社人別書上帳	1	和田千吉
	寺人別宗門御改帳	1	和田千吉
	社人家内人別宗御改帳	1	和田千吉
	七年目人別御改帳	1	和田千吉
	御家中旦那宗門人別御改帳	1	和田千吉
	修験者人別宗門御改帳	1	和田千吉
	矢倉御水主宗門改帳	1	和田千吉
	姫路町方人別宗門改触書	1	和田千吉
	宗門改証文	1	和田千吉
	宗旨証文	1	和田千吉
	南蛮起請	1	東京帝室博物館
	豊後国臼杵ノかさぶるふえつさノ図及同国府内ノこれじおノ図	1	東京帝国大学・文科大学
	肥前国有馬ノセミナリオ耶蘇教学林ノ図及近江国ノせみなりおノ図	1	東京帝国大学・文科大学
	大友大村有馬ノ使節羅馬法王ニ謁見ノ図	1	東京帝国大学・文科大学
	伊達伯爵家蔵支倉遺物	41件	伊達宗基（東京府）
洋画	まりや像	1	得能通昌（東京市）
	耶蘇像	1	安藤仲太郎（東京市）
	まりや像	1	安藤仲太郎（東京市）
雑・耶蘇教遺物	天草ニ於ケル耶蘇教徒処刑ノ図	1	渡邉修二郎（東京市）
	白磁観音立像	1	東京帝室博物館
	白磁観音立像	1	東京帝室博物館

備考
写真・巻物
1701年・羅甸文
伝1600年、バイブル挿絵
真鍮紀念牌2・銅製1・鉛製1・指輪1
原所有者浦上村中野郷吉蔵
原所有者忠次郎
原所有者浦上村城之越舜民
原所有者浦上村里郷字浜口龍平
基底墨書浦上村岡丈吉母そい
原所有者中野郷吉蔵
原所有者坂本三王之道榮蔵
元禄11年遠見番白江武右衛門下人六兵衛畠に掘り出す
原所有者中野宿上福吉蔵妹とめ
長崎奉行所宗門蔵旧蔵
長崎奉行所宗門蔵旧蔵
銅板・婦人居像
銅板・聖母マリヤ図
真鍮板・人物跪拝図
銅板・耶蘇誕生図
銅板・婦人落涙図
銅板・婦人小児ヲ抱ク図
銅板・原所有者藤吉
真鍮板
銅板・人物面貌
真鍮製・耶蘇像
真鍮製・聖母像・稲佐郷の畑より堀出
銅製・耶蘇十字架ヨリ下セル図
箱墨書、板之踏絵八箱之内嘉永六年
真鍮製・箱朱書踏絵貳拾枚之内
奈良地方
伝天草乱後に官没
丹波国福知山城保に土中にて発見
唐金・黒色、十字文の鉄に人形がつく
丹波国福知山城保に土中にて発見
明和3年8月出島沖で発見
長崎奉行所宗門蔵旧蔵
真鍮・一面硝子板
銅・蓋・鈕付
金属製・唐草彫刻
1577刻銘、耶蘇協会徽章
播磨国加古郡大野組
寛政5年播磨国飾東郡中島組
文化2年播磨国加古郡高砂縣
文化7年播磨国印南郡神吉組
文化7年姫路吉田町景福寺
文化6年播磨国印南郡大鹽組
文政12年
文化8年姫路藩宗門奉行より町方へ触れる
文政8年播磨国印南郡中筋組
嘉永3年浅草正法寺より姫路藩宗門奉行へ提出
寛永12年10月12日三條鹽屋町九兵衛等の署名
写真・原図大
写真・原図大
写真・原図大
支倉六右衛門肖像（油絵）・まりや耶蘇ヲ抱ク図・十字架上耶蘇像・念珠など
得能良介嘉永以前ニ於而以太利ヨリ帰朝セシモノヨリ譲受ケタルモノナリ
油絵・額
油絵・額
石版
原所有者中野宿上福忠吉後家みよ

蔵支倉遺物」は、「慶長遣欧使節関係資料」（仙台市博物館蔵）として、「ローマ市公民権証書」（1通）・「肖像画」（2面）・「聖画・聖具類」（19点）・「馬具・染織類」（25点）の合計47点は国宝に指定されている。

個人からの出品に、戸川安宅の名前がみえる。戸川安宅は旧幕臣で、明治7（1874）年に受洗して、牧師となった人物である。戸川残花として『海舟先生』などをはじめ、多数の書籍を残している。大正8（1919）年に公布された「史蹟名勝天然紀念物保存法」に尽力した「史蹟名勝天然紀念物保存協会」（明治44（1911）年発会／会長：旧紀州徳川家当主・徳川頼倫）の幹事の一人として活躍している[28]。彼は「天主教祈祷文」や「耶蘇誕生図」を出品しているが、彼の出自から推測すると、これは自身により蒐集したものであろう。実際、幕末の幕府関

係の史実の収録、史料の収集・発表を行っており、南葵文庫の主任学芸員にも就任したといい[29]、蒐集家としての顔もあった。

　また、「切支丹守銭及指輪」を出品した山中笑も、旧幕臣で明治7（1874）年に受洗している。静岡で英語学校教授などを経て、同15年には東洋英和学校神学科と教職に関する学科を卒業し、日本メソジスト教会の認可を受けて「正格教師」となった。明治45（1912）年より日本メソジスト退隠教師・青山学院図書係を勤めている[30]。山中笑も牧師であることから、「耶蘇教遺物」に関心があったと思われ、これらを蒐集していたのであろう。また、姫路藩で行われていた禁教政策を示す古文書も含まれる。所蔵者の和田千吉は、『日本遺蹟遺物図譜』などの編著者として知られる考古学者で、彼が研究対象として蒐集していた文書といえよう。

　このように個人出品されたものは、当時、一線で活躍する研究者の所蔵品であり、東京帝室博物館との関係で出品に至ったものと考えられる。時代設定の「嘉永以前」を守りながら、広い意味で「耶蘇教遺物」の範囲で陳列された。「耶蘇教遺物」に、姫路藩関係の資料を出品することにテーマとの親和性に違和感を覚えるが、時代背景を示すもの、換言すればタイトルにある「参考品」であって、「西洋輸入」の背景にあった政策を説明する資料として、陳列されたものと推察される。

　日本キリスト教史を通覧する企画として「嘉永以前西洋輸入品及参考品」が展覧されたことは、旧幕府時代の禁教政策を過去の事象として捉えた政治的転換点とみなすことができる。地方ではなく、東京帝室博物館で開催された点が、踏絵を公開する契機になったといえよう。展覧会のなかで踏絵が「耶蘇教遺物」とみなされたことが、前述した「普通考古之品」と同等になったことを意味する。こうした概念転機の一画期となったのは踏絵類の博物局への移管であり、当初は、外交上の支障を意識されていたが、不平等条約が解消されるに従って、踏絵は歴史資料となり、その結果、陳列公開に至ったのである。

おわりに

　踏絵は江戸幕府の禁教政策のなかで生まれたものであり、禁教解禁へと

向かう過程でその存在価値も変容していった。かつての行政"道具"ともいうべき、禁教政策を象徴するものだったが、諸外国からの要請もあり、禁教政策の転換を迫られるなかで、その取り扱いにも注意を要するようになった。さらに「珍奇ノ品」を欲する蒐集的な外国人の要求もあり、国家として踏絵の取り扱いを検討していく。ここに、外交上で潜在的な問題がある"モノ"として意識されており、その概念は明治政府内部で引き継がれ、共有されていったのである。

　長崎から東京へ踏絵をはじめとするキリシタン遺物が移管されると、長崎県令と明治政府との間でも、これに対する認識差が生じていった。外交に直接あたる明治政府は、踏絵が外交上の支障になり得る可能性を排除できず、"リスクヘッジ"的対応に終始していた。一方、長崎県令にはその認識はなく、もはや"過去の遺産"として早くから捉えていた。そこに、政府と地方とで生じた認識差を見出すことができ、これは双方が置かれていた行政的立場に起因するものだった。

　「長崎博覧会」と「嘉永以前西洋輸入品及参考品」において、踏絵の取り扱いが異なっているのは、政府の省庁間で踏絵をめぐる認識差が変化したことを意味する。それは、管理体制に裏付けられ、長崎県令から踏絵などの移管を受けた当初の政府の官庁は教部省だった。その後、社寺局、さらに博物局へと移管されている。こうした省庁間での移管は、踏絵が及ぼす外交・政治問題が意識的に解消されたといえ、結果、踏絵は「歴史遺産＝遺物」と評価されることになったのである。その結果、陳列・公開に至ったのであり、こうして踏絵は長年背負ってきた"役割"を終え、過去の遺物として管理されていくことになったのである。

　一時代の象徴的な存在だった踏絵は、国策による政治的所産であり、結果として、後年までその取り扱いは難航していた。これが解消されると、"遺物"になり、今日では、学術的価値も加わり、博物館で展示されるようになったのである。あわせて文学作品などの素材にもなり、様々な研究対象になっている。時代の潮流のなかで、踏絵はその"カタチ"を変化させていったのである。

［註］
1 片岡弥吉『踏絵』（日本放送協会、1969年）。本書では、踏絵を踏む行為を絵踏と定義している。
2 安高啓明『踏絵を踏んだキリシタン』（吉川弘文館、2018年）98～122頁。
3 宮崎克則『シーボルト『NIPPON』の書誌学研究』（花乱社、2017年）。
4 村井早苗『キリシタン禁制と民衆の宗教』（山川出版社、2002年）。
5 安高啓明『踏絵を踏んだキリシタン』（前掲書）31頁。
6 森永種夫・丹羽漢吉校訂『長崎港草』（長崎文献社、1973年）83頁。
7 安高啓明『踏絵を踏んだキリシタン』（前掲書）254～256頁。
8 安高啓明『踏絵を踏んだキリシタン』（前掲書）平戸藩は126～128頁、大村藩は154～155頁。
9 太田勝也『近世長崎・対外関係史料』（思文閣出版、2007年）400頁。
10 独自で踏絵（影板）を有していた熊本藩では明治3（1870）年までは実施されていたと思われる（安高啓明『踏絵を踏んだキリシタン』（前掲書）121～122頁）。
11 カッテンディーケ著・水田信利訳『長崎海軍伝習所の日々』（平凡社、1975年）66頁。
12 安高啓明『近世長崎司法制度の研究』（思文閣出版、2010年）148～152頁。キリシタン関係のものは「開かずの長持」に入れられていた。
13 安高啓明・於久智哉「長崎奉行所による真鍮踏絵貸与の意義―岡藩"踏絵鋳造事件"を通じて―」（安高啓明編『長崎と天草の潜伏キリシタン―「禁教社会」の新見地』雄山閣、2023年）94～96頁。
14 『公文録　明治七年・第百八十七巻』（国立公文書館蔵）、請求番号：公01209100。
15 『公文録　明治七年・第百八十七巻』（国立公文書館蔵）、請求番号：公01209100。印鑑部分は省略した。
16 安高啓明『歴史のなかのミュージアム―驚異の部屋から大学博物館まで』（昭和堂、2014年）99～102頁。
17 『公文録　明治九年・第五十四巻』（国立公文書館蔵）、請求番号：公01782100。
18 『公文録　明治九年・第五十四巻』（国立公文書館蔵）、請求番号：公01782100。
19 『公文録　明治九年・第五十四巻』（国立公文書館蔵）、請求番号：公01782100。
20 東京国立博物館編『東京国立博物館百年史　資料編』（東京国立博物館、

1973年）629頁。
21 以下の文書については、江口正一「東京国立博物館保管のキリシタン関係遺品」（『Museum』No249、1971年）5～6頁を参照。適宜、文字を修正したところがある。
22 江口正一「キリシタン関係遺品展覧の記録」（前掲書）26頁。
23 『嘉永以前西洋輸入品及参考品』1頁。
24 安高啓明『浦上四番崩れ―長崎・天草禁教史の新解釈』（長崎文献社、2016年）118～120頁。
25 文化2（1805）年に五島富江藩が長崎奉行所から借用した踏絵を航路中に紛失している（安高啓明『踏絵を踏んだキリシタン』（前掲書）137～138頁）。
26 安高啓明『踏絵を踏んだキリシタン』（前掲書）238～241頁。
27 安高啓明『踏絵を踏んだキリシタン』（前掲書）131～132頁。
28 西木浩一「大正前期東京府の史蹟等保存事業―武蔵国分寺跡史蹟指定の前提として」（『東京都公文書館調査研究年報』第9号、2023年）1～3頁。機関雑誌『史蹟天然紀念物』の創刊号から50号までの編集発行責任者だった。
29 西木浩一「大正前期東京府の史蹟等保存事業―武蔵国分寺跡史蹟指定の前提として」（前掲書）4頁。
30 山中笑「履歴書」（江戸時代文化研究会編『江戸文化』3巻4号、1929年）2～3頁。

レポート1

現代に残る"迷子石"

　まよい子の　親はしやがれて　礼を言ひ

　「「迷子のゝ長松やあい。」と腹さんざ呼び歩いたので、見つかって、探しに出てくれた隣近所の人たちに礼を言う時には、声が枯れ切ってゐる」（柄井川柳選・武笠山椒訳『誹風柳樽通釈』（有朋堂書店、1925年）94頁）。これは、浅草の名主で、点者（判定者）の柄井川柳（からいせんりゅう）（1718～1790）が選んだ川柳で、迷子を必死に探す親、そして、見つけてくれた人たちにお礼を言う声が「しゃがれて」いて、親心とその必死さが伝わるエピソードである。

　川柳は当時の世相をユーモアに表現するもので、ここで詠まれた"迷子事情"は、現在でも目に浮かぶような光景であるが、時として社会問題にもなっていた。

川柳発祥の地（台東区・蔵前）

　江戸時代の触（公裁録「取計方之部」）によれば、迷子があれば大切に養育すること。もし、どこの者かもわからなければ、人相・年齢・着衣などを立札にするように指示されている。貰人が現れたら厳しく調べてうかがうようにとされた。ここには、3歳以上を「迷子」にするという規定があり、府内の札掛場（掛札場）内での手続きとして、芝口河岸に設けられた。札掛場には、迷子以外に、行路難渋者（行き倒れ人）や水死者、変死者があった際にも、そ

の対象者の特徴などを告げる立札が掲げられるようになっていく。

こうした公儀による迷子や迷人などを知らせる対策がとられた一方で、民間主体で取り組まれたのが「迷子石」の建立である。迷子石は、江戸末期から明治中期にかけて発生した習俗で、石の標柱を往来のある場所に建立し、迷子を教える方、尋ねる方の双方から張り紙を掲示してその存在を知らせ合うものだった。迷子石は東京都内をはじめ、各地に現存しており、その状況を紹介しておこう。

奇縁氷人石（湯島天神）

湯島天神の迷子石「奇縁氷人石（きえんひょうじんせき）」は嘉永3（1850）年に建立され、これは都内最古といわれる。側面部には「たつねるかた」・「をしふるかた」と刻んでいる。この起源は、京都の北野天満宮であり、迷子だけでなく、行方不明者、紛失品の探しものにも利用されたという。この石に直接、迷子の情報を書いた札を貼るのではなく、「札張場」が別途、設けられていた。それは、氷人石や玉垣などに貼ってしまうと、神の御前を汚す恐れがあり、雨露によって剥がれ落ちると不益であるためだ。ここに神威にもすがりながら、迷子を探す人々の動静をうかがい知ることができる。

ついで、中央区日本橋にある「一石橋迷子しらせ石標」（東京都指定有形文化財）は、安政4（1857）年に建立されている。正面には「まよひ子のしるへ」、側面には「志らす類方」（しらする方）・「たづぬる方」と刻まれている。これは、前述した湯島天神の「奇縁氷人石」に倣って、西河岸町家主17人が町奉行の許可を得て建立している。その理由に、湯島天神では、立地が悪く効果が低いことを挙げている。つまり、当時、人目につきやすい、往来の多い場所を選んで設置されたのである。建立にかかる費用は、有志による出資であり、迷子石の現実的かつ実質的効果を求めた民間の動きとして評価できよう。

一石橋迷子しらせ石標（日本橋）

迷子しるべ石（浅草寺）

　浅草寺（台東区浅草）境内には、昭和32（1957）年に再建された「迷子しるべ石」がある。昭和20（1945）年の空襲で倒壊したため再建されたものだが、元来は、安政7（1860）年に新吉原の松田屋嘉兵衛が仁王門前（現在の宝蔵門）に建立している。正面の上部には「南無大慈悲　観世音菩薩」、その下に「まよひごのしるべ」、側面部は「志らする方」（しらする方）・「たづねる方」と刻んでいる。上述してきた迷子石とは異なり、「南無大慈悲　観世音菩薩」と刻まれているのは、安政の大地震によって吉原で被害を受けた者に対する慰霊塔としての性格を兼備していたためである。建立者が新吉原の松田屋嘉兵衛であることに、その想いが偲ばれる。
　また、永見寺（台東区寿）境内にも迷子石が現存している。正面に「まよひ子のしるべ」、側面に「志らする方」（しらする方）・「たづねる方」と刻んでいる。建立年は不詳だが、「一石橋迷子しらせ石標」と類似している。
　迷子石は人目のつく場所に奉行所からの許可を得て建立され、費用も有志による善意であることが多かった。「捨子」と「迷子」をめぐる法制度

は、享保期（1716〜36）以降、本格的に取り組まれるが、その前提には、生類憐み政策があったことはいうまでもない。こうした法整備の一方で、江戸時代後期には、民間主導で「迷子石」が設置されている。そこには、行政とは一線を画した、迷子の扱いに難渋していた地域社会の想いが込められている。

　迷子石は、明治になっても建てられていった。例えば長崎・諏訪神社参道には正面に「まよひ子志らせ石」と刻まれた石碑があり、これは明治12（1879）年に長崎県警関係者によって建立されている。「たづねる方」・「おしゆる方」と側面部に刻み、迷子を探す親・親類、保護した人による情報拠点となっている。また、長崎・清水寺には湯島天神と同じ「奇縁氷人石」が建立されている。

　京都・誓願寺門前には、明治15（1882）年に下京六組有志が建立した「迷子美ちし留偏」（迷子みちしるべ）石がある。「をしゆる方」・「さがす方」と側面部に刻まれ、基本的には、江戸時代の系譜をひくものであることはいうまでもないだろう。

　鉄道が普及するようになると、駅構内に伝言板が設置されていた時代がある。また、近年でも交番に情報提供を求める貼り紙がなされるほか、百貨店などでは呼び出しが行われており、そのアナウンスを一度は耳にしたことがあるだろう。さらに、現代では、SNSなどで地域を問わず、情報提供を求めることができるようになった。ここには、江戸時代に設置され始めた迷子石のように、「人の目につく場所」という本来の理念とは軌を一にしており、そのツールが変わったに過ぎない。そこに神威が加わり、神社や寺院に設けられていたのであった。現存する迷子石からも、今日に至るまでの人間の感情や足跡を知ることができるのである。

［註］
加藤友梨「幕末期江戸における迷子石の社会的意義―浅草寺の事例を中心に」（『風俗史学』56号、2014年）
坂本忠久『近世江戸の行政と法の世界』（塙書房、2021年）

| レポート2 |

発祥の碑——無形の可視化

　無形のものを有形化する。記録媒体を含む"モノ"の創出は、様々な造形となってあらわれる。言葉で紡がれてきた無形の伝承・伝説は、個人に帰属する極めて狭義的なもので、自身とその周辺の認識にとどまる傾向にあり、その範囲を広げても、コミュニティの枠を出ることは少ない。現地に赴いて初めて耳にすることも多く、当該地に訪れる動機付けになりにくい状況にある。そこで、書籍などの刊行物、近年ではSNSによる発信が果たすべき役割は日々大きくなってきており、今日では個人・団体、自治体などによる情報発信の定番ツールとなっている。

　史実を可視化するために人工的に造られたものが碑である。例えば、各地に、多種多様な"発祥の地"が存在している。それは、産業や教育、交通、スポーツ、行事、食文化、娯楽など、枚挙に遑がない。さらに、学問・思想などといった無形のモノを碑によって、具現化している。

　今日に残っているモノの発祥の地となれば、多くの人の関心を惹くことは容易であろう。現在から過去を追憶する人類の行動様式に従えば、その原点となる場所には訴求力があり、そこで、現地で行える発信手段のひとつとして、"発祥の碑"が建立されている。その形態も大型や小型、オブジェのような加工品、自然石など、その一つひとつに地域性かつ特色がみられるとともに様々な価値が附帯している。

　発祥の碑には、現地を訪れた人に対して、可視化されたわかりやすい発信効果がある。観光客はもとより、研究者にとっても、現地探訪というフィールド・ワークに通じるため、非常に有用だ。「なぜここで始まったのか」という、極めて明瞭な疑問を来訪者にも提示することになり、その後の教育的効果も高い。デジタルが主流となってきているなかで、アナロ

グ的手法の"遺産"ではあるが、いまなお、建立は続けられている。"発祥"に歴史的価値を見出す団体や機関、個人により創建されており、結果的に当該地へ人流を生じさせ、その誘発も期待できる。

　無形のものを有形化する伝統的手段である発祥の碑を建立することのメリットには、第一に、現地へ訪れる動機付けとなることがある。これは、観光コースに組み込まれるばかりか、聖地化の可能性もある。ひいては、ここを拠点とした商圏の形成さえも期待できる。

　例えば、北海道七飯町のTHE DANSHAKU LOUNGEには、「男爵いも発祥の地」の碑（IaⅡfⅢc型）が立っている。川田龍吉男爵が品種改良してできたのが「男爵いも」で、THE DANSHAKU LOUNGEは道の駅「なないろ・ななえ」に隣接して設けられた交流施設である。そこに建つ目を惹くオブジェは来訪者の印象にも残るだろう。こうした意識付けには、観光客はもとより、地域住民に対する教育効果と郷土愛の醸成にもつながるのである。

　第二に、新規に"史跡"を創出することができる点があげられる。一見すると更地であっても碑が建立されることで、可視化された史跡に昇華する。地域には教科書には載らない重要な史実が埋れている。郷土学習などで教育されていても、実際に具現化されているかどうかは教育的効果、そしてインパクトが違う。地域振興の起爆剤として期待が持て、ひいては地域住民のアイデンティティの醸成にもつながるだろう。例えば、東京都千代田区神田には「ラジオ体操会発祥の地」の碑（IbⅡaⅢab型）がある。また、台東区には「ラジオ体操中継放送再開発祥の地」の碑（IcⅡdⅢb型）があるが、ここでは今日でもラジオ体操が行われている。これが、ラジオ体操を続ける動機となっており、その場所で実施する意義を高めている。結果として地域コミュニティが強化されることになり、交流拠点として周辺地域への良い影響が見込めるのである。

　第三に、碑のモチーフの多様性から、芸術との融合もみられることがある。石碑や板碑などに文字を刻む碑文石のスタンダードなものから、前述した「男爵いも発祥の地」には男爵いも、「ゴム産業発祥の地」（福岡県久留米市）は大型タイヤ（IaⅡfⅢc型）、「東海七福神めぐり発祥の碑」（東京

日本考古学発祥の地
(JR大森駅)

寄席発祥の地
(下谷神社・台東区)

男爵いも発祥の地
(北海道・七飯町)

ラジオ体操会発祥の地
(佐久間公園・千代田区)

ラジオ体操中継放送再開発祥の地(松葉公園・台東区)

ゴム産業発祥の地
(JR久留米駅)

都品川区)(ⅠbⅡaⅢc型)には七福神の造形を設えており、銘文だけではない様々な形状が見られる。その類型を示すと、次のとおり大別することができる。

碑の種別表

類型	小分類	Ⅰ類型（形状）	Ⅱ類型（素材）	Ⅲ類型（表現）
種別	a	立碑	石材（自然石・加工石）	刻文
	b	伏碑	木材	プレート
	c	看板	ガラス	オブジェ
	d	幟	合金	
	e		布	
	f		その他	

　Ⅰ類型は碑の形状を示しており、まず、立碑（板碑）か伏碑か、さらに、看板や幟に分けられる。そして、Ⅱ類型は素材であり、石材については、自然石か加工石（人工石）に細分される。Ⅲ類型が、発祥の碑の表現手法で、素材に直接、文字を刻むもの、これとは別にプレートが貼付されるもの、関連するオブジェが作成されるものに分けられる。それぞれが重複するものもあり、多種多様な発祥の碑が今日では建てられている。そこには、発祥の地（町並）との調和が大切であり、都市化した場所ほど、オブジェ化される傾向にある。

　第四に、跡地となったことで付帯する事実が強調されることがあり、その例として「洲崎球場跡地」が挙げられる。洲崎球場（洲崎大東京球場）は、昭和11（1936）年に造られた大東京軍の本拠地球場で、巨人と阪神が初のプロ野球日本一決定戦を行った場所でもある。洲崎球場跡地であることに加えて、碑文には、「伝統の一戦（巨人・阪神）誕生の地」（東京都江東区）とも強調されている（ⅠaⅡdⅢc型）。碑は平成17（2005）年2月に建てられており、現在でも度々語られることが多い伝統の一戦の発祥の地として後世に伝えているのである。"再開発による跡地"という状況は、どちらかといえばネガティブな印象があるが、"発祥"というポジティブに転換する事例として評価することができよう。あわせて「日本野球発祥の

碑」（千代田区）（Ⅰa Ⅱa Ⅲc 型）との周遊も図れ、観光客の誘致に寄与できる。

　以上のような長所がありながら、当然、問題点や注意を要することがある。それは何より、史実との整合である。発祥の定義が曖昧なことも相まって、地域なのか、日本なのか、変化の過程でどの状況を以て成立とみなすのか、各地で見解が様々であるためだ。発祥については、研究分野において見方が異なることもあり、その根拠が不明瞭であるのも混乱を生じさせる要因といえる。

　発祥の碑の設置主体が、行政や研究機関などではないこともこうした現象を生んでいる。個人・有志による建立は、確かな史実とは別の感情的な側面が優先されることがある。これを制御するのは困難で、発祥の碑が建てられたことによって、事情を知らない、特に観光客などに不正確な情報を発信してしまう可能性がある。そのため、同一テーマの発祥の碑が各地に分散して確認され、混乱を生じさせている問題もある。

　例えば、前述したラジオ体操に関する発祥の碑は、文京区大塚の大塚公園内にオブジェ型のものがある。碑文には、昭和4（1929）年に町内の有志が集まって始めたとあり、それから60年経ったことを記念して建立されている。これからは文京区での発祥の地といえるのであろうが、一見わかりづらい。また、足立区千住の千住本氷川神社境内にも「ラジオ体操発祥之地」碑がある。これは、氷川ラジオ体操会30周年記念として建立したもので、元国務大臣（衆議院議員）鯨岡兵輔が揮毫している。昭和27（1952）年の夏季休暇中に始まり、同30年頃から年中無休の形態になったといい、そのため、表面には「年中無休」の刻銘もみられる。特定人物による揮毫で権威付けが図られており、これは「日本海軍発祥之地」碑（内閣総理大臣・海軍大将 米内光政）（宮崎県日向市）にもみられる。発祥の地の正当性を担保するための関係者の想いが見受けられる。

　この現象はボウリングについても同様で、長崎市には「わが国ボウリング発祥の地」碑（1990年建立・Ⅰa Ⅱa Ⅲc 型）がある。日本最古のボウリング場は文久元（1861）年に外国人居留地である大浦地区に設けられてから、横浜（1864年）や神戸（1869年）、東京（1952年）でも造られていった

洲崎球場跡
(東京都・江東区)

日本野球発祥の地
(東京都・千代田区)

街づくり発祥の地
(千葉県・成田市)

日本海軍発祥之地
(宮崎県・日向市)

ことが記されている。これとほぼ近くに「日本ボウリング発祥地」碑（1982年建立・ⅠaⅡaⅢa型）があり、後者は個人が建立しているが、来訪者には疑問を抱かせるだろう。また、横浜には「横浜ボウリング発祥の碑」（1995年・ⅠaⅡaⅢc型）が神奈川県ボウリング協会30周年を記念して建立されている。ここには、長崎に次いでサロンを開業したとあり、史実を正確に伝えている。

　神戸にも「ボウリング発祥の地　1869」（1991年・ⅠbⅡaⅢc型）が兵庫県ボウリング場協会により設置されている。発祥の碑の前方に「ボウリング発祥・記念碑」の解説板があり、"長崎につぐボウリング伝来の地"と小さく記され、刻銘と説明文との間に齟齬があるように感じられる。また、東京都港区（神宮球場側）には、「近代ボウリング発祥の地」（ⅠaⅡcdⅢc型）があり、東京ボウリング場協会創立30周年で建立している。LEDでライトアップするなど、他の発祥の碑とは異なる意匠となっている。

　石碑の建立には至っていないものの"焼酎発祥の地"や"焼酎のふるさと"としてPRしている鹿児島県伊佐市を紹介しておこう。これは、郡山八幡神社（国指定重要文化財・1949年指定）の本殿を昭和29（1954）年に改築する際、大工が書いたと思われる木片が見つかったことで広く発信されるようになった。その木片には次の文字が記されていた。

　　永禄二歳八月十一日　　　　　　　　　　　　　　　　　　　　　　　作次郎
　　　　　　　　　　　　　　　　　　　　　　　　　　　　　　　　　　鶴田助太郎
　　其時座主ハ大キナこすてをちやりて一度も焼酎ヲ不被下候、何共めいわくな事哉、

　これは永禄2（1559）年8月11日に作次郎と鶴田助太郎が書いたもので、「座主」（施主）がとても「こすて」（ケチで）一度も「焼酎」を振る舞わなかった。とても「めいわく（迷惑）」（戸惑った）とある。ここにある「焼酎」の文字が日本最古の使用例として市を挙げて取り上げており、テレビなどでも紹介されている。

　伊佐市には「伊佐錦」などを製造する大口酒造株式会社があり、焼酎造

郡山八幡神社（鹿児島県・伊佐市）　　伊佐伝承館 永禄（鹿児島県・伊佐市）

りが盛んな地域である。先の棟札のレプリカが大口酒造の工場（第二蒸溜所）「伊佐伝承館　永禄」に展示されており、工場見学の際に見ることができる。中世の木札が発見されたことにより、新たな地域創生の一助として活用された事例である。「発祥の地」とすることには、史実からの裏付けなどで慎重を期す必要があるが、新たに発見された歴史資料を街おこしに活用した好例といえよう。

　このように、各地にある発祥の碑は、"ご当地"という限定かつ稀少性から研究者や観光客への知的関心を集め、動線となり得るものである。しかし、これらをみる人は一定の注意を要することは言うまでもないが、それ以上に、これらを巡回してみる動機となるプラス面が大きい。いかに、史実との整合性を担保し、正確な情報として提供するか。継続的な管理を含めて、課題点は少なくない。

　いずれにしても、地域振興や地域コミュニティを強める、住民のアイデンティティを醸成するという点で、発祥の碑の意義は深く、これは街づくりとしても機能していくことになろう。無形のものを可視化するための発祥の碑が、地域に果たすべき役割は大きいのである。

第 II 部

多様化する博物館
──大学博物館と地域博物館

第1章
大学ミュージアムの導入と機能

はじめに

　大学（University）と博物館（Museum）、これらの二つの施設・組織の臨界域に位置する大学博物館は、ある特定のテーマに即して資料を個別的ないし網羅的に収集し、それらを整理し、保存し、研究し、公開することを主な業務とする一般の博物館と似て非なるもの。なぜなら、大学博物館は学問の体系に則って収集された学術標本コレクションを恒久的に保存・管理する保管施設であると同時に、学内の教育研究を支援する基盤施設であり、かつまた先端的な知と情報を創出・発信する戦略施設だからである。

　これは、西野嘉章氏の『大学博物館―理念と実践と将来と』の一節であるが[1]、大学博物館の特徴を的確に表している。そもそも日本の博物館は欧米に比べ遅れをとってきたことは言うまでもないが、日本国内で地域博物館が緩やかに進展してきた一方で、大学博物館の設立はこれよりもさらに後塵を拝した。それは各教員の学問体系に帰属する資料が、個別的かつ独立的に管理されていたことも要因である。
　1980年代には、「我が国では本格的な大学博物館を有する大学は未だ皆無の状態であって、外国からの訪問者は一様に奇異な印象を受けている」と述べられるほどだった[2]。これは、欧米の大学では、学校に博物館及び図書館の設備がなくては学生を完全に教育することが不可能と考えられ、構内に学校博物館を設けることが原則であるという指摘からも裏付けられ

よう[3]。日本の大学は、図書館や情報センターなど、二次情報・三次情報を収集・活用する施設の整備には力を入れながら一次情報資料である学術標本の保存・活用に配慮をしてこなかった事情がある[4]。大学内に博物館をつくることによる教育的効果が十分に検証されず、教員個人の研究領域にとどまる傾向だったのである。

　館種を問わず博物館界において、研究機能、保存機能、教育機能のいずれかの領域に力点を置くことはあり得るが、仮にこの機能の一部を欠くとすれば、それはもう"博物館"とはいえない。そして、大学博物館と他の一般の博物館と原理的に違いはないとも評価されているが[5]、それは、博物館法が定める資料の収集と保存、調査研究、そして、公開という三要素にリンクさせた、大学博物館として存在しうる前提条件が兼備してきたためであろう。近年、博物館の種類や業態は多角化してきているが、その原理原則は、依然として博物館法に求められるのである。

　そこで、ここでは、広がりをみせる博物館界において未成熟とされてきた大学博物館の設立過程を検証するとともに、その画期と位置付けられる「ユニバーシティ・ミュージアムの設置について」の内容を検討する。大学博物館を日本博物館史のなかに位置付け、多様化する博物館の一形態として改めて評価する。大学博物館の設立も国立・公立・私立によって、その役割や使命は異なるように、各館が創設された契機、そして、活動内容からその機能面を見出していく。現在、展開されている大学博物館の形態を整理するなかで、今後、あるべき大学博物館の姿を提起していきたい。

1　生涯学習の拡充と大学博物館

　大学博物館を、歴史的にみれば、一般の利用を主にするというよりも、その大学における学生の教育に資することを主とした専門博物館であることが特徴として挙げられる[6]。それは、各大学レヴェルで博物館が創設されているように、必要性を感じた大学が先駆的かつ独自に導入、創設していた経緯があるためだ[7]。画一的な導入が図られなかったため個別に進展してきたが、その淵源は、大学設置基準の第39条に博物館が明記されなかったことが大きい。例えば、教員養成に関する学部又は学科の場合は

「附属学校」、医学又は歯学に関する学部の場合は「附属病院」、林学に関する学科の場合は「演習林」、薬学に関する学部又は学科の場合は「薬用植物園」、体育に関する学部又は学科の場合は「体育館」などといったように10の附属施設の設置が義務付けられるが、学芸員を養成する学部・学科に対する博物館の設置は含まれていない[8]。法的拘束力がないため、博物館を設けるか否かは大学の裁量に委ねられており、日本で大学博物館が立ち遅れた理由のひとつといえる。

全国で大学博物館が設置されるようになった契機は、平成8（1996）年1月18日に学術審議会学術情報資料分科会学術資料部会が発表した「ユニバーシティ・ミュージアムの設置について（報告）―学術標本の収集、保存・活用体制の在り方について」（以降、「報告」とする）である。ここでは、当時の国際化・情報化・高齢化・多様化となっている社会状況を受けて、大学に求められる社会的要請の変容を認めつつ、大学博物館の設置の必要性が述べられている[9]。

大学博物館設置への動きは、昭和56（1981）年6月11日の中央教育審議会答申を受けた生涯学習体系のなかで生じている。「我が国の生涯教育に関する状況と今後の課題」で、「学校教育の弾力化と成人に対する開放」として次のことが挙げられている[10]。

> 近年、前述のように成人が学習する必要性や要求が高まりつつあるが、これらの人々のために容易に選択することの可能な効果的な学習機会ができるだけ広く用意されることが望ましい。とりわけ、成人において学校での修学を容易にするため、学校教育の開放を促進することの意義は大きい。このため、学校教育、特に大学教育をはじめとする高等教育の制度や運用方法の一層の弾力化、柔軟化を図る必要がある。

ここには、成人への学習機会の提供と選択肢を拡充するように述べられている。そして、大学教育をはじめとする高等教育に対して、制度と運用方法をより弾力かつ柔軟に図るようにと、強い要請が見られる。これによ

り、大学側も成人に対する教育（＝社会人教育・生涯学習）を視野に入れた教育活動の多角化に迫られることになったのである。さらに、「成人期の教育の重要性」のなかでも、次のような指摘をみる[11]。

> 成人期における教育・学習は、自己の啓発・向上を図ろうとする一人一人の意欲と自主性にまたなければならない。また、今日、生活上あるいは職業上の多様な課題を抱える多くの人々が、人間の教育・学習は青年期までのもののみでは不十分であり、生涯にわたってその必要性が継続していくものであることを認識しつつある。我が国には、成人のための学習の場として、大学等の諸学校をはじめ、各種の社会教育施設や職業訓練機関、企業内教育や民間の教育・文化事業など様々なものがある。しかし、これらの教育機能には、①成人の学習要求の多様化、高度化あるいはその学習上の時間的・経済的制約に対応して、なお吟味・改善の余地があり、今後、生涯学習の推進の観点から、これらの②教育機能相互の連携・協力や地域社会との関連性を重視しつつ、その整備・充実を図ることが肝要である。

ここに、生涯学習の基本的な考えである各自の意欲と自主性を尊重し、現状の課題、そして意識の変化を認めている。これに応じるために、既存の大学をはじめとする学校、社会教育施設などを例示しながら、改善の余地を指摘する。それは、学習要求の多様化と高度化、学習時間や経済的制約への対応を強く求め（下線部①）、さらに、他の教育機関との連携や協力を促し、地域社会との関連性、換言すれば要求に応ずる形での整備と充実を図ることが重要とする（下線部②）。大学をはじめとする学校機関、社会教育施設を含めて、抜本的な教育体制の改革が要請されたのである。

日本の教育界では、学校教育の生涯学習体系への移行が叫ばれ、特に人口の高齢化と科学技術の高度化にともない、高等教育のさらなる地域貢献が求められるようになった。そのようななかで、多くの大学は、学内利用機関であった博物館を「開かれた大学」の一環として、しぶしぶ学外にも公開するようになったという指摘さえある[12]。国による生涯学習体系への

配慮要請が、大学博物館の創設につながったのであり、全国の大学が主体的かつ積極的に導入したというわけではなかった[13]。それは、従前の専門・高等教育、高度な研究を司ってきた経験によるもので、大学は、感覚的に社会への開放に後ろ向きだったのである。

　大学における生涯学習的機能は、学部における開放科目や放送大学への提供科目などで維持されている面がある。それは、学生と同じ講義室で受講するものであるが、ここには、定員や時期などの制約がある。正規の受講生への影響や、教員の負担などを考慮した結果であるが、希望する社会人への制約を取り除き、社会に開かれた教育機関として体現する大学博物館への期待は大きい。それを裏付けるように、平成8（1996）年4月24日の生涯学習審議会答申で、「Ⅰ社会に開かれた高等教育機関」の「2地域社会への貢献」のなかでは、大学博物館が明記されている[14]。

> 　大学は豊富な知的財産を有することから、学術審議会学術資料部会において、ユニバーシティ・ミュージアムを設置して学術標本の多面的活用を図ることが提言されている。これは標本の収集・保存、画像情報の提供などにより大学の教育研究を支援することはもとより、展示や講演会等を通じ、人々の多様な学習ニーズにこたえるものである。今後、大学における知的情報発信拠点の一つとしてそれぞれの大学の研究実績等に応じて設置されることが期待される。また、大学の博物館においては、その充実したスタッフや資源を生かして、一般の博物館の活動に対して支援・協力を行うことも求められる。学芸員の現職研修への協力や研究活動への援助などを通して、博物館全体の振興に大きな役割を果たすことが期待される。

　「報告」での提言を引き継ぐ形で、人々の多様な学習ニーズに応えるために、「大学の博物館」が果たすべき役割の大きさが述べられている。そこには、スタッフの充実化を図り、一般の博物館の活動に対する支援や協力、さらには、学芸員への協力・支援に至るまで言及される。大学博物館のこうした取り組みが、博物館界への振興に波及するものと捉えられてい

る。多種多様な博物館が設立されている状況にあって、"大学立"の博物館ができることへの大きな期待と果たすべき役割が、生涯学習体系ばかりでなく、博物館界を巻き込む形で要請されたのである。つまり、大学で行われる高等教育・研究を社会（地域・博物館）へ開放する装置とすべく、大学博物館の設置が望まれている。

　この概念は、国立・私立を問わず共通するところであろうが、その優先順位は異なってくる。大学博物館は学術情報を包含する資料を保存し、その活用を図る機関のため、独立性のある学内共同利用機関として設置する必要があるが[15]、さらに、学内のみならず広範囲な社会教育機関としての機能の充実に重点が置かれてきているという二面性がある[16]。この、学生教育と社会教育の両輪をいかに保っていくのかが運営していくうえで重要となってくるだろう。大学博物館で行われる企画展示は、大学の研究成果を多様な視点から社会に向けて発信し、資料の価値をより体系的・多面的に提供できる利点があり、今後、大学博物館でも一般向けの再来館を促すような企画展示を考えていくことが重要とする指摘もあるなか[17]、そのバランス感覚が問われている。

　例えば、講義で大学博物館が活用された際、一般来館者と混合してしまうと、本来求められる、学生への修得機会が、予想された効果より軽減する可能性がある。特に、私立大学の場合は、学生の授業料納入を経営の骨子としており、これを大学博物館への運営費に充てているのであれば、学生教育と生涯学習への兼ね合いは慎重に対応すべきである。また、OBらの寄付金による運営費比率が高ければ違った運営が求められることもあり、館としての方向性をあらかじめ明示することが必要である。こうした問題が生じないための舵取り役として専門職員・教員の配置が必須であり、館長による俯瞰的な運営が「報告」のなかにも求められている。

　また、博物館界の振興を掲げるとともに、大学博物館のスタッフが積極的に関与することが明記される。活動するにあたっては、大学と博物館、ひいては教員と学芸員との間で合意形成が必要であろう。大学に所属しているからといって、全てに精通しているわけではない。研究環境は大学側に十分整えられているとしても、現場レベルでの対応については、学芸

員が秀でていることが多い。かえって教員側が学芸員から教えられることもあるため、両者の強みを最大限活かせる関係性を築くことが重要である。そして、大学博物館と地域博物館とが相互に成長できるような協力関係を築いていくことが、結果的に博物館界全体の向上につながるのである。生涯学習体系のなかに、大学や大学博物館を落とし込む際に協働的要素を持ち込むことが肝要といえよう。

2 「ユニバーシティ・ミュージアムの設置について」の分析

大学には生涯学習の選択肢として、開講科目などの提供を求められるなか、前述の「報告」がまとめられた。その内容は、生涯学習を強く意識したものであり、かつ、社会からの要請が明示されている。「報告」は文部省（現在の文部科学省）で印刷され、大学等の関係方面に配布された[18]。そこで、大学博物館の転機と評価できる「報告」の全文を挙げると、次のようにある[19]。

> はじめに
> 学術研究の所産として生成され、また研究課題に沿って体系的に収集された学術標本は、これまでの学術研究の発展過程を証明する貴重な資料であると同時に、自然史、文化史等の研究に不可欠な資料として重要な役割を果たしてきた。大学等においては、学術研究活動に伴い様々な学術標本が産出されているが、近年の分析法や解析法の目覚ましい発達によって、学術標本から新たな学術情報を生み出すことが可能になったこと等により、多面的な情報を有する学術標本を実証的な研究・教育に活用することの必要性が急速に高まってきている。本部会では、このような状況にかんがみ、大学における学術標本の収集、保存・活用体制のあり方について、我が国の大学における実態調査や諸外国の主要な大学のユニバーシティ・ミュージアムの実情把握を行うことなどにより、慎重に審議を行ってきたが、このたびユニバーシティ・ミュージアムの設置を中心として審議結果を中間的にまとめたので報告する。

Ⅰ．学術標本の現状と課題

1　学術標本は、自然史関係の標本や古文書・古美術作品等の文化財に限定されるものではなく、<u>①学術研究により収集・生成された「学術研究と高等教育に資する資源」</u>である。したがって、それぞれの研究・教育分野において学術標本となり得る資料は極めて多岐にわたり、その種類・形状・規模も多様である。しかし、ここでいう学術標本とは、それらすべての資料を指すのではなく、学術研究の目的で収集あるいは生成されたもののうち、学術研究用の生物、不動産や構築物等の大型の資源、既に図書館・文献資料センター等で保存・活用されている文献等を除いた有形の一次資料を対象とする。

2　学術標本は学術研究の進展に伴って収集あるいは生成されているが、学術標本を保存収納する施設設備や整理保管要員の不足等のため、現状では、大学においては研究室の一隅で個々の研究者の責任において保存管理されており、ラベル添付等の基礎的な整理が未完了で一次資料にさえなり得ていない状況が多数見受けられる。したがって、学術標本は再現不可能な貴重な資料であるにもかかわらず、**学術標本の目録化・データベース化に取り組めないでいるケースや、研究者の異動に伴って学術標本が廃棄されるケースも生じている**。このような保存管理状態にあるため、研究室の担当者など学術標本の所在と種類を熟知するごく限られた研究者しか当該学術標本を利用することができない。また、研究室や研究者の努力によって一次資料化された学術標本であっても、保存・活用の体制が整備されていないため、部外者の利用はほとんど不可能な状態にある。つまり、研究・教育にとって貴重な資源であるにもかかわらず、学術標本の多くは十分な活用ができない状態に置かれている。この状態は、欧米と比較するなら悲惨とも言えるほどであり、我が国における研究と教育の活力を著しく阻害している大きな要因でもある。

3　多くの学術研究が学術標本の調査・分析から出発していることから明らかなように、学術標本は学術研究の基礎である。同時に、例えば、自然人類学の標本として保存されてきた貝塚出土の人骨が今日で

はそれから DNA を抽出して遺伝学の資料として活用されているように、学術標本はいずれも多面的な学術情報を内包している。特に近年は、DNA 分析やアイソトープ分析など、新しい分析法や解析法が開発されたことに伴い、特定の研究分野で収集された学術標本であっても、異なる研究分野の研究者によって別の角度から研究・教育の資源として利用されることが増大している。この観点から学術標本の保存とその多角的な活用を容易にする各種情報の整備・公開や、学術標本自体を閲覧調査できる体制の整備が各方面から望まれている。

4　②国際的評価が確立している欧米の多くの大学は、いずれも豊富な学術標本を収蔵した ユニバーシティ・ミュージアム（以下「ミュージアム」という。）を設置しており、それらのミュージアムは研究の場であることはもとより学術情報の発信・受信基地となっている。また、ミュージアムは「社会に開かれた大学」の窓口として研究成果の展示を行うなど、活発に機能している。

Ⅱ．学術標本の保存・活用の在り方

1　すべての学術標本は、体系的に分類されて保存・出納可能な図書館の文献のように、それを収集し、研究した研究者を介さずとも検索・取り出しが可能で、研究・教育に自在に活用できる状態に保管しておくべきである。しかしながら日々収集あるいは生成されているすべての学術標本を公開・活用できる状態に保管することは、現状の限られた施設・人員・予算などの各種の制約の下では、ほとんど不可能といっても過言ではない。そこで、学術標本の特色、学術標本を活用した研究実績等を考慮して選ばれた学術標本群であり、一次資料化が完了しているか、若しくは一次資料化が進行中のものを保存・活用の対象とする。ただし、群を構成していなくとも、例えば学術誌に公表された学術標本などのように、①-1 少数であっても学術的に保存の義務あるいは意義を有するものについては、保存・活用すべき学術標本とする。なお、一次資料化が困難な学術標本については、廃棄し、収蔵スペースの有効活用を図ることも必要である。

2　保存・活用の対象となる学術標本は、③公開・活用に資するため、所在情報、一次資料としての特性情報に関するデータベース化を行う。この場合、学術標本を多方面の利用者が活用できるよう画像データベース化を図ることが望ましい。それによって研究者や学生、地域住民等の利用者に具体的なイメージを提供できるとともに、学術標本の稠密収蔵が可能となり、併せて学術標本の出納の一層の円滑化が期待できるからである。

3　保存されている学術標本は当該分野の研究者の利用に供されることはもちろんであるが、多面的な学術情報を内包しており、研究成果を学術標本を用いて展示・公開することは、④異なる分野の研究者にも新たな研究構想を与える契機となるのみならず、「物」と接することにより創造的探求心を育むなど学生の教育にとっても極めて重要な環境を提供することになる。

4　人々の学習ニーズが高まる中で、豊富な知的資産を有している大学は積極的に地域社会に協力することが求められており、学術標本の展示・公開等を行うことにより、人々の多様な学習ニーズに応えることが期待されている。また、④-1展示・公開等は、次代を担う青少年に学問を身近に感じさせるための環境を提供することになる。

5　学術標本の保存・活用を有効かつ円滑に行うには、学術標本の体系的な収集・整理・保存・公開を可能にする研究者と支援職員、それに専用の施設を確保することが必要不可欠であり、学術標本群と要員と施設の間に調和のとれた有機的な関係を樹立することが肝要である。

Ⅲ．ユニバーシティ・ミュージアムの整備
1　ユニバーシティ・ミュージアムの必要性
（1）ａ我が国は現在急速に、国際化、情報化、高齢化、多様化の社会に向かっており、大学が果たす役割と大学に対する社会の要請もおのずと変わりつつある。国境を越えた競争原理が働く国際化の中で、我が国の②-1大学は世界に向かって独創的な研究成果をあげ、良質な

<u>学術情報の発信基地として機能する</u>ことが要請されている。また、環境問題、都市問題のように専門分化した特定の学問分野だけでは対応しがたい多様な問題への対応や、高齢化等急速に変化しつつある社会における人々の<u>②-Ⅱ高度かつ多様な学習ニーズに対応し得る大学</u>への変革も求められている。このような社会の要請にこたえるためには、総合的・学際的な研究・教育体制を整備することが必要である。そのための方策の一つとして、貴重で多様な学術情報を内包しており、分析法や解析法の発達によってさらに多くの分野に豊富な学術情報を提供してくれる一次資料の活用を図ることができるミュージアムの設置は極めて有効であり、学術研究の基盤である実証的研究を支援するものである。また、<u>②-Ⅲ一次資料に関する学術情報の発信・受信基地としてこのミュージアムを機能させることは、社会が要請する「開かれた大学」への具体的で有効な対応策である。</u>

（2）ミュージアムを必要とする大学の内在的要因としては、次の諸点を挙げることができる。

第一に、複合的な要因によって惹起される今日的な課題に対応するため、自然科学・人文科学等のいずれの分野でも、隣接分野だけでなく異なる分野の学術資料を研究・教育資源として活用する必要性が急速に高まっている。若手の研究者や大学院生は、従来の学問分野の枠にとらわれない研究を志そうとしても、従来の学術標本保存体制ではこれにこたえることが困難である。多様な需要に対応できる研究・教育環境の整備が是非とも必要である。

第二に、我が国の実証的な研究・教育は欧米のそれに比べて脆弱と言われる。それは多くの一次資料と接触可能な環境整備が十分に行われていないためである。その結果、研究・教育の内容が皮相化しており、豊かな成果をあげることが可能な、また、それから派生する二次、三次の成果をあげるような本質的で独創的な活力に欠けている。このような状況を改善するための具体的、効果的方策として、<u>④-Ⅱ学生や研究者に一次資料との接触機会を増大させる場を設置・整備することが必要である。</u>

第三に、環境問題の研究や先端的研究に典型的な例が見られるように、現代の学問は総合化と同時にシステム科学への傾向を強めている。このような傾向に柔軟に対応できるのが一次資料であり、その集積と整備は今後の学問の展開にとって極めて重要である。

2　ユニバーシティ・ミュージアムの機能

ミュージアムとは、②-Ⅳ<u>大学において収集・生成された有形の学術標本を整理、保存し、公開・展示し、その情報を提供するとともに、これらの学術標本を対象に組織的に独自の研究・教育を行い、学術研究と高等教育に資することを目的とした施設</u>である。加えて、「社会に開かれた大学」の窓口として展示や講演会等を通じ、④-Ⅲ<u>人々の多様な学習ニーズにこたえること</u>ができる施設でもある。

したがって、ミュージアムは単なる学術標本保存施設又は収集した学術標本の展示を主たる目的とする施設ではなく、下記の機能を持つ必要がある。

（1）収集・整理・保存

大学において収集・生成され、学術研究・教育の推移と成果を明らかにする精選された有形の学術標本を整理・保存し、分類して収蔵する。

（2）情報提供

収蔵した学術標本を整理し、収蔵品目録を刊行することは当然であるが、さらに広範多様な利用に供するため、画像データベースを構築することが必要である。このことにより、ネットワークを通じて全国的な利用に供することも可能となる。また、④-Ⅳ<u>研究者や学生のみならず、地域住民等からの学術標本に関する相談に応じ、必要な情報を提供する</u>。

（3）公開・展示

収蔵した学術標本を研究者に公開し、調査研究に供するとともに、必要に応じて、貸出しや重複標本の交換等も行い、有効な活用を図る。学生に対しては学術標本に直接接する機会を提供し、実証的で充実した教育に資することができる。また、ミュージアムに収蔵する学術標

本を用いた研究成果の展示を行い、③-Ⅰ論文等によらない新しい形式の公表の方法を研究すると同時に、学内の研究成果を公表する場とする。

さらに、大学における研究成果については、ᵦ地域社会に積極的に発信することが求められており、ミュージアムにおいては展示や講演会等を通じ、大学における学術研究の中から生まれた、多くの創造的、革新的な新知見等を地域住民に積極的に公開し、周知することが望ましい。なお、ミュージアムを「社会に開かれた大学」の具体的対応として円滑に機能させるためには、今後、社会のニーズをも踏まえ、管理運営方法について工夫することも必要である。

（４）研究

学術標本群の充実やその有効利用を図るとともに、学術標本を基礎とした先導的・先端的な取組を支援するため、ミュージアム独自の研究を計画し実行する。この場合、⑤ミュージアムに所属する研究者が中核となるが、大学内外の研究者の共同研究として行うことが望ましい。

（５）教育

学術標本を基礎とした大学院・学部学生の教育に参加するとともに、④-Ⅴ博物館実習をはじめ大学における学芸員養成教育への協力を行う。また、一般の博物館の学芸員に対する大学院レベルのリカレント教育や、人々の生涯にわたる学習活動にも積極的に協力することが望ましい。

３　ユニバーシティ・ミュージアム整備の基本的な考え方

（１）設置形態

ミュージアムは、学術標本という多面的な学術情報を内包する資料を保存し、活用する施設であるので、②-Ⅴ独立性のある学内共同利用施設として設置する必要がある。これにより、⑤-Ⅰ大学内の様々な分野の研究者の協力を得ることができると同時に、大学内に分散されている学術標本をより効率的に活用できるからである。また、学部等に設置されている既存の列品室や資料室は、当該部局の研究教育事情を尊

重すべきであるが、収蔵資料の学術情報はミュージアムのデータベースに収納し、広範な活用を可能とする体制を整備することが望ましい。

（2）職員体制

ミュージアムを研究・教育に資する施設として有効かつ効率的に運営するためには、少なくとも当該ミュージアムの中核を形成する学術標本の研究者を専任として配置する必要がある。また、学術標本の整理・保存・管理・公開に関する業務に携わる専従の職員を配置する必要もある。一方、ミュージアムが収蔵する学術標本のすべての分野に対応する専任の研究者と職員を網羅的に配置することは現実的に不可能である。したがって、⑤-Ⅱ学内研究者の併任制度、定年退職した研究者や学外研究者の客員制度、それにボランティア制度などを積極的に整備してその活用を図るべきである。

（3）施設の整備

ミュージアムは、②-Ⅵ学術標本を収集・整理・保存・公開するとともに、これらの学術標本を対象に研究を進め、情報を発信・受信する施設であるので、これらの機能に応じた施設設備が必要である。その規模は収蔵する学術標本の種類や数量等によって異なるが、ミュージアムの業務を行う上で、効率的で調和のとれた施設として整備する必要がある。

（4）ユニバーシティ・ミュージアムの設置方針

ミュージアムは、学術標本を活用した研究に実績を有し、精選された学術標本群の大きな蓄積をもち、それらの一次資料化がほぼ終了しており、学術標本を活用した研究・教育が発展する可能性のある大学に、地域性と学術標本の種類をも考慮して設置することが望ましい。

（5）ユニバーシティ・ミュージアム間の連携

設置された⑤-Ⅲユニバーシティ・ミュージアム及び既存の大学の類似施設相互の連携を強化するため、定期的に開催されるユニバーシティ・ミュージアム協議会を設置し、学術標本情報のネットワークの整備や学術標本自体の貸借・移管等について協議する。ｃミュージア

ムの活発な運営のためには、この連携体制に一般の博物館も参加できる形にすることが望ましい。

諸外国のミュージアムも、学術研究と高等教育に資する一次資料の収集・活用という共通の目的を有している。したがって、ミュージアムが保管するそれぞれの地域の一次資料群を、国を越えて活用できるネットワークを構築し、個別の研究に世界的規模の視野と位置付けを与えることが望ましい。そのことは、現在多くの学術研究が要求されている国際的貢献にも大きく資することになる。

むすびに代えて

我が国の現在の社会・経済情勢の中にあって、新たに大学にミュージアムを設置することには多くの困難を伴うことが予想される。しかし、ミュージアムの設置は、新たな学術研究を支える基盤を構築しようとするものであり、関係機関において着実かつ速やかに対応することが望まれる。殊に国立大学については、精選された学術標本が極めて多いことから、この報告の趣旨を踏まえ、直ちにミュージアムの設置に着手することが望まれる。また、これまで大学で保管されてきた学術標本の画像データベース化と情報公開は、学術標本の保存・活用の基礎であり、ミュージアムの設置に並行して実施可能な機関等において、直ちに着手することが必要である。なお、ミュージアムや図書館など学内の関連施設をネットワーク化し、大学全体を地域社会に対する知的・文化的情報の発信拠点とすることも今後検討すべき課題であると考えられる。

これは、前掲した中央教育審議会答申の内容を踏まえたものになっている。答申の下線部①（95頁）では、社会の認識変化や学習ニーズの多様化を挙げていたが、波線部a・bはそれに呼応する箇所になろう。さらに、答申の下線部②（95頁）は関係機関の相互連携と地域社会との接続が意識されているが、「報告」の波線部cがこれにあたる。「報告」全体を通覧しても、これまで大学機関が抱えていた課題を抽出、学内ばかりではなく学

外を内包する形で抜本的な変革が求められていることがわかる。これまでの大学のあり方は、多くの人が「大学と社会が切り離された」印象を持っていたように、その接続として大学博物館の必要性が提言されているのである。特に国立大学は、喫緊にミュージアムの設置の着手に努めるよう要請されていることがわかる（二重線部）。

また、「報告」が出された背景に、学術標本の散逸が挙げられている（太字）。「研究者の異動」にともなって学術標本が廃棄されている状況は、文化財保護法前史とリンクする。人為的に貴重な学術標本がなくなっている現実は、今後展開が期待される展示公開、教育活動の妨げになる。市井の博物館設置と相似した大学博物館の創設の動きととらえることができよう。

「報告」の内容の特徴を、下記する5点に区分して詳しくみていく。

まず、①大学博物館が有する学術標本の定義である。博物館と称する以上、"モノ"があって初めて成立する。一般的な博物館の所蔵品は、指定文化財を含む、研究・教育に資する資料である。一方、大学博物館の所蔵品は、"学術標本"（=「有形の一次資料」［Ⅰ-1］）であり、前述した一般的な博物館とは性格がやや異なる。「報告」のなかでも、人文科学・自然科学のモノを対象とする一方、貴重な文化財に限ってはいないとしている。つまり、学問体系に基づく学術研究と高等教育に資するという、今後、学術的評価を受ける可能性（=文化財への昇華）のある"資源"と定義している（下線部①）。それだけ、学術標本には汎用性があり、大学博物館は、これらの広い収集を可能としている。少数であっても学術研究に寄与するものは、学術標本として積極的に「保存・活用」すべきであると評価している（下線部①-Ⅰ）。活用（研究・教育・展示）を想定した保存機関であることは、博物館法にも通じる。

次いで、②設置目的と機能があり、大学博物館の必要性とそこに求める役割が記されている。高い評価を受ける欧米の大学に倣って（下線部②）、独創的な研究成果を世界に発信する基地として（下線部②-Ⅰ）、また、高度かつ多様化する学習ニーズに応える役割を求められるなかで（下線部②-Ⅱ）、大学博物館にその機能を有するように図られている。そのもとで

「社会に開かれた大学の窓口」として、社会からの要請に応えようとしている（下線部②-Ⅲ）。その具体的な業務に、学術標本の整理、保存、公開・展示を挙げ、組織的な学術研究と高等教育の展開（下線部②-Ⅳ）、これらの実施可能な相応施設の必要性を訴えている（下線部②-Ⅵ）。そこには一貫して、研究者や学生だけではなく、地域住民の相談にも応じるようにとあり、学生教育と生涯学習の両輪であることがわかる。学生教育に対しては、博物館実習などの学芸員養成が明記され（下線部④-Ⅴ）、独立性のある学内共同利用施設として（下線部②-Ⅴ）、実践教育の場であることを期待されている。従前の大学の専門教育・高等教育から脱却した、生涯学習体系への紐付けが強く意識されているのである。

　③活動形態について、先述した機能を発揮する前提として、学術標本の所在と特性の情報に関するデータベース化を挙げている（下線部③）。これは、一般的な博物館が資料目録・台帳を作成しているように、活動の骨子となる学術標本の把握と全学的利用を想定したデータベース化を推進している。そして、博物館である以上、研究成果の公表はもとより、論文によらない新しい形式の公表方法の研究を求めている（下線部③-Ⅰ）。新しい公表とは、展示を含めた発信媒体を想定しており、常にアップデートした公開方法を、一般的な博物館に先駆けて行う。これは大学博物館だからこそできる"実験展示"ともいえ、ここで成果が挙げられれば、一般の博物館で採り入れられることを想定したスキームと評価できよう。論文の展示（≠陳列）による可視化は、極めて高度な技術を要するが、一般の教育的効果も期待されている。

　④教育的役割について、異分野の研究者が集って着想に至る環境、学生に実物教育を行うことで創造的探究心を育むことを挙げている（下線部④）。前述の独立した学内共同利用施設として（下線部②-Ⅴ）、学部横断的な研究推進、さらには学生教育の質的向上が図られている。そこで、学生や研究者に対して、一次資料に接する機会を増大させる場所として、大学博物館を位置付けている（下線部④-Ⅱ）。そればかりか、次世代を担う青少年への接点ともなり、若手研究者育成に期待しているのである（下線部④-Ⅰ）。普く多くの人たち（研究者・学生を含む）の学習ニーズに応えると

いう(下線部④-Ⅲ・Ⅳ)、学部に制約を受けない大学博物館だからこそ可能な提言といえる。なお、大学博物館の機能としても提示した学芸員養成や大学院レヴェルのリカレント教育などを挙げて、幅広い教育的役割が期待されている。ただし、質の高い学芸員養成やリカレント教育の実施を実現するためには、現場の学芸員との日頃からの情報共有が不可欠で、大学側からの一方的なものでは成立しないだろう。

⑤協力・連携について規定され、これは、学部横断的な組織である大学博物館の基本姿勢となっている。大学博物館所属の教員が核となる(下線部⑤)ことはもとより、学内にいる様々な研究者(下線部⑤-Ⅰ)や学外の研究者との共同研究の推進を挙げている(下線部⑤)。これは、定年退職した教員をはじめ、学外の研究者に対して客員制度を設けており、"知の拠点"としての陣容強化を図っている。そして、一般の博物館で制度化されていることが多いボランティア制度も想定し(下線部⑤-Ⅱ)、学内外からのマンパワーを活用した運営を要請しているのである。また、あらゆる分野の研究者を取り込むことで、活動の充実を図り、盤石な組織形成を期待している。

研究・教育の特色と成果の公開や、閉ざされた知的・文化的財産を開放することは大学の責務である[20]。これまで閉塞的な環境にあった大学を、大学博物館を介して、社会の構成要素に位置付けようとしている。そのためには、相応の施設はもとより、人員の確保は不可欠であろう。博物館法に定められている保存・研究・公開というサイクルに則し、大学博物館においても、学術・整理・保存という、博物館活動の「基層」をもとに教育・研究への貢献を図るが、民間を含む学内外の共同組織(「融合」)として整備する。そこで見出された成果を情報化し、展示公開していく(「循環」)構造を機能的に維持していかなくてはならないのである[21]。一般的な博物館と共通する一方、大学博物館の特性を活かした内容として、「報告」の指針を評価することができよう。

3　大学博物館の分類と機能の多角化

「報告」には前記したような概ね5分類からなる大学博物館の機能や求

められる役割が挙げられている。さらに、大学博物館の機能として、①博物資源貯蔵庫としての役割、②教育研究機関としての役割、③情報創出・発信センターとしての役割、④展示公開施設としての役割が指摘されており、そこには、一次資料を「資源化」（博物資源系・教育研究）・「公有化」（博物館工学系・展示公開）・「情報化」（博物情報系・情報発信）へと発展させると指摘されている[22]。

　ここに挙げられた機能は、博物館法第2条の「この法律において「博物館」とは、歴史、芸術、民俗、産業、自然科学等に関する資料を収集し、保管（育成を含む。以下同じ）し、展示して教育的配慮の下に一般公衆の利用に供し、その教養、調査研究、レクリエーション等に資するために必要な事業を行い、あわせてこれらの資料に関する調査研究をすることを目的とする機関（以下略）」に通じ[23]、一見すると、地域博物館と差異はない。両者で異なるのは、「公共性」と「広報的戦略」の濃淡であろう。

　あらためて、大学博物館の設置趣旨、ならびに背景を示しておくと、①教育研究の資料の集積、②教育研究実習資料としての充実、③建学の精神の具現化、④大学広報の一環、⑤地域貢献・連携、大学公開の一つとして、以上の5点が挙げられている。①は歴史と伝統のある大学、特に理系学部、②はほとんど全ての大学博物館に該当し、③は私学にみられ、創設者や団体、法人に関する内容を取り上げ、④は私学の使命で知名度アップの貢献が求められ、⑤は国立・私立を問わず、時代の要請として求められていると指摘される[24]。「報告」に明記されていた資料の収集と充実、地域貢献・連携、大学の研究成果の公開といったもののほか、私学にみられる建学の精神に通じた大学広報戦略としての側面がある。これは、「報告」の内容がバリエーション化してきたとも評価でき、ことに私学においては、学校経営が学生募集（志願者）・入学定員に反映されることに鑑みれば当然であろう。

　そこで、日本でみられる大学博物館の類型を示すと、①全学型、②独立型、③学部型がある。①全学型は、総合研究博物館の形態をとり、大学の設置学部に関連する横断的な学術標本を有し、これに関連する企画展を実施している。②独立型は、私立大学で特にみられ、前述した"建学の精

神"を伝承する施設と位置付けられているところが多い。また、学部とは一線を画し、教員や学生を顕彰する機能を有しているのも特徴といえる。③学部型は、当該大学が力点を置く学部の研究成果を公表する場である。例えば、芸術・美術に関する学部があれば、大学美術館がこれにあたる。なお、①～③は分離独立するものではなく、時宜に応じて、越境することもあった[25]。

次にこの基本的な類型にとらわれない、かつ、「報告」にも求められる連携の実例を紹介しておきたい。全学的に官学連携・産学連携・産官学連携が強化されて久しいが、大学博物館による連携も多い。自治体とのコラボ展示、ここに、博物館産業を取り入れた連携事業が行われている[26]。いわゆる産官学連携であるが、「報告」が求める連携の最終形態のひとつといえる。これは、自治体立の博物館（官）に、博物館に関連する産業（産）が制作したケースを設置・提供し、大学博物館（学）が所有する学術標本を展示するというものである。

そのモデルケースとして、学術標本を、熊本でディスプレー関係を手掛ける（株）ツカサ創研が制作したケースの中に入れ、天草市立天草キリシタン館で展示公開しているものがある。

産官学連携事業は、大学としては研究成果の還元と地域貢献、場合によって実践教育の場となり得るメリットがある。キャンパス外での取り組みは、研究成果の広域発信であり、結果的に大学の広報活動としての効果、ならびに大学・大学博物館への誘導を促すことにつながる。博物館産業としては、三者で協議した末、ケースを制作することで、相互に持ちうる技術を結集して公開するとともに、企業メセナの一環

天草市立天草キリシタン館

としても評価されるであろう。自治体としては、来館者や住民サービスの向上に結びつく。また、大学博物館と有機的な関係を結ぶことで、調査研究の継続性を図ることができよう。三者の利点と長所を活かす"トリプル・ウィン"の関係を築くことが産官学連携の最大の長所である。

　大学博物館でみられる近年の取り組みとして、産学連携型と官学連携型の事例を紹介しておきたい。産学連携型として著名なものが、東京大学が展開する「インターメディアテク」である。平成25（2013）年3月末、日本郵便株式会社との産学連携事業として東京駅前丸の内側JPタワーの2・3階部に開館された施設で、これは、"モバイルミュージアム・プロジェクト"の延長線上にあり、リサイクル／リデザインの再生主義を現場で試みた成果である。ミュージアムがこれまで担ってきた貴重な遺産や稀少な資源の収集保存庫であり、展示公開施設の機能に、新たな創造活動の誕生を促すような母胎土としての役割を付加した施設として位置付けられている。換言すれば、さまざまな表現メディアが出会い、錯綜する創造的なフォーラムとしての機能を有しており[27]、「表現メディア複合体」を新しく生み出す場にミュージアム空間を変容させる試みである[28]。

　前述のモバイルミュージアムとは、固有の施設、建物、スタッフ、コレクションを常備した、ハードウエアとしてのミュージアムではなく、ミュージアム事業のあり方、すなわち、小規模で、効率的な事業を積み重ねることで活動総量の増大を図るための、ソフトウエアとしての戦略的な事業運営システムのことである。そこには、展示コンテンツをユニット化し、各所に単体として、あるいは複合体として中長期にわたって仮設し、公開する。展示のユニットは、一定の期間が過ぎると、次の場所に移動する、展示ローテーションを策定することで、遊動様態を、常時、現在進行形で維持できるという考え方である[29]。インターメディアテクは、東京大学においては、「社会に開かれた大学」のサテライト型展示と位置付けられ、結果的に、本郷にある東京大学総合研究博物館への認識・理解も高められる。また、日本郵便にとっては企業メセナの一環でもあり、両者にとってウィン・ウィンの関係になっている。

　モバイルミュージアムの概念は、坪井正五郎らの取り組みに遡るとい

う。それは、坪井正五郎が明治37（1904）年6月に「人類学教室標本展覧会」を開催した事例であり、黒エナメルで塗装された鋼鉄製の平小箱は堅牢で美しく、標本は安定し、携帯が可能で、必要に応じていくつか取り出せ、どこでもミニ展示会を開くことができる。基準単位化、携帯可能性、選択可能性で、かつ美的に堅牢な装いは、モバイルミュージアムのプロトタイプと呼ぶに相応しいという[30]。これを21世紀型として具現化したのが「インターメディアテク」になり、広く公開するという基本概念は継承されているのである。

　「報告」と相まって、東京大学では総合研究博物館が設立されているが、これ以前に、その母体となるべき構想は提起されている。東京大学では、大学博物館が行う研究に学生を参画させる実践的教育を展開、大学博物館での研究に即した講義や実習を行い、専門研究者を志す学生に対しては、さらに標本・資料の整理・保存・展示方法等を体験的に習得させている。また、関連学部との協力のもとで一般的教育を行うことが大学博物館における教育と定義している。展示活動においては、実際の研究に用いられた標本・資料を紹介（研究展示）、そして、学生に対する教育用の展示（教育展示）を行う。ここには、大学における研究の裏付けをもち、大学博物館における活動を直接反映している点が特徴である[31]。

　東京大学では昭和41（1966）年に総合研究資料館が創設され、その30年後に総合研究博物館へと発展的改組を遂げている。1980年代末から1990年前半にかけて博物館化への機運が高まった末に結実したという。国立大学初の総合研究型大学博物館の運営形態や事業計画は、各方面からの問い合わせが相次いだようで[32]、注目の高さがうかがわれる。そして、大学博物館では、①学術標本の収集・整理・保存、②その活動と表裏一体の研究活動の推進、③個別分野を超えた学融合による新しい研究分野の開拓、④新しい展示の試みを提示する実験館の役割、⑤高度な博物館人の養成を着実に進めるという、5つの使命を挙げており[33]、それが「インターメディアテク」として具現化されたのである。

　最後に、地方で展開できる官学連携事業として、筆者が取り組んでいる事例を挙げておきたい。まず、上天草市にある天草四郎ミュージアムで

天草四郎ミュージアム（上天草市）

天草ロザリオ館（天草市）

企画展ギャラリートーク

は、筆者監修のもと、市とコラボレーションした活動を展開した。2019年度には、新規購入した資料を用いた常設展示室リニューアル化にともない、常設展示の一部を手掛けている。あわせて、博物館で配布する展示パンフレットの更新も行っている。また、年に3回の企画展示を開催しており、その回数は13回に及んでいる（2024年1月時点）。企画立案や展示レイアウト、ポスター、リーフレットを作成し、さらに、上天草市広報に天草四郎ミュージアム所蔵資料を毎月掲載しており、広報活動にも関与した。一連の博物館活動に学生が主体的に参加し、実践教育の機会を提供した。これは、ひとえに、天草四郎ミュージアムに学芸員がいないため、こうした活動が展開できたわけだが、人員不足の博物館（自治体）、実践教育の場とする教員（大学）のウィン・ウィンの関係が築かれた。

　さらに、天草市では、筆者が中心になって新出古文書の

整理や目録作成を行っている。調査を通じて学術的評価が与えられた資料については、適宜、プレスリリースして情報発信しているが、その後、これを用いた企画展を開催している。天草四郎ミュージアムとは異なる展示空間であることから、参加・協力した学生たちには良い機会と経験になっている。また、展示ばかりか、図録の作成にも関わり、会期中には講演会やギャラリートークにも参加し、市民への教育普及活動にも関与している。資料の調査研究、そして、これを展示に活かし、図録の作成、教育普及活動といった、一通りの学芸員業務に携わるプログラムである。

　官学連携は、産官学連携の一段階前の形態であろうが、能動的な活動が展開できる。本事業に関わった大学院生のなかには、学芸員に就業する成果が着実に出ており、官学双方にメリットが目に見える形であらわれている。両者が不足している点を補う関係性を維持していくことが大切であり、継続していくことが本事業の骨子でもある。

　日本の大学博物館は一般的には十分知られているとはいえず、利用したことのある層も限られている。それは敷居が高い、近寄り難い施設という従前のイメージから脱却することができておらず、基本的なイメージとして「学生や教職員が利用する」「学びの場」であり、「専門知識」を得る場と認識されている。また、研究者との接点になることや地域活動参加への窓口になることへの期待も低く[34]、地域博物館や学芸員との乖離は顕著といえる。それは、大学博物館には地域という基盤がないか、あったとしても脆弱なものであり、これを基盤とすることは難しいという指摘もあるが[35]、これは、首都圏の概念であって、地方の大学を含めて全てに当てはまるわけではない。散歩や行楽などでキャンパスを訪れる一般の方は少なくなく、彼らを大学博物館まで足を向けさせる導線を作ることが肝要である。定期的な常設展示の入れ替えはもとより、企画展を定例化して開催することが広く関心を集め、さらに質の高い展覧会を開催することによって学習意欲を高め、結果、親近感を抱かせることにつながるのである。「報告」にも示されていたように、地域博物館で当たり前に行われている活動を展開することから始めなければならない。それが結果として「社会に開かれた窓口」として機能することになり、学内外との連携にも広がりをみ

せるだろう。日の浅い大学博物館である以上、着実な活動なくして、各方面からの理解は得られないのである。

おわりに

「報告」以降、国立大学にユニバーシティ・ミュージアムを設置するための予算要求等の施策が実施され、所蔵する学術標本のデータベースが出来上がった国立大学から施設の予算を配慮していった[36]。データベース化だけではなく、学術標本を活用した研究・教育が発展する可能性のある大学のうちから地域性と学術標本の種類等をも考慮して、国立大学のうち7大学の整備を計画したという[37]。「報告」は、全ての大学を想定して策定されたものであることは言うまでもないが、モデルケースとなる大学博物館の選定が当初からなされていったのである。

今日の大学博物館は、教育研究に資するだけでなく、研究成果の社会への発信、多様な交流の場として、社会にとっても大きな役割を果たしている。研究成果を社会に広く公開することは、知的財産を社会全体で共有し、とくに次世代に多様な知的関心を喚起するために有効である[38]。こうした大学博物館の魅力、機能や役割を発揮させるためには、ここに足を向けさせるための"ツール"が必要となってくる。時宜に応じた研究成果の公表（マスコミへのプレスリリース）、これに紐付けた展示公開を行うといった"人流"を生む努力をしていかなくてはならない。大学博物館が社会に定着していない現状に鑑みれば、不断の努力と良質の展覧会など、積極的な教育普及活動の展開が求められよう。

研究成果を広く発信するためには、目にみえる形（可視化）で大学博物館に所属する教員らが活動することが求められる。来館者は、展示されているモノや情報までの期待が主で、その背後にいる研究者との関係については、特に興味関心を抱かない人が多いという分析もある[39]。また、一般的な博物館の対経済的効果との比較によって学内評価が行われる可能性や、それらとの差別性の確保なども問題として挙げられる[40]。大学博物館運営の多角性は、早い段階から指摘されているが、依然として評価指数も標準化されたものはない。そのため、設置法人の代表者の意向に大きく左

右されるのは当然であり、それは、国立・私立を問うものではない。運営していく上で、当該施設が、学内向けなのか、一般向けか、OB・OG向けか、第一となる対象者を明らかにすることは必須となってくるだろう。

　冒険を試みる機会、すなわち「実験展示」を行うことができるというのは、大学博物館ならではの特権という指摘がある[41]。それは、大学博物館が、国立・公立博物館では公共性の観点から実現できないような試みを、大学博物館ならば実験的にやってみることができるためである。そこでの検証を経て博物館全体に供することのできる成果があげられることも存在意義のひとつであり[42]、抽象的な理論や学術的な概念を展示空間のなかで物証してみせる工学的技術（博物館工学）の研究にも寄与することができる[43]。また、多くの学生を抱え、学芸員への就業を希望する"学芸員予備軍"の存在は、大学博物館の大きな強みである。新しい実験的な試み、さらには、多種多様なアイデアをブラッシュアップした展示で具現化できる点で、学生が主役となることができるのも大きな特徴といえよう[44]。

　大学博物館の運営は、今日、多角化してきているなかで、ブレることのない普遍的な強みを持ち続けていかなくてはならない。また、フィールド・ミュージアム化（野外博物館・キャンパス・ミュージアム）とも称される取り組みもみられ[45]、その活動範囲は広がってきている。博学連携が唱えられて久しいが、既にその環境が築かれている大学博物館のメリットをどのように活かすのかその舵取りが求められる。

　大学博物館とそれ以外の博物館とでは、優先すべき対象者が異なっている。それは、学内共同利用機関としての性格と、生涯学習機関としての両属性があるためだ。共同利用機関として位置付けるならば学内者である学生や教職員になり、生涯学習機関であれば学外者ということになる。大学博物館の設置者である大学が、どこに軸足を据えるのか、方向性を定めなければならない。「報告」が発表されてから月日が経過し、大学博物館の活動や経験が蓄積されてきた。そのなかで、職員体制を含めて多数の課題が生まれてきており、改めて「報告」を出す時期に差し掛かっている。近年の社会動静や大学の事情を考慮した新たな指針の策定が待たれる。

[註]

1　西野嘉章『大学博物館―理念と実践と将来と』(東京大学出版会、1996年) 1〜2頁。
2　『総合研究資料館の将来像―大学博物館の構想』(東京大学総合研究資料館運営委員会、1981年) 4頁。
3　棚橋源太郎『博物館教育』(創元社、1953年) 191頁。
4　岡田茂弘「ユニバーシティ・ミュージアムの必要性と構想」(『東京家政学院生活文化博物館年報』第3・4号合併号、1996年) 31頁。
5　矢島國雄「大学博物館とその役割」(小笠原喜康・並木美砂子・矢島國雄編『博物館教育論―新しい博物館教育を描きだす』ぎょうせい、2012年) 126頁。
6　矢島國雄「大学博物館とその役割」(前掲書) 125頁。
7　安高啓明『歴史のなかのミュージアム―驚異の部屋から大学博物館まで』(昭和堂、2014年) 182〜185頁。日本の大学博物館の最初期は東京大学の小石川植物園(1887年)、現在の東京大学大学院理学系研究科附属植物園である。そのほか、北海道大学(札幌農学校・1886年)、京都大学(1924年)で創設、國學院大学の「考古学陳列室」(1932年)、天理大学の「海外事情参考品室」(1930年) などがある。
8　安高啓明『歴史のなかのミュージアム―驚異の部屋から大学博物館まで』(前掲書) 195頁。
9　安高啓明『歴史のなかのミュージアム―驚異の部屋から大学博物館まで』(前掲書) 185〜187頁。
10　『平成22年度　博物館に関する基礎資料』(文部科学省国立教育政策研究所・社会教育実践研究センター、2011年) 369頁。
11　『平成22年度　博物館に関する基礎資料』(前掲書) 374頁。
12　守重信郎「わが国の大学博物館の問題点とその背景」(『日本大学大学院総合社会情報研究科紀要』8号、2008年) 218頁。
13　国立・私立を問わず、当然、要請の前から資料館や展示室を設けている大学もあり、その後、博物館へと発展させている(安高啓明『歴史のなかのミュージアム―驚異の部屋から大学博物館まで』(前掲書) 183〜185頁。
14　『平成22年度　博物館に関する基礎資料』(前掲書) 402頁。
15　岡田茂弘「ユニバーシティ・ミュージアムの必要性と構想」(前掲書) 33頁。
16　渡辺良次郎・駒見和夫「大学博物館の役割と設備―和洋女子大学文化資料館の実践から」(『東京家政学院生活文化博物館年報』第3・4号合併号、1996年) 51頁。

17　守重信郎「わが国の大学博物館の問題点とその背景」（前掲書）212〜213頁。
18　岡田茂弘「ユニバーシティ・ミュージアムの必要性と構想」（前掲書）31頁。
19　『平成22年度　博物館に関する基礎資料』（前掲書）395〜399頁。なお、本文中の太字や下線は筆者による。
20　高橋榮一「大学博物館の誕生とその将来像」（『大学時報』第268号、1999年）90頁。早稲田大学會津八一記念博物館を対象に、欧米諸国の大学博物館の積極的な社会貢献への姿勢とは隔たりがあると指摘する。
21　西野嘉章『大学博物館―理念と実践と将来と』（前掲書）80〜86頁。
22　西野嘉章『大学博物館―理念と実践と将来と』（前掲書）30〜33頁。
23　『平成22年度　博物館に関する基礎資料』（前掲書）10頁。
24　中村浩「大学博物館の現状と展望」（大阪歴史科学協議会編『歴史科学』195号、2008年）45〜46頁。
25　安高啓明『歴史のなかのミュージアム―驚異の部屋から大学博物館まで』（前掲書）196〜198頁。
26　安高啓明『歴史のなかのミュージアム―驚異の部屋から大学博物館まで』（前掲書）177〜179頁。
27　西野嘉章「モバイルミュージアムの現在」（『博物館研究』553号、2014年）12〜13頁。
28　西野嘉章『モバイルミュージアム　行動する博物館―21世紀の文化経済論』（平凡社、2012年）172〜173頁。
29　西野嘉章『モバイルミュージアム　行動する博物館―21世紀の文化経済論』（前掲書）40〜44頁。
30　西野嘉章『モバイルミュージアム　行動する博物館―21世紀の文化経済論』（前掲書）110頁。
31　『総合研究資料館の将来像―大学博物館の構想』（前掲書）12〜13頁。
32　西野嘉章「大学博物館の実験展示―「デジタル・ミュージアム」をめぐって」（『博物館研究』348号、1997年）14頁。
33　林良博「大学博物館の現状と未来」（日本学術会議編『学術の動向』131号、2007年）18〜23頁。
34　淺野敏久・小出美由紀「大学博物館のイメージに関する調査結果」（『広島大学総合博物館研究報告』6号、2014年）68〜69頁。市民との関係性を築いていくことを課題と挙げ、また女性の参加が鍵となるという指摘をみる。
35　黒沢浩「大学博物館の構想―双方的な関係の確立をめざして」（『明治大学学芸員養成課程紀要』19号、2008年）9頁。
36　岡田茂弘「ユニバーシティ・ミュージアムの必要性と構想」（前掲書）33頁。

37　西野嘉章「大学博物館の実験展示―「デジタル・ミュージアム」をめぐって」（前掲書）12頁。
38　稲村哲也・近藤智嗣・鶴見英成・牧野由佳・五藤素直「大学博物館の設立に向けて」（『放送大学研究年報』第39号、2021年）38頁。
39　淺野敏久・小出美由紀「大学博物館のイメージに関する調査結果」（前掲書）67頁。
40　中村浩「大学博物館の現状と展望」（前掲書）52頁。私学ではとりわけ建学の精神の具現化、学外への広報施設として期待されることもあり、運営面での創意工夫が必要と指摘する。
41　西野嘉章「大学博物館の実験展示―「デジタル・ミュージアム」をめぐって」（前掲書）14頁。
42　黒沢浩「全ての人の好奇心のための博物館を目指して―南山大学人類学博物館の挑戦」（『博物館研究』553号、2014年）21頁。
43　西野嘉章『大学博物館―理念と実践と将来と』（前掲書）85頁。
44　安高啓明『歴史のなかのミュージアム―驚異の部屋から大学博物館まで』（前掲書）237〜239頁。そのためには運営対象を明確にする必要があり、私学の場合は特に、学生の授業料が主たる財源となっているのであれば、学生本位の教育活動を第一に展開していくことが望ましい。
45　武蔵野實「京都教育大学野外博物館―オープン・エア・ミュージアム」（『滋賀大学環境総合研究センター研究年報』3号、2006年）。名古屋大学では80周年を記念して名古屋大学キャンパスミュージアム展を開催している（梅村綾子・氏原妃美子・西田佐知子・門脇誠二・藤原慎一「第25回名古屋大学博物館特別展記録　名古屋大学創立80周年記念「名古屋大学キャンパスミュージアム展」」『名古屋大学博物館報告』35号、2020年）。

第2章
熊本地震の教訓にみる大学博物館の役割

はじめに

　近年、頻発する自然災害によって多くの有形文化財が被害を受けている。さらに、地域を語るうえで不可欠な遺跡や遺物、信仰物、古文書など、マスメディアではなかなか取り上げられることのない未指定文化財も、貴重な"地域資源"であるにもかかわらず喪失している状況にある。国や自治体から指定を受けたものは法的保護を受けられる一方、未指定の地域資源はその対象から外れ、憂き目にあっている。しかし、阪神淡路大震災や東日本大震災などの経験によって、近年では体系化された保全にむけた取り組みが行われるようになってきた。しかし、これらの活動のなかには恒常的ではなく時限的なものも散見され、体制的なフォローが必要である。中央ばかりでなく、地域で即応できる組織作り、意識醸成が不可欠に感じる。

　平成28（2016）年に起こった熊本地震は、まさに地域における組織編成が未整備のなかで発生した。かつて熊本県が作成していた「企業立地ガイドKUMAMOTO」には、「熊本地域では過去百二十年間、M7以上の地震は発生していない」と記されるなど[1]、"地震のない地域"という過信があった。熊本では明治22（1889）年に、「明治熊本地震」が発生し、熊本城をはじめとして各地で多くの被害があり、その様子は熊本地震と共通するところもある[2]。しかし、"熊本には地震がない"という根拠のない風説も存在したことは事実であり、筆者自身もこれを耳にしている。歴史学研究に携わっている身として、包羞忍恥の気持ちであるが、この経験を後世に活かすためにどのようにすべきか考える機会にもなった。

そこで、本章では、熊本地震における資料保全の動きを事例に、その活動の評価すべき点や問題点を提起し、今後あるべき文化財保全のあり方を考えていきたい。地震発生にあたり、行政は人命優先、ライフラインの復旧を第一にあたることはいうまでもない。それは、行政職員に位置付けられた学芸員も同様で、台風や水害発生時における避難所の開設など、非常時の際の当然の職責である。しかし、その間、多くの地域資源を喪失する状況となっていることは認識すべきであり、そのためには、非常時に文化財行政をフォローする体制を築いておくことが肝要となってくる。

　結論から述べれば、大学博物館の機能の拡充と役割の再考が重要であろう。災害時の対応を含めて、官学足並みをそろえた合意形成を図っておくべきだ。平成8（1996）年1月に学術審議会学術資料部会が発表した、大学博物館の方向性かつ指針である「ユニバーシティ・ミュージアム設置について（報告）」（以下「報告」とする）に従って、改めて大学博物館の機能を検討していきたい。

　文化財関連の現行法令に、非常時対応が、明記されていることは少ない。これは、前述した「報告」にも同じことがいえ、今日では博物館相当施設となっている大学博物館も多いなかで、博物館法や文化財保護法等との関連を意識した活動も求められてくる。そこで、大学博物館をはじめとする関連団体が取り組んできた実績とともに、これらが抱える具体的な問題点を明らかにしていき、その解消につながる一私案を提示していきたい[3]。

1　熊本地震における被害状況

　平成28（2016）年4月14日21時26分と16日1時25分に起こった2度にわたる大きな揺れは、熊本県内各所に甚大な被害をもたらした。マグニチュード6.5とマグニチュード7.3という最大震度7の地震による人的被害は死者230人[4]、重傷者1,130人、軽傷者1,522人で、熊本県内の建造物（住宅）は全壊8,688棟、半壊33,809棟、一部破損は147,563棟だった[5]。建造物の被害状況の特徴として、次の4点が挙げられる。①近年、発生した地震被害と同様に、旧耐震基準のもとで設計された建物に大きな被害を生じ

ている。②ピロティ形式の鉄筋コンクリート建造物の倒壊・崩壊がみられる。③14日に発生した地震に対しては倒壊・崩壊に至らなかったものの、16日に発生した地震時に倒壊・崩壊した建物がある。④構造躯体には大きな損害はないものの、雑壁に多数のひび割れを生じている建物があった[6]。

こうした一般家屋の被害状況があった一方で、熊本地震による九州各県の文化財等の被害をみると、熊本県が119件、大分県が18件、福岡県が16件、佐賀県8件、長崎県5件、宮崎県3件の合計169件となっている[7]。震源地の熊本県はいうまでもないが、その周辺地域にも波及的に被害状況が確認されることは、地震規模の大きさを物語っている。さらに、被災地域のなかで、指定種別による被害状況を示すと次のようになる。

表1．熊本地震による九州各県指定文化財の被災状況

重文(建)	登録(建)	重文(美)	特別史跡	史跡	名勝	天然	伝統的建造物	その他
39	74	4	1	30	12	3	3	3

重文・登録の建造物を中心に、その被害を広く確認することができる。なお、平成23（2011）年の東日本大震災では東北六県で、国宝・国指定重要文化財87件、登録有形文化財124件、記念物・重要文化的景観・重要伝統的建造物群保存地区69件、合計280件の被害が確認されている[8]。東日本大震災や熊本地震に共通していえることは、大規模地震が発生した時、震源地周辺の自治体を含め広域に被害が及ぶ可能性である。つまり、常に各自治体は、地震被害を想定し、連帯して警戒しなければならないことをデータ上でも証明している。

次に、熊本県内の被災状況をみてみると次の通りである。

表2．熊本地震による熊本県内の国指定・登録文化財被災状況

種別	建造物	美工品	登建造	史跡	名勝	天記物	景観
全体	30	39	153	41	9	21	3
被災数	12	2	55	20	5	1	1

熊本県内の国指定・登録文化財は、表2で示さなかった無形文化財と民

俗文化財を含むと301件ある。表2に示した295件の内96件、32.4％の国指定・登録文化財が被災していることになる。そのなかでも美術工芸品の被災が少なかったことは幸いであり、博物館等関連施設で適切に管理されていたためといえよう。次に、熊本県指定文化財の被災状況をみると、表3のようになる。

表3．熊本地震による熊本県指定文化財被災状況

種別	建造物	美術工芸品	民俗文化財	史跡	名勝
全体	46	172	44	80	1
被災数	20	8	3	22	1

　表3で挙げたもの以外に、被害がなかった指定の無形文化財と天然記念物を含めると、県指定文化財は総数384件ある。表に示した指定文化財の総数343件の内54件、15.7％が被災している[9]。ここに建造物の被害が突出していることが特徴として挙げられ、なかでも、熊本における現存最古の洋風建築で、県指定重要文化財の熊本洋学校教師ジェーンズ邸は全壊している[10]。ここで示した被災状況は、指定物件の数値である。つまり、いわゆる未指定文化財を含んでいないことは留意しなければならず、その数を含めると、さらに被災数は増加する。なお、無形文化遺産の被災実態の把握は困難で、自粛の動きも生じていたことは、既に指摘されている[11]。

　地震当初の文化財の被害状況について、熊本大学を事例に紹介しておきたい。熊本大学構内にある五高記念館や化学実験棟、工学部研究資料館、正門（赤門）は国指定重要文化財で、本館（旧熊本高等工業学校本館）と医学部山崎記念館は登録有形文化財である。これらの一部は被災し、とくに五高記念館は外観部や内装、展示室内を含めて大きな被害があった。煙突部分は崩れ落ち、レンガ部分はズレて隙間ができていた。また、漆喰部分は剥がれ落ち、案内板も横転している。展示ケースも天地が逆になったり、崩落したセメント部分により破損していることが確認された。さらに、煙突部崩落により雨漏れが発生し、資料の一部は水損していた。

　五高記念館そのものの立ち入りは、地震直後に制限された。建物はもとより、展示ケースそのものも多大な被害を受けていることはいうまでもな

い。ケースの転倒による水損やガラスの割れによる資料損害は、前震以降、一次対応が取られていなかったための人災である。4月20日に文学部職員有志（当時の学部長・副学部長・筆者・事務職員）によって、急遽、対応にあたるという状況だった。五高記念館の所属教員による非常に備えた対応をマニュアル化していなかったことによる初動の見誤りといわざるを得ない。いかに、非常時対応を事前にマニュアル化しておくことが大切かがわかり、特に五高記念館の建物は国指定重要文化財であるため、展示資料を含めて、対応策を講じておく必要があった。

2　文化財への災害対応

大規模災害における文化財への対応を定めたものに、文化庁が昭和49（1974）年に策定した「文化庁防災業務計画」がある。これは、平成20（2008）年まで7度の修正を経ているが、「第5章　文化財等の災害予防等」に明記された「3．文化財等の救援事業」は、災害対応の指針となっている。ここには次の3項目からなる規定がある。

（1）　文化財等の廃棄、散逸を防止するため、所有者の要請に応じて応急措置を行い、又は一時保管を行うため、必要があると認めるときは、文化財等救援委員会を設置するものとする。

（2）　文化財等救援委員会は、文化庁、国立国語研究所等及び文化財・美術関係団体の協力を得て、文化財等の所有者等からの要請に応じて文化財等の応急援助等を行う。

（3）　文化財等救援委員会の組織その他必要な事項は別に定める。

これによって、文化財等への保全措置が示されるとともに、必要に応じて「文化財等救援委員会」の設置が可能となった。ここに文化財"等"とあることによって、指定文化財に限定されることなく、広い史資料を対象としたものと評価できる。そして、文化財等救援委員会は、文化庁や関係団体等と協力するとともに、所有者等の要請で応急救助を行い、国と被災地（行政・個人）をつなぐ機能を有することになった。ただし、「応急」的な援助であって、恒常的な措置ではないことに留意が必要である。

これは、平成8（1996）年に修正されたが、その背景には、平成7

(1995) 年1月17日に発生した阪神淡路大震災での教訓がある。阪神淡路大震災から1か月後の2月17日、神戸芸術工科大学を現地本部、東京国立文化財研究所を事務局として、「阪神淡路大震災文化財等救援委員会」(文化財レスキュー隊) が設置される。2月13日に被災地からは兵庫県教育委員会、学術団体から文化財保存修復学会や全国歴史資料保存利用機関連絡協議会などが集まって東京国立博物館で関係者会議が開催され、ここでの協議を経て編成に至っており、可及的速やかな対応がとられた結果である[12]。

　また、被災地では、2月4日に大阪歴史学会、日本史研究会、大阪歴史科学協議会、神戸大学史学研究会といった関西に拠点を置く学術団体が歴史資料保全情報ネットワークを開設 (4月に歴史資料ネットワークに改称) している。あわせて、4月10日には、神戸大学文学部に「史料ネット神戸センター」が尼崎市立地域研究史料館の機能を移転する形で設置されている。平成8 (1996) 年4月にボランティア組織「歴史資料ネットワーク」(史料ネット) がつくられ、平成14 (2002) 年に会員組織型へ移行し、現在に至っている。また、ボランティア団体の地元NGO救援連絡会議文化情報部も、個人蔵書や生活記録に関するもの等を保全対象に活動している[13]。

　平成12 (2000) 年10月6日に、鳥取県西部地震が発生すると、文化財保存修復学会や史料ネットが資料救出作業を行っている。鳥取県内の被害件数は、全49件 (国指定14、県指定6、市町村指定18、その他11) となっており[14]、これ以外の地域で管理されている古文書等の未指定資料の状況確認は、近隣大学や地元の博物館、県文化財委員会等と連絡を取り合いながら進められていった[15]。

　そして、平成23 (2011) 年3月11日に東北地方太平洋沖地震が発生、各所で津波被害を及ぼしたことは周知の通りであろう。3月29日に宮城県より救援要請を受けた文化庁は、4月1日に「東北地方太平洋沖地震被災文化財等救援委員会」を設置し、東京文化財研究所に事務局、仙台市博物館に宮城県現地本部をおく体制を立ち上げた。そして、東京文化財研究所と国立文化財研究機構の研究員が現地に常駐して体制を整え、7月末をもって現地本部は宮城県へ移管されている。5月2日には岩手県、7月11日に

は茨城県、同月27日には福島県より救援要請があり、平成25（2013）年3月31日まで救援委員会の活動は続いた[16]。

　ここでは、「阪神淡路大震災文化財等救援委員会」の経験を活かした体制がとられた。活動形態の特筆すべきことに、全国の博物館・美術館の学芸員が参加したことが挙げられる。現在では各地でみられることだが、これは、事業の実施体制として、「文化庁は、必要に応じて、各都道府県教育委員会に対し学芸員等の専門職員の派遣及び被災文化財等の一時保管等について協力を要請する。」と明記されたことが大きく[17]、ここに公益財団法人日本博物館協会等が窓口となったことによって、被災地以外から多くの専門職員を派遣することが可能になったのである。

　「東北地方太平洋沖地震被災文化財等救援委員会」の活動は、救出、一時保管、応急措置の3つの活動を柱にして支援するもので、その対象は国・地方の文化財指定等の有無にかかわらず、絵画、彫刻、工芸品、書跡、典籍、古文書、考古資料、歴史資料、有形民俗文化財等の動産文化財および美術品を中心としたものだった[18]。指定の有無によらないという活動方針は意義のあることで、大きな枠組みで資料を救出し、保管や応急措置を講じることになった。保護の対象が拡大したことは、過去の経験によるところも大きく、まさに、「文化財等」という文言に帰する活動として評価できる。

　こうして、次に掲げる文化財レスキュー事業の骨子が定まり、4点からなる作業手順および方向性が明確となった[19]。

（１）　被災県の指定文化財や過去の文化財調査記録等から文化財等の所在情報を把握するとともに被災各県の教育委員会を通し、関係市町村教育委員会、歴史資料館、美術館等からも被災文化財等の情報収集を行うこと。

（２）　被災文化財の救援にあたっては、所有者からの要請に基づきその立会い（又は委任）の下で行い、また安全な保存施設での保管の要請があった場合には可能な限り保存機能を有する施設へ移送して一時保管を行う。その際に、目録を作成すると共に、預かり証を発行すること。

(3)　救出した文化財等の情報は、個々の文化財についての価値判断は行わず、応急措置等を行ったことも含め、適宜、文化庁および関係地方公共団体へ報告する。
(4)　文化財の救援活動を実施するにあたって文化財等の取扱いや保存の専門家等を中心とする「文化財レスキュー隊」を編成する。

　ここで特記すべきことの第一に情報収集と共有がある。これまで統合的な情報収集がなされていなかった状況をうけて、早急に文化財等の所在状況を過去にさかのぼって調べることにしている。各自治体の管轄で、文化財等の管理がなされている事情を反映し、あらためて統括的な情報把握が求められているのである。東日本大震災をきっかけに、行政ないし、博物館による資料の所在状況等の情報非共有化は改めて問題視されており、被災していない自治体においても、早急な対策をとっておくことが望ましいことを示している。

　第二に「所有者からの要請」を前提としているところである。特に未指定物件にあたっては、行政主導による直接的関与は難しい。あわせて、かつて調査名目で資料が各地へ散逸してしまった事例が少なからず存在し、住民のなかには、預けた資料が戻ってこないかもしれないと不安に思う人がいるのも実状で、これは筆者自身も目の当たりにした問題である。こうした不安を払拭するために、目録を作成したうえで、「預かり証」を発行するという、博物館では従前の基本的な遣り取りが、文化財レスキューにも導入されている。急造組織である以上、基本的なルール作りは必須で、実績と蓄積のある博物館機能を踏襲している。専門家による一種の"暴走"をとどまらせる博物館の常識が導入されたといえる。

　第三に「文化財レスキュー隊」の編成であり、ここでは、「個々の文化財についての価値判断は行わない」というのがある。"価値判断"が行われることは、かえって散逸を招くことも想定されるのにあわせて、十分な調査をしないままでの価値判断は誤認につながりかねない。これが明記されたことは、専門家集団としての倫理規定として受け止めなければならない。また、「保存機能を有する施設」とあるが、この判断は難しい側面がある。博物館のような環境が整った施設ばかりで保管するのも限界がある

うえに、被災前の管理状況を継続させることが資料にとって良い場合もある。さらに、博物館資料と救助資料を共生させるには、しかるべき手続きや処理が必要であり、そこには専門的な知識が不可欠である。"価値判断"と同様、保管場所の選定は、組織的かつ資料の状態等に鑑みながら、逐次、確定していかなくてはならない。

　被災した建造物に対して、「東日本大震災被災文化財建造物復旧支援事業」（文化財ドクター派遣事業）が行われている。文化庁と社団法人日本建築学会が連携協力・情報共有し、日本建築学会から「文化財ドクター」が派遣される仕組みである。日本建築学会は文化財保護芸術研究助成財団から助成をうけて活動し、その対象となったのには「国・地方の指定等の有無を問わず、文化財である建造物とする」とある。ここに、一般家屋との選別がなされ、文化財か否かの判断は文化庁や各自治体に委ねられる。そして、被災した建造物の状況を調査するとともに、「応急措置及び復旧に向けての技術支援等」を行う事業でもあった[20]。被災した広義的な文化財建造物に対する一時的措置を講じるものであり、文化財レスキュー事業とは異なるものを対象としている。

3　資料への対応と熊本地震における体制

　文化財等への被害は、地震や火災、自然災害や人為的災害といったように、あらゆる事態が想定される。そのため、「文化財保護法」（昭和25年5月30日法律第214号）第3条有形文化財の「第1章重要文化財」第2款「管理」および第3款「保護」にその規則がある。ここには、重要文化財の管理に対して、文化庁長官が必要な指示をすることができるとある（30条）。滅失・き損のときの届出（33条）。さらに、34条から47条にかけて、修理ならびに管理体制、現状変更等の制限などが記されている。

　この規定は、重要文化財に対する規制ならびに保護にあたり、指定外の資料には適用されない。それは、27条（指定）において、「文部科学大臣は、有形文化財のうち重要なものを重要文化財に指定することができる。」に鑑みたためである。国指定を含めた地方にある文化財資料の対応については、地方自治法第2条第2項―5「学校、研究所、試験場、図書館、公

民館、博物館、体育館、美術館、物品陳列所、公会堂、劇場、音楽堂その他の教育、学術、文化、勧業、情報処理又は電気通信に関する施設を設置し若しくは管理し、又はこれらを使用する権利を規制し、その他教育、学術、文化、勧業、情報処理又は電気通信に関する事務を行うこと。」や、第2条第6項─2「文化財の保護及び管理の基準の維持」によって、あたることになる。

　指定物件と未指定物件とでは法的保護に大きな違いがある。それは、資料的価値などに帰するため、当然のことだが、地域を語るうえで不可欠なものが未指定物件に数多く存在しているのも事実である。特に、大規模災害となれば、地域のアイデンティティを証明するために必要な"モノ"が生まれる。被災して初めて価値が見直されることもあり、非常時が起こった時には、法的保護の薄いこれらへのフォローが求められ、これまでの地震・震災等でも度々問題となっている。とりわけ、博物館および学芸員との連携が必要であるとともに、支援体制の周知、ボランティア養成を含めた資料保全への認識を高めることが重要であろう。

　九州・山口圏内では、「九州・山口ミュージアム連携事業」（2006年）が行われており、今なお「九州・沖縄から文化力発信プロジェクト」として、博物館同士が連携した取り組みが展開されている。同業種間での情報共有や共同事業など、"ヨコ"のつながりを意識したものとなっている。そして、九州国立博物館では「市民と共にミュージアムＩＰＭ」事業（2011～2013年）が行われた。燻蒸から転換した防虫・防カビに関する知識や考え方を、自治体や館種、専門性を越えて共有することを目的に掲げて活動しており、文化財への正確な認識を有する土壌はつくられてきた。この事業には、筆者自身も参加しており、九州国立博物館に在籍されていた（当時）本田光子氏らを中心に取り組まれ、同館のボランティアを含めて参画しており、身近にできる文化財保存への意識を浸透させることにつながっている。そして、平成26（2014）年からは「みんなでまもるミュージアム」事業（「みんまも」事業）が開始され、翌年からは、「みんなでまもる文化財みんなをまもるミュージアム」と改称し、防災や危機管理に対する取り組みへとシフトした矢先に熊本地震が発生した[21]。

熊本地震にあたっての資料保全への取り組みとして、文化庁により6月20日から「熊本地震被災文化財建造物復旧支援事業」（文化財ドクター）と「熊本県被災文化財救援事業」（文化財レスキュー）が実施されている。先の東日本大震災におけるスキームで、各関係自治体等と連携を取りながら進められた。

　文化財ドクター派遣事業は、復旧支援委員会の事務局が公益社団法人日本建築士会連合会に置かれ、被災地自治体の情報共有、文化庁からの協力依頼を受けて行われている。建造物に関する専門家を、いわゆる「文化財ドクター」として派遣し、被災した建造物への一次応急措置がとられている。復旧に向けて、早期に動き出すことができるよう、技術支援がなされている。

　また、文化財レスキューは、九州救援対策本部事務局を九州国立博物館に置き、国立文化財機構から職員が派遣され、文化遺産防災ネットワーク推進会議参画団体が協力する形がとられた。レスキュー活動については、熊本県と九州救援対策本部事務局が連携し、所有者への呼びかけや救出を行うが、文化遺産防災ネットワーク推進会議参画団体や九州・山口ミュージアム連携、「みんまも事業」参加団体、各都道府県が職員を派遣する体制が整えられた。

　これに先立つかたちで、熊本大学に「熊本被災史料レスキューネットワーク」（熊本史料ネット）が設置された。熊本県博物館ネットワークセンターや熊本博物館の学芸員や大学教員等が参加したもので、災害時の未指定文化財保全活動を行っている[22]。活動にあたって、熊本県内の文化財指定や未指定史料の所在確認が1990年代に行われていたことから、第一段階として民間所在史料の現状調査を実施している。そのうえで、現地で救出活動するという合理的な形がとられたわけだが、熊本県内では先の東日本大震災を受けての防災意識が薄く、地震発生前に統括的な情報収集と共有化が図られていなかった。過去の震災の経験から文化財レスキューの組織立ち上げは自覚されていながら各人の頭の中にあるだけで具体的な取り組みは行われていなかったという実態があった[23]。そこで熊本大学永青文庫研究センターを本部とする史料ネットが立ち上がったが、この前にやって

おかなければならなかったことがなされておらず、ひとえに県や博物館などでこれまでの震災対応の蓄積を反映した非常時体制が整えられていなかったことを露呈し、関係者には猛省が必要であろう。

　熊本大学では、研究室単位でも活動されている。例えば考古学研究室では、古墳をはじめとする埋蔵文化財保護への取り組みがなされている。一般社団法人日本考古学協会や九州前方後円墳研究会などとも連携しながら、調査が進められている。そして、市民との協力の必要性を提唱し、データ提供や集積とともに、市民自らの手で文化財保護活動を促すことができる利点を挙げ、さらに後年の熊本地震の伝え方についても検討されている[24]。

　また、日本史研究室では、「熊本大学日本史研究室資料保全継承会議」を立ち上げ、未指定文化財を中心とした現状調査が行われた。本事業は日本財団の「平成28年度熊本地震における支援事業」に採択され、日本史研究室に所属する学生を中心に熊本大学所在地周辺にある石造物や信仰対象物（寺社・墓石）、記念碑などを現状調査した。また、依頼を受けて甲佐町旧家所蔵の古文書レスキューを実施し、学生・院生の調査員が整理・分類した。これらの成果として報告書を刊行するとともに、天草市立天草キリシタン館や熊本大学附属図書館で被災資料を用いた企画展を開催し、調査状況の情報発信を行い[25]、周知を図った。また、レスキュー資料を用いた企画展事業として、カメイ社会教育振興財団の平成29（2017）年度事業として採択され、継続的な調査と情報発信を行うことができた。

　ここで紹介したのは、熊本大学文学部の各教員が取り組んでいる一例に過ぎないが、これ以外にも草の根レヴェルで数々の活動がなされているのが熊本地震における資料保全体制の特徴といえるだろう。また、従来から博物館等での連携事業が展開されていたこともあって、これまで被災地にあった救援対策本部が九州国立博物館に設置できたのは特筆すべきことである。被災地は人命最優先、ライフライン復旧に全力を挙げることが至上命題であるなか、九州国立博物館が中心となり、関係自治体と連携しながら差配する体制となった。地方には文化財保護に関する高度な専門知識を有する人材が少ないのも現状であり、九州国立博物館が全面的に支援する

形態は、レスキュー資料への継続的フォローを含めて有効である。東京や京都、奈良と並んで福岡に国立博物館が設置されていたことが功を奏したといえる。

　被災した自治体には、優先順位が存在することは言うまでもない。指定文化財を第一に、未指定文化財については後回しになるのは致し方ないことでもある。とすれば、自治体をフォローする体制は、上述した各組織が担うとともに、大学に設置されている大学博物館にもその役割が求められてくる。熊本地震においては、大学博物館がレスキュー事業に機能していなかったため、今後、抜本的な見直しが必要である。これは、平成8（1996）年につくられた「報告」の修正を含めた体制変更を文科省と文化庁との間で協議して進めていくことが、今後、肝要となろう。

4　大学博物館の非常時での役割

　日本の大学博物館は、法文上統一して設置されていったものではなく、各大学が独自に創設していった。大学博物館史を紐解くと、その最初期は、明治10（1877）年に東京大学の附属施設として設置された小石川植物園であるが、これ以降、現在の国立大学、そして私立大学でも國學院大学や天理大学、明治大学などが先駆的に設置していった[26]。その背景には、大学や教員が学問体系・研究対象に基づき収集してきた資料や、篤志者からの寄贈・寄託品を管理する施設が必要となったためで、欧米や中国、韓国でも日本に先駆けて設けられていたことがある。地域博物館が所蔵する博物館資料とは異なり、大学博物館が所蔵する資料を"学術標本"といい、将来的に価値が創出される"モノ"を包摂していることが特徴である。

　こうして学術標本を有する大学博物館が設置され、一定の方向性が示されたのが、前述した「報告」である。このなかで明記された「ユニバーシティ・ミュージアムの必要性」には、大学博物館設置の経緯や求められている使命、その機能について記されており、下記のようにある[27]。

　　我が国は現在急速に、国際化、情報化、高齢化、多様化の社会に向

かっており、大学が果たす役割と大学に対する社会の要請もおのずと変わりつつある。国境を越えた競争原理が働く国際化の中で、我が国の大学は世界に向かって独創的な研究成果をあげ、良質な学術情報の発信基地として機能することが要請されている。また、環境問題、都市問題のように専門分化した特定の学問分野だけでは対応しがたい多様な問題への対応や、高齢化等急速に変化しつつある社会における人々の高度かつ多様な学習ニーズに対応し得る大学への変革も求められている。このような社会の要請にこたえるためには、総合的・学際的な研究・教育体制を整備することが必要である。そのための方策の一つとして、貴重で多様な学術情報を内包しており、分析法や解析法の発達によってさらに多くの分野に豊富な学術情報を提供してくれる一次資料の活用を図ることができるミュージアムの設置は極めて有効であり、学術研究の基礎である実証的研究を支援するものである。また、<u>一次資料に関する学術情報の発信・受信基地としてこのミュージアムを機能させることは、社会が要請する「開かれた大学」への具体的で有効な対応策である。</u>（下線は筆者）

　ここに、社会からの要請の変化に対応すべく、大学の変革が求められており、その一担い手として、大学博物館の必要性が挙げられている。また、高度かつ多様な学習ニーズに対応するため、大学博物館が、豊富な学術情報を有する一次資料（学術標本）の活用を図ることが求められている。これは「報告」が明文化された平成8（1996）年の社会状況を反映しており、環境問題や都市問題のように専門分化した特定の学問分野だけでは対応しがたい多様な課題への取り組みを行う拠点として、大学博物館の重要性を示しているのである。つまり、社会の"課題解消型"の博物館として、大学博物館の設置が掲げられているといえ、生涯学習の拠点と位置付けられてきた地域博物館とはやや性格が異なっている。
　本文中には、研究するうえでの一次資料の活用と提供が求められているが、ここでの一次資料とは大学が有する「学術標本」である。学術標本の定義について、「報告」には、「学術標本は、自然史関係の標本や古文書・

古美術作品等の文化財に限定されるものではなく、学術研究により収集・生成された「学術研究と高等教育に資する資源」である」と明記されている。つまり、大学での研究と教育に資するという、非常に広域な"モノ"を含んでおり、地域博物館が有する資料とも異なる定義である。さらに、「報告」には、不動産はもとより図書館等で保存・活用されているものは、学術標本からは除外されているため、いわゆる未整理状態で、これから資料的価値を創出するものを対象としているのである。

「報告」で、学術標本が定義されている背景には次のことがあった[28]。

> 学術標本は学術研究の進展に伴って収集あるいは生成されているが、学術標本を保存収納する施設整備や整理保管要員の不足等のため、現状では、大学においては研究室の一隅で個々の研究者の責任において保存管理されており、ラベル添付等の基礎的な整理が未完了で一次資料にさえなり得ていない状況が多数見受けられる。

学術標本の性格上、常に資料収集や生成が起こり、これを組織体でしかるべき管理をすることが標榜されている。研究者個人に負わせるのではなく、大学博物館がこれを一体的に管理し、基礎的な整理を行うことを定めたのである。大学教員による研究対象の広がりに呼応して、新たな資料が創出されるのにあわせて適切な管理をする意図があった。つまり、責任の所在を明確にした組織による管理体制を整えようとしているのである。それこそが、前述した大学博物館の必要性に通じるところであり、基礎的な整理を終えることが、下線部の学術情報の発信・受信基地としての役割を果たすことになるのである。受信基地である以上、常に門戸を開いた"情報"の収集が求められる。

「報告」に記されている前提には、大学および研究室単位で収集、生成された資料の存在がある。大学や研究室で生み出される一次資料、ひいては学術情報は、地域を語るうえで不可欠な史・資料であることも多い。それは、歴史学であれば古文書であるし、民俗学でも有形、もしくは無形を有形化した文物が存在する。これらを対象にした学術研究が行われている

現状にあって、まさに自然災害などの非常が起こった時に、情報を収集しているのは自治体ばかりでなく、大学もこれまでの蓄積から共有していることがある。例えば、熊本大学では、「歴史資料学野外実習」という３年次の科目があり、日本史研究室所属の学生が受講し、地域に残る古文書調査等を行っている。これにあわせて報告書も作成しており、今日（2024年時点）までにその冊数は19冊に及ぶ[29]。結果として、熊本地震においては、この成果の蓄積が史料レスキューに寄与することになった。これは一例に過ぎないが、こうした情報を共有し、集約させるべき機関が大学博物館でなければならないが、五高記念館は、その機能を有していなかった。

他方、大学博物館が機能的に役割を果たしていたのが東北学院大学である。同大学博物館では、東日本大震災をうけて、担当教員と学生たちが中心となりレスキュー活動を行っている[30]。「石巻市鮎川収蔵庫」では、津波により約4,000点の考古・民俗資料が被災したが、これを大学博物館が引き受け、クリーニングや二酸化炭素殺虫処理、脱塩処理等にあたった。「文化財レスキューカルテ」による記録、「資料台帳」を作成し、従来の博物館機能を有する基礎整備を行っている。学生が主体的に取り組んでいった成果は、各地で企画展を実施して発信されており、「文化財レスキュー」から「文化創造」という新しい形を大学博物館が提示している[31]。

東北学院大学博物館の事例のように、大学博物館がこれまで行ってきた研究・調査の蓄積によって、学生教育を通じたレスキュー活動が可能である。「学生教育」という観点は、「報告」の「２．ユニバーシティ・ミュージアムの機能」に、次のように記されている[32]。

> 学術標本を基礎とした大学院・学部学生の教育に参加するとともに、博物館実習をはじめ大学における学芸員養成教育への協力を行う。また、一般の博物館の学芸員に対する大学院レベルのリカレント教育や、人々の生涯にわたる学習活動にも積極的に協力することが望ましい。

大学博物館には、学術標本を基礎とした大学院生・学部学生への教育参

画が求められており、まさに、上記のレスキュー活動はこれに通じるものである。また、一般の博物館学芸員へのリカレント教育という観点にも立てば、学生以外に地域博物館の学芸員との協働も可能であり、まさに、非常時災害における大学博物館の対応としても正当性をもたせることができる。生涯学習という枠組みで考えれば、取り組み賛同者への協力も募れることから、より重厚な組織として対処することができよう。

「報告」が発表された時は、非常災害等の意識が希薄だった。しかし、上述したように、現指針からも、大規模災害への大学博物館の関与は可能であり、これを具体的な行動に移せるか否かの問題でもある。そのためには、大学博物館に所属する教員の学芸員スキルの向上はもとより、各自治体と情報共有を図り、協働体制を築いておくことが大切である。「報告」が出されて25年以上経過した段階で、これらの事情を反映させた新しい策定が望まれる。各県に一大学以上の国立大学が存在し、公立大学・私立大学を含むとその数は増加する。ここに大学博物館を設置している大学を峻別するとその数は少なくなるが、実数としては一県に複数の大学博物館に類する施設が併存している。地域博物館とは異なる支援が大学博物館には行える可能性があり、非常時における新しい明文規定を官学あげて策定することが喫緊に求められる。

おわりに

大学博物館は、「報告」が提言されて以降、多くの実績を挙げてきており、研究成果の社会還元・地域貢献を果たしながら成熟してきた。東京大学のような企業との連携もみられるなど、産学連携や産官学連携が各大学や大学博物館で実施され、一定の成果を挙げており、今後もさらなる飛躍が期待される。その一方で、地震等の非常時災害にあたっては、その機能を十分に果たしているとはいい難い。学内における学芸員養成を担っている機関であれば、非常時における対応を求められてしかるべきであろう。「報告」によって指針が出されて以後、大学博物館は設立当初とは異なるフェーズに入っている。

そのひとつとして、PDCAサイクルを基本とした、新しい規則の制定

があろう。日本を取り巻く環境もここ数年で大きく変わっており、社会からのニーズも多様化している。また、前述してきたような様々な自然災害に見舞われており、各団体で独自のノウハウを蓄積してきている。しかし、現状として震災に直面してから組織化され、情報収集がなされており、事前整備が十分とはいえず、後手に回っている。つまり、行政主導による事前事後の恒常的な体制作りが十分ではなく、結果として震災後の対応に遅滞が生じている状況にあると言わざるを得ない。

　一方、千葉県野田市が策定した防災マニュアルでは、博物館が所属する教育部・社教班の職務は、公民館の使用に関することと並び、社会教育施設の被害調査及び応急復旧に関すること、文化財の保護復旧に関することが明記されるなど、職務として保障されており[33]、体制が整備されていると評価できる。大学博物館としても、大学独自に設立されてきた経緯があり、不統一な組織運営となっていることがかえって足かせとなっているともいえる。そのためには、確固たる統一的な規則の明文化が求められ、行政をフォローする仕組みを大学博物館に構築することも必要である。実際に、県内で共同的に取り組む自治体も見られるようになっており、一体的な活動の進展が望まれる[34]。

　大学博物館は「報告」からも解釈可能な"課題解消型"の組織であり、急ごしらえの団体にはない、ルーチンワークのなかに対応を組み込むことが可能である。所属する教員は"学芸員"でもあり、学芸員を直接養成する立場に明文上あるため、即戦力として対応にあたることができるはずである。史料ネットなどで活動する教員は研究者であり、学芸員経験がないものも数多く所属している。そのため、活動にも限界があり、二次被害が生じても責任を求めることはできない。原則として、学芸員スキルを有する大学博物館の教員は、その点をフォローできるため（できなくてはならない）、大学教員との連結役を務めることも可能といえよう。そこには、日常から地域博物館との関係性をより一層深め、館種にとらわれない大学博物館の体制作りが必要である。

　大学博物館を含めた博物館界全体の組織的改編はもとより、ソフト面の充実は不可避である。なにより、文献や美術を取り扱える学芸員を行政で

雇用することは重要である。文化財保護法との関連から、各自治体には考古学の専門職員は配置されていることが多い。これに類する文献を扱い、保存や修復にも対応できる専門職員の配置は、今後必須となってくるのではなかろうか。「報告」に明記される「社会に開かれた大学」の窓口の役割のひとつとして、さらには、それ以上の活動を大学博物館も担う段階に現在入ってきており、果たすべき使命も広がってきているのである。

　文化庁主導の文化財レスキューや文化財ドクター等は、時限的な措置である以上、恒常的かつ責任所在の明確な立場の者が、これらの作業に長くあたる環境整備が肝要である。令和6（2024）年1月1日に発生した能登半島地震では、3月11日に「能登半島地震被災文化財等救援委員会」の現地本部が石川県能登町に開所された。県の要請で文化庁が国立文化財機構に委託したもので、活動が本格化している。いつ、どこで起こるかわからない自然災害に、行政ばかりでなく、大学組織も加わっていかなければならず、常置されている既存の大学博物館がイニシアティブをとるような体制を構築することが望まれるのである。

[註]
1　熊本地震をうけて、県は4月20日にこの文を削除している。
2　山中進・鈴木康夫編『熊本の地域研究』（成文堂、2015年）。
3　本章は、安高啓明「震災時における組織的資料保全対応に関する検証―熊本地震の教訓にみる大学博物館の役割」（『國学院雑誌』第118巻11号、2017年）を加筆修正したものである。
4　熊本県危機管理防災課『平成28（2016）年熊本地震等に係る被害状況について【第241報告】』による。平成29（2017）年5月25日時点の発表値。
5　内閣府非常災害本部『平成28（2016）年熊本県熊本地方を震源とする地震に係る被害状況等について』3頁。平成29年4月13日時点の発表値。
6　チューチューヌエ・貞末和史・荒木秀夫「2016年熊本地震による建物被害調査報告」（『広島工業大学紀要』研究編51号、2017年）による。
7　内閣府非常災害本部『平成28（2016）年熊本県熊本地方を震源とする地震に係る被害状況等について』19頁。
8　中谷友樹・長尾諭・瀬戸寿一・板谷直子「東日本大震災における文化財被災の地理的分布―文化財の地理情報データベースの活用」（『2011年度 東日本

大震災に関する研究推進プログラム 研究成果報告書』2012年）51～52頁。

9　表2・表3は、熊本県教育庁文化課『熊本震災による被災文化財について』（2016年6月27日）で示された表を一部改編。

10　被災したジューンズ邸は再建され、令和5（2023）年9月1日にオープンしている。

11　『東日本大震災被災地域における無形文化遺産とその復興』（東京文化財研究所、2014年）。

12　文化財保存修復学会編『文化財は守れるのか——阪神・淡路大震災の検証』（クバプロ、1999年）。

13　吉原大志「文化財等の災害対策をめぐる地域体制整備の現状について」（国立文化財機構東京文化財研究所編『保存科学』55号、2015年）。

14　『鳥取県西部地震記録集』（鳥取県教育委員会、2001年）47頁。平成12（2000）年11月10日現在の数値。

15　大国正美「鳥取県西部地震で被災史料を救出」（『史料ネット　NEWS LETTER』第22号、2000年）。

16　2年間に及ぶ活動については、平成23年度活動報告書・平成24年度活動報告書、公開討論会報告書として刊行、公開されている。

17　平成23年3月30日付文化庁次長決定「東北地方太平洋沖地震被災文化財等救援事業（文化財レスキュー事業）実施要項」による。

18　日高真吾「大規模災害における文化財レスキュー事業に関する一考察」（『国立民族学博物館研究報告書』40巻1号、2005年）12～13頁。

19　亀井信雄「東日本大震災における被災文化財の救援事業の展開について」（文化財虫害研究所編『文化財の虫菌害』62号、2011年）4頁。

20　平成23年4月27日文化庁次長決定「東日本大震災被災文化財建造物復旧支援事業実施要項」による。「文化財ドクター派遣事業について」（『月刊文化財』602号、2013年）。

21　本田光子「熊本地震被災文化財復旧への応援——博物館広域ネットワークの取り組み」（『記録と史料』No27、2017年）。

22　岩岡中正・高峰武編『熊本地震2016の記憶』（弦書房、2017年）139～141頁。

23　稲葉継陽「熊本における被災文化財レスキュー活動」（『歴史学研究』961号、2017年）19頁。

24　杉井健「平成28年（2016年）熊本地震による文化財被害および今考えること」（『考古学研究』第63巻第2号、2016年）。

25　安高啓明編『平成28年熊本地震に関する調査報告書』（熊本大学日本史研究室資料保全継承会議、2017年）。

26 安高啓明『歴史のなかのミュージアム―驚異の部屋から大学博物館まで』（昭和堂、2014年）182～185頁。
27 『平成29年　博物館に関する基礎資料』（文部科学省国立教育政策研究所・社会教育実践研究センター、2018年）585～586頁。
28 『平成29年　博物館に関する基礎資料』（前掲書）584頁。
29 熊本大学日本史研究室では、調査した成果を『古文書学実習調査報告書』として2005年から刊行している。
30 加藤幸治「大規模災害と被災地の大学博物館―大学生と取り組む文化財レスキュー活動」（『博物館研究』51巻9号、2016年）。
31 「ミュージアムの復興に向けて―学生主体による「石巻市鮎川収蔵庫」の文化財レスキュー活動」（内島美奈子編・安高啓明協力『Nexus』展、西南学院大学博物館、2015年）。
32 『平成29年　博物館に関する基礎資料』（前掲書）587頁。
33 金山喜昭『博物館学入門―地域博物館学の提唱』（慶友社、2003年）201頁。
34 例えば、和歌山県では、2014年度から県立博物館・文書館・文化遺産課・和歌山大学・歴史資料保全ネット・わかやま、県外の災害史研究者が協働しているほか、2015年2月には「和歌山県博物館施設等災害対策連絡会議」が発足している（藤隆宏「災害から文化財をまもるために―県内の動き」（『和歌山地方史研究』78号、2019年）38頁）。

第3章
博物館をつくる
——組織・個人・郷土の三類型

はじめに

　今日、各地の博物館が置かれている状況は順調とはいえず、むしろ"博物館冬の時代"といわれて久しい。それは、博物館施設の必要性が周知されておらず、国民理解が低調であるのはもとより、博物館活動そのものが一般に十分浸透しているとは言い難い現状がそうさせている。日本の博物館の歴史は、欧米に比すれば浅いことはこれまで論じてきたところであるが、創設期当初は、先人たちの努力もあって活況だった。新しい施設に知的好奇心を寄せ、社会全体で盛り上がりをみせていた。その成果が今日の博物館数にもあらわれているところであって、地方自治体や法人、大学（学校）に限らず、企業にもその広がりをみせているのはその証左といえよう。多種多様な博物館が誕生した背景には、研究者（学芸員）が"モノ"に価値を見出した"歴史遺産"があり、これを後世に伝えようとする姿勢のもと、博物館で守り続けてきたのである。

　近年の厳しい経済状況もあって、予算規模も潤沢とはいえないなか、博物館のリニューアル、そして新設の動きが全くないわけではない。博物館設立の動きは、地域の事情や時勢にあわせて表出し、そこには資料を保管し、公開することで"学び"、そして観光の拠点とすることは各地で共通している。また、従来の機能に多様性を生じさせるなど、新旧が交錯した新しい形の博物館が設立されている。資料をみせるという基本的なスタンスに加えて、VRやAR、AIを駆使した機器の導入は、来館者・利用者層の幅を広げるとともに、博物館教育の質的向上、資料の保護を促している。最新技術が博物館にも採り入れられ、人類の知力・技術が結集した施

設となり、単に文化施設ではない、"現代技術の結晶"でもある。

　博物館は、"社会の縮図"でもある。地域住民らの理解と支援があって初めて成立するものであって、そこには現地のアイデンティティが潜在する。地域の歴史と住民生活は表裏一体で、生きてきた証が文化に反映されている。これを可視化・具現化するところが博物館で、この姿勢は今日にも継承されている。館種が広がっているように、博物館の設置が現在進行形でみられるのは、成熟した民度に裏打ちされた結果である。そのため、予算に応じた高性能の機器を導入した展示が展開されており、設置主体の矜持がここにあらわれていると評価できる。

　そこで、本章では、博物館の歴史的変遷を踏まえてそれらを分類したうえで、自身が展示監修した3つの博物館施設（西南学院史資料室・大田区立勝海舟記念館・上天草市歴史資料館）を取り上げる。西南学院史資料室は学校法人立・大田区立勝海舟記念館と上天草市歴史資料室は地方公共団体立である。それぞれ使命が異なり、活動も様々な3館の特徴と機能を紹介するとともに、多様化する博物館の現在地を見出していく。そして、今後の展開を想起させる、博物館界の道標を提示していきたい。

1　博物館の類型と種別

　博物館の名称の成立は、万延元（1860）年の遣米使節との関わりから注目されている。これには、3点が指摘され、①通詞名村五八郎が魏源著『海国図志』から得て「博物館」とし、②副使村垣範正が名村五八郎が「博物館」と伝えたのを「百物館」と聞き取ったこと。③玉虫左太夫の『航米日録』で「博物所」が見られることである[1]。蘭学者かつ地理学者の箕作省吾著『坤輿図識』（1845〜47年）、中国の学者魏源著『海国図志』（1842〜52年）などから情報を得ていた知識人たちが、今日の博物館に通じる言葉を提示していたものの、広く認識されるまでには至らなかった。

　その後、国内に博物館の言葉を広めたのは福沢諭吉である。西洋の政治や風俗、経済、施設、事業などを紹介した『西洋事情』は、初編3冊が慶応2（1866）年、外編3冊が同3年、二編4冊が明治3（1870）年に刊行された。『西洋事情』は海賊版が作られるほどの人気で、多くの人の手に

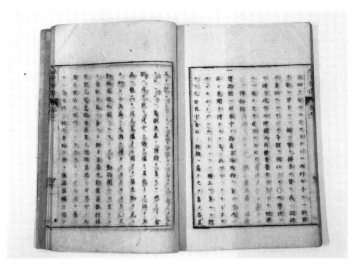

西洋事情（個人蔵）

取られた。「博物館」の項目は初編に収められ、次の文章がある。

> 博物館ハ世界中ノ物産古物珍物ヲ集メテ人ニ示シ見聞ヲ博クスル為メニ設ルモノナリ、「ミネラロジカル、ミュージアム」ト云ヘルハ礦品ヲ集ムル舘ナリ、<u>凡世界中金石ノ種類ハ盡ク之ヲ集メ各々其名ヲ記ルシテ人ニ示ス</u>、「ブーロジカル、シュヂエム」ト云ヘルハ、禽獣魚蟲ノ種類ヲ集ムル所ナリ、禽獣ハ皮ヲ取リ皮中ニ物ヲ填テ其形チヲ保チ魚蟲ハ薬品ヲ用テ其儘干シ固タメ皆生物ヲ見ルカ如シ小魚蟲ハ火酒ニ浸セルモノモアリ、

博物館は、世界中の物産や古物、珍奇な物を収集しているところであり、これを公衆に示して、見聞を「博スル」（＝広める）ために設けられているという。ここに、収集と公開という博物館の基本的な機能を明瞭に示している。また、今日のキャプションに相当するものが掲示されて（下線部）、来館者に情報を伝えている。単に"モノ"を陳列するのではなく、教育的効果を図る手法が読み解ける。これは、「博物館の陳列法」のなか

でも取り上げられ、次のように述べられている[2]。

> 普通の人も一目の下に内国品と外国品とを対象して興味を覚ゆること深かるべし、また列品にハ一々部門、物名（用途を示すため）、製作の年代、製作地、工人、番号等を記すべし、中にも製作地は最も肝要なり、これ等の事、或ハ知れざるが為に記し得ざるものアラン、然れど館院は全力を尽くしてこれを鑑定し是非共明記するを要するなり、

　キャプションの重要性を主張するとともに、資料情報の基本となる項目が記されている。これを作成するには、研究（＝「鑑定」）が重要であり、これをどのように展示教育に活かしていくのかが提示された。
　基本的な博物館の機能が『西洋事情』で紹介されたが、これが人気を博したことから、市井にその認識は急速に広まっていった。博物館の次の項目には「博覧会」が続くが、ここには、「前条ノ如ク各国ニ博物館ヲ設ケテ古来世界中ノ物品ヲ集ム（後略）」とあり、博覧会に関連した機能と理解していることがわかる。『西洋事情』が広く流通したことによって、国民にもまだ見ぬ「博物館」なるもののイメージが生まれたのである。ここにかつて行われていた薬品会や物産会を重ね合わせたことだろう。
　その後、万国博覧会への参加や内国勧業博覧会の開催を経て、日本は国家レヴェルで経験やノウハウを蓄積していった。これにあわせて、国立博物館が創設されると、各地に広がりをみせていき、現在の日本国内には数多くの博物館が誕生する。昭和27（1952）年に「博物館法」が施行されると（昭和26年公布）、博物館は法的にも整備されていった。そこで、博物館の館種についてみてみると、博物館法第2条には次のようにある。

> この法律において「博物館」とは、歴史、芸術、民俗、産業、自然科学等に関する資料を収集し、保管（育成を含む。以下同じ。）し、展示して教育的配慮の下に一般公衆の利用に供し、その教養、調査研究、レクリエーション等に資するために必要な事業を行い、併せてこれらの資料に関する調査研究をすることを目的とする機関（社会教育法に

よる公民館及び図書館法（昭和二十五年法律第百十八号）による図書館を除く。）のうち、次章の規定による登録を受けたものをいう。

2　この法律において「公立博物館」とは、地方公共団体又は地方独立行政法人（地方独立行政法人法（平成十五年法律第百十八号）第二条第一項に規定する地方独立行政法人をいう。以下同じ。）の設置する博物館をいう。

3　この法律において「私立博物館」とは、博物館のうち、公立博物館以外のものをいう。

4　この法律において「博物館資料」とは、博物館が収集し、保管し、又は展示する資料（電磁的記録（電子的方式、磁気的方式その他人の知覚によつては認識することができない方式で作られた記録をいう。次条第一項第三号において同じ。）を含む。）をいう。

　ここには、博物館の館種に応じた資料の収集と保管、活用が定められている。そして、調査研究することを目的とする機関とあるように、組織的な取り組みを要請するとともに、公立と私立とにわけたうえで、活動の方向性を法的に規定している。その骨子となる「博物館資料」は、収集・保管・展示を関連付けており、電子媒体を含めたものとなっている。無形のものを有形化する電子媒体は、後世にかけて貴重な資源になるとする。

　博物館である以上、資料を所蔵していることが前提である。その収集については、設置主体が考える運営方針や使命に基づくものであり、"博物館の駆動"は、学芸員の双肩にかかっている。学芸員の専門性に裏打ちされた活動が、博物館の運営にあらわれるのであり、そのマネージメントを担うのが館長ということになろう。博物館が多様化している昨今、そのあり方も特色を帯びてきている。指定管理者制度や会社立の企業ミュージアムの存在はこれを象徴しており、利用者には学びの選択肢が広がったと評価することができようが、運営面では課題を残す。

　博物館が増加している背景から、これを3つの世代に分けて紹介している[3]。第1世代は保存志向で、娯楽と観光で利用されるがゆえ日常生活とは乖離しており、専門職員を「番人」とする。第2世代を公開志向とし、

一過性の見学であり、日常生活とのリンクも見られるようになり、専門職員を「孤独な学芸員」（行政職・事務職待遇）とする。第３世代が参加・体験志向とし、継続的な利活用が見られ、専門職員も「専門職集団」（分業化とローテーション）と定義する。第１世代は宝物の保存施設として、第２世代は町のシンボル・コレクションを寄贈・公開するもの、第３世代は地域社会の要請を設置理由に挙げ、地域博物館の発展形態が示された。

　また、博物館の設置目的から、地域志向型・中央志向型・観光志向型とに分類される[4]。地域志向型とは、地域で生活する人々のさまざまな課題に博物館の機能を通じて応えていくこと。中央志向型は、人々の日常生活圏や特定のフィールドを持たず、全国・全県単位などで科学的知識・成果の普及を目的とするもの。観光志向型は、地域の資料を中心とするが、市民や利用者からのフィードバックを求めない観光利用を目的としたものとする。設立目的の相違によって展示活動の方向性も様々で、当然、これら領域にまたがるものも存在している。

　また、博物館を四類型にわけたものもある。Ⅰ型（収蔵庫化型）は、保存目的の施設であるが、資料の収集機能は一時的で、かつ機能の切断さえもある。Ⅱ型（資料館型）は、宝物館などがこれに含まれ、すでに調査研究が終わっている場合が多く、収集機能は消滅し、保管と展示の相関関係で運営される。Ⅲ型（記念館型）は、社会教育理念よりも研究志向型として根差している。Ⅳ型（博物館型）は、資料の収集、調査研究、資料の整理・保存、教育普及の機能がバランスよく運営されている標準的な博物館とする。博物館の機能に立脚した概念の一案として提唱され[5]、現在、各地にある施設も、これらの枠内で交錯しているのが現状である。

　それ以外にも、①地域社会型博物館、②観光型博物館、③研究型博物館と分類する考えもある[6]。地域社会型や観光型が、一様に研究していないのではなく、然るべき体制がとられている博物館も存在する。職務内容・設置目的に鑑みたステレオタイプの分類は、現代の博物館に当て嵌めようとすると、かえって危険性をともなわないか。今日では、これらを混合した複合的施設が増加傾向にある。

　博物館の機能は、「教育」か「娯楽」か、資料の「保存」か「公開」

か、対象は「地域」か「観光客」か、博物館は「教育施設」か「観光施設」かといったような、二項対立的図式の単純化した議論に行き着きやすい[7]。博物館のカテゴリー分けは、設置主体の舵取りに委ねられていることを考えれば、これを外部から当て嵌めることには違和感を覚える。設置された当初から年数を重ねると、その方向性が変容することはあり得るが、施設のリニューアルはその契機となろう。そこには、地方公共団体であれば、住民の意見も反映されていて然るべきであり、世情や状況を汲み取った行政判断が求められる。

　そうした意味で今日の博物館は、多様性を帯びてきていることはいうまでもない。換言すれば、地域社会に受け入れられつつ、観光客にも利用される、あらゆる顔を持っているのが一般的である。博物館法が制定された当初の設置主体も、想定していたよりは多様化している現状にある。公益性を担保にした博物館運営が多勢にあるなか、本来的に"毛並み"が異なる企業によるミュージアムの設置が顕著となっていることは、これをあらわしている。企業ミュージアムは、活動や運営にも柔軟性がみられ、その活動からみた枠組みとしては、次のことが挙げられている[8]。

　　１．企業が設立したもの。
　　２．生業に関連する資料を保存し、展示し、公開する。
　　３．地域の文化開発に貢献しているもの。

　ここに、企業活動（企業メセナ）の一環としてミュージアムを位置付け、設置主体である企業の足跡を紹介するという点は、歴史系博物館の範疇になるだろう。資料についても過去の製品であったり、現在進行形で創出される"モノ"も含まれ、これを展示公開する姿勢は、博物館活動そのものである。地域の文化開発に貢献するという点も重要で、企業の使命を集約したミュージアムとしての基本的な性格が提示されている。

　企業ミュージアムというのは総称であるが、「史料館」「歴史館」「技術館」「啓蒙館」「産業館」と分類することができるという指摘もある[9]。エネルギーや通信のような公共的な企業は、企業の社会的責任をみる人に理解させようとした「啓蒙館」「産業館」であり、醸造は、企業の特性から古い伝統的機材や史料を設備更新時に「資料館」「歴史館」として一般に

公開している。醸造館のなかでも、ビールは見学コースを持った「産業館」が多く、試飲コーナーもある[10]。

過去と現代、そして未来への架橋という、企業の社会的公器としての役割を企業ミュージアムが担っている。また、社会への貢献という点からは、メセナ的要素をもって博物館の創設と運営に関わっている。企業ミュージアムの特性としては、社会還元との双肩でもある自社への貢献も看過できない。つまり、社会貢献を可視化するツールとして博物館の設置に至っているのである。

自社の歴史を証明する資料の収集は、常に時代に即応しながら刷新を求める企業にとって生命線である。例えば、製品のパッケージにしても、日々、変化しており、古いモノは不要として廃棄される傾向にあった。これをいかに保存し、資料として活用するか。展示公開に至れば、企業の足跡とともに、"老舗"としての矜持を公衆に示すことになる。結果として、長年続いてきたという社歴が、来館者へ信用と信頼を生じさせ、販促にもつながることもあろう。来館者も、年代層によって懐古する機会となり、まさに歴史資料館としての機能を担っている。そこに、日常生活との関連性を通じて親近感を抱かせれば、結果として、企業に利益をもたらし、広報的役割を果たしていることにつながるだろう。

企業ミュージアムだからこそ、新たに生まれる"資料"がある。その精神性は、地域に残る古物にもいえ、設置主体の多様化にともない、生まれる資料も増加する。それを判断する人の専門性や趣向に基づき、様々な価値が与えられていくのである。つまり、ハコ（博物館）・モノ（資料）・ヒト（学芸員）は三位一体で、地域博物館や企業ミュージアムを問わず機能しているのである。

2　新設博物館の現状

次に取り上げる3つの博物館は、筆者が監修として携わったところである。学校法人西南学院が設置主体の西南学院史資料センター、大田区立勝海舟記念館と上天草市歴史資料館は自治体が運営する施設である。これらの施設は、無料かつ低額の入館料であるため、本質的には今日提唱される

"稼ぐ文化財"とは一線を画した施設である[11]。しかし、後者の行政が設置主体の場合、施策によっては、その立場を変えざるを得なくなる。

こうした状況にあって、それぞれの博物館施設がどのような目的で設立されたのか。運営状況からどのような方向性をもち、そして現在地にあるのかを検証していく。設立当初の理念と運営面での現実とを、それぞれ紹介していきたい。

(1) 西南学院史資料センター

学校法人西南学院は、大正5 (1916) 年に南部バプテスト派の宣教師C. K. ドージャーが創設したミッションスクールである。大正10 (1921) 年に造られた西南学院本館は、ウィリアム・メレル・ヴォーリズが建築した赤レンガ棟で、平成16 (2004) 年に福岡市指定有形文化財、同27 (2015) 年には福岡県指定有形文化財（建造物）となった。そして、平成18 (2006) 年に大学博物館として開館（展示施工：トータルメディア開発研究所）、同22 (2010) 年には博物館相当施設となっている。大学博物館では「建学の精神」を伝える場所として、さらに、ユダヤ教やキリスト教に関する展示を行っており、学生はもとより、OB・OG、地域住民、学会参加者などの入館者がみられる。

キャンパス内の各所には、聖書にまつわる植物が植栽されている。これは、ボランティアにより手入れがされて、「聖書植物園」として維持・整備されている。各植物には説明板も建てられており、見学者へのフォローがみられるとともに、時期によって花を咲かせる様子は、多くの来訪者を楽しませている。また、学内で元寇防塁が出土したため、一部を移設して校舎一号館で公開している。大学博物館を核とし、さらに聖書植物園、史跡の元寇防塁を含めて、キャンパス・ミュージアム化を果たした。

こうしたなか、平成28 (2016) 年、西南学院百年館（松緑館）が完成する。これは学院創設100周年を記念した施設で、館内には企画展示室と常設展示室兼ラウンジ（以降、「資料センター」とする）、貸室の会議室やセミナー室、多目的室などを設けた2階建の建物（展示施工：トータルメディア開発研究所）である。1階入り口正面が常設展示室となっており、西南学

西南学院百年館

常設展示室兼ラウンジ

院の歩みを伝える展示コーナー、そして、企画展示室の正面には、西南学院史を映像で振り返るコーナーが設けられている。常設展示室には、創設者「C. K. ドージャーの日記（複製）」を象徴的に独立ケースのなかで展示し、平面のぞきケースでは時系列に学生生活や象徴的な出来事などを紹介する。自校史展示として、将来に向けた展望を持たせる内容となっている。

資料センターの展示コーナーを手掛けるにあたっては、平成18（2006）年に設置された百年史編纂諮問委員会の成果を参考にしている。自校史の調査・研究を紹介する『学院史紀要』が発刊されると、これは平成29（2017）年まで12号続き、『資料センター紀要』、さらにその後継にあたる『西南学院アーカイブ』に引き継がれ、その間、『西南学院百年史』が刊行されている。展示コーナーは、所蔵資料をもとに展示物を構成、『紀要』の内容に基づきながら解説していった[12]。展示コンセプトは、調査研究の成果として公表されている史実に基づき、かつ、100周年以降の学院のあり方（展望）を意識したものである。また、企画展示室では、1年に1度以上、西南学院に関連するテーマ展を実施できるようにハード面を整備した。

こうして新設された資料センターは、既存の大学博物館との連携が不可欠であろう。大学博物館にもC. K. ドージャーに関する展示室があり、両施設を架橋する活動が期待される。また、聖書植物園や元寇防塁を含め、キャンパス・ミュージアムの一拠点ともなり得ることはいうまでもない。資料センターには事務職系のアーキビスト、大学博物館には教員系列の学芸員が置かれているため、いかに連携を図っていくかが課題として挙げら

れる。しかし、両者とも現在、任期制のポストのため、中長期的な計画は困難であり、博物館活動の継続性を考えた場合、問題は山積している。

　資料センターの主たる利用者は、OBやOGが多いだろう。これは、設立する際の趣旨にも則っており、気軽に立ち寄ることができる"懐かしむ場所"としてつくられている。これに関連して、自校史教育の拠点にもなっている。大学では学部共通の「西南学院史」が開講されており、在学生が資料センターで学習する機会が提供されている。少なくとも在学中に一度は訪れる場所となっており、開講科目と紐付けられたことによって、機能的な集客となっている。卒業してからも、受講した人たちがいかに戻ってくる場所となり得るか、その存在意義が問われる。一般的な集客とは異なり、学院の精神的支柱としての活動が重要であり、大学のキャンパス内にあることで、それ以外の附属校を取り込む努力が求められる。

　そのためには、アーキビストの創意工夫した取り組みはもとより、運営委員会による適切な助言などが重要であろう。自校史教育に限ってみれば、校内の活動となってしまう懸念がある。将来を展望する施設という当初の使命を遂行するためには、西南学院という保育園から大学院までの一貫教育である強みを活かした事業や広報展開が望まれる。受験生の確保は私立学校の使命である以上、外部への魅力ある発信が求められよう。内向きの活動にならないよう、運営委員に外部識者を招くことも方策のひとつといえるだろう。

（2）大田区立勝海舟記念館

　大田区立勝海舟記念館（展示施工：トータルメディア開発研究所）は、文字通り、勝海舟にスポットをあてた施設で、海舟夫妻の墓地にほど近い場所にある。元々は、清明文庫（鳳凰閣）という、海舟が没した後、別荘である「洗足軒」や墓所を保存・管理するほか、海舟に関連する資料を収集するために、昭和8（1933）年に財団法人清明会が洗足軒に隣接する形で建てた洋風建築である。建物は、平成19（2007）年に国登録有形文化財となり、令和元（2019）年に勝海舟記念館として開館した。ここは、特定個人を取り上げた施設のため、何が展示されているのか極めて明瞭な博物館

であることはいうまでもない。

特定個人を取り上げた博物館施設は以前から存在する。棚橋源太郎は、欧米諸国を歴訪するなかで、科学者や発明家、文豪、芸術家、政治家、軍人等で、社会、人類に最大な貢献をした人物を記念するための博物館がいたるところにみられると紹介する[13]。こ

大田区立勝海舟記念館 外観（大田区立勝海舟記念館 提供）

こでは関連資料を展示することで、事績などを紹介し、その形態は偉人顕彰として位置付けられている。「文豪ゲーテ博物館」は国立博物館として1937年に公開、「シェイクスピア誕生の家」は2棟の家屋と庭園からなるところで、これを1847年に国民的保管財団が買収、その後、正式に法人となり管理されたという[14]。さまざまな形で"偉人"の遺物や関連資料などが収集、保管されてきており、現在に至っているのである。

大田区立勝海舟記念館を開館するまでには、筆者自身、平成28（2016）年6月1日付（28観文発第10194号）で「（仮称）勝海舟記念館（旧清明文庫）整備事業検討委員会委員及び史料収集評価委員会委員」の委嘱を受け、ここに東京都江戸東京博物館と公益社団法人洗足風到協会の関係者も加わり、協議が重ねられていった。勝海舟の玄孫である勝芳邦氏（故人）も委員で名を連ね、主たる資料を所有される芳邦氏の意向を尊重する形のミュージアム構想だった。決して偉人として顕彰するものではなく、確かな史実を紹介して、来訪者各人に考えてもらう展示内容とし、地域の子供たちにも親しまれる施設となるように願われていた。しかし、開館を前に芳邦氏が急逝され、その遺志を引き継ぐ形で展示計画が進められていった。故人の想いを尊重しつつ、記念館の主要な所蔵品である勝海舟コレクションが一括管理されているのは、他地域では類をみない。

勝海舟記念館で所蔵されるのは、"勝海舟ゆかりの品"といえばすべて

大田区立勝海舟記念館 印章コレクション展示（大田区立勝海舟記念館 提供）

を物語る。彼の"人となり"に資料を通じて迫っている。そこには、自身が学習した語学テキストやノート、長崎海軍伝習所で学んでいた時のものや、咸臨丸で太平洋横断を果たした時の航海道具など、多岐にわたる。海軍伝習の教官から贈答品として受け取ったものなども含まれ、海舟の人的交流の広さや好奇心旺盛さがうかがわれる。

　江戸時代の文人であり蔵書家の木村蒹葭堂は、自らを「余嗜好ノコト専ラ珍書ニアリ。名物多識ノ学、其他書画碑帖ノコト、余微力カトイヘドモ、数年来百費ヲ省キ収ル所書籍ニ不足ナシ。過分トイフベシ」と述べるように、珍物奇物の蒐集、「無類の珍奇コレクター」としての性格がある[15]。勝海舟コレクションからはこうした傾向も多少みられるが、主として人とのつながりを前提にした資料群である。また、海舟の政治家かつ文筆家としての側面を示すものが多いのも特徴として挙げられよう。

　"多才"かつ"多彩"な人物をわかりやすく紹介するため、導入部分には、言葉（名言）から紡ぎ出せる"海舟ブレイン"のコーナーを設けている。時代の転換を最前線で生き抜いた言葉には含蓄があり、現代人の胸を打つ。これを海舟展示の象徴的なものとして設けたうえで、関連資料を展示している。資料調査が進められる過程で明らかになったことを随時、発信するためのブースを設置し、常設展示に更新性を持たせるとともに、企画展示では、これを発展させた展示活動を展開している。また、勝海舟の事績として代表的なものに太平洋横断がある。これに関する資料のほかに、映像コーナーで、臨場感のある演出を提供する。

　勝海舟記念館の特徴は、旧清明文庫という歴史遺産を展示空間に仕立てたことにある。そのため、建物の良さを活かし、玄関ホールにはモザイク・タイルの床、階段も当時の状態を保っている。二階講堂も当時のまま

に近い形で維持されており、開放感の中に重厚感も同居している。ここには、隣接する洗足池の説明のほかに、海舟がコレクションした印章を展示する。印章を単に平面的に展示するのではなく、ボタンを押すと印影が浮かび上がるようにしている。2階講堂という多目的な空間を補うため

勝海舟夫妻墓地

の仕掛けだが、海舟の意匠の詰まった様々な印章は、来館者にも好評と聞く。

　勝海舟記念館の活動のなかには、地域の小学校と連携した取り組みもあり、設立当初の目的が着実に履行されている。大田区で展開されているバーチャル・ツアーにも入っており、来館の動機付けへの工夫もみられる。また、さらなる来館者を取り込むために、全国各地にある海舟ゆかりの地をデータ・ベース化する。大田区職員はもとより、地域住民、全国各地からの来館者を含めて作り上げる"一体型展示"のコーナーを開館当初から設けている。勝海舟という極めて明快なテーマ性のなかで、多くの人たちに情報を発信し、幅広い層に受け入れてもらえるのか。基本かつ多角的な取り組みが行われることで、今後の展開も期待できる。

　そして、勝海舟記念館は、海舟夫妻の墓地、そして風光明媚な洗足池に隣接する。これらを導線上に位置付けた、"フィールド・ミュージアム"の一拠点として機能することができるであろう。勝海舟記念館は立地的には、洗足池駅から少し離れた場所にあり、目につきにくい場所にある。洗足池に訪れた人たちの動線に組み込まれることで更なる発展性が見込める。勝海舟記念館は建物の価値を活かし、展示資料も門外不出の海舟ゆかりの品々を有しており、将来的に発展する可能性は極めて高い。これをどのように運営していくのか、行政の手腕が今後試される。

(3) 上天草市歴史資料館

　上天草市歴史資料館は、「上天草市本と歴史の交流館　イコット」（以下、イコット）の２階に設けられた通史展示室とデジタル・コンテンツ、企画展示室、収蔵庫などを有する施設である。イコットは、令和5（2023）年10月1日に開館した図書館・博物館一体型で、"天草四郎ミュージアム" と隣接し、"道の駅上天草市さんぱーる" が道を隔てた正面にあり、上天草市で観光客が立ち寄るスポットに位置する。

　上天草市歴史資料館は、いわゆる通史展示に相当する。地域博物館では、地質時代に始まり、原始・古代から中世・近世へと進んで、近現代のコーナーへと至るのが一般的な流れで、民俗資料は近代、動植物は現代の部分に組み込まれることが多いという指摘があるが[16]、歴史資料館は、歴史系展示を採り入れた。通史解説の基本となったのは、市が取り組んできた『上天草市史』である。平成26（2014）年から令和4（2022）年までかけて刊行され、原始・古代から近現代、民俗、金石文、自然編、近世資料集で構成される。いわば、歴史系博物館の王道の展示となっており、あわせて、映像コンテンツで、理解を促している。

　歴史資料館の展示（展示施工：丹青社）は、原始・古代から近現代までを取り上げるが、特に、文化財保護や連携事業のコーナーを常設したことが特筆すべき点である。上天草市には、天草四郎ミュージアムという観光施設はあるが、地域博物館はなかった。そのため、地域資料の保護がこれまで十分なされておらず、市史編纂の調査のなかで、新たに古文書が見つ

上天草市本と歴史の交流館　イコット

上天草市歴史資料館・展示風景

かったという経緯がある。そのため、イコットの建設は上天草市の文化財行政の一画期といえ、資料を次世代に繋ぐための重要施策と評価できる。常設展示室に文化財保護のコーナーを設けたことは、この意識が脆弱だった市民、そして来館者への教育的効果を期待してのものである。そこに、遺物と古文書のハンズオンコーナーを設けて、資料をより身近に感じてもらえるよう配慮した。

上天草市の歴史的逸品コーナー

　基盤となる社会教育施設がなかった上天草市において、実物教育の重要性を伝える構成となっている。そのひとつが、描かれているものの"実物"を展示していることである。江戸時代、罪人を捕縛する際に使われた捕縛道具に、突棒・袖搦・刺股（三道具）がある。これは時代劇などでもみられるため、見聞きしている人も多いだろうが、突棒と袖搦は砥岐組大庄屋（現在の上天草市樋島）を勤めていた藤田家に現存していたものである。そこに、刺股（個人蔵）を加えて、三道具を並べて展示、その横にグラフィックで『徳川幕府刑事図譜』の捕縛場面を載せている。実物と絵画資料が一致するということを、視覚的に体感させる展示手法を採り入れ、いわば、来館者への追体験を促すものである。展示資料のメインは近年見つかった砥岐組大庄屋の藤田家文書で、そこには多くの司法に関する文書が含まれている。文化や慣習、生活などの"日常"展示を対面に据え、犯罪という"非日常"空間とが交錯する実体社会を演出した。時代劇などでよく知られている資料だからこそ訴求力も高いだろう。

　また、常設展示室にあえて連携事業のコーナーを設けているのは、館蔵品ばかりでなく、近隣自治体や市民、大学と協働しながら教育普及活動を行うことを想定している。内向きの博物館活動ではなく、広い視野を持った企画運営をすることが将来的に求められよう。そこで、連携事業コー

上天草市歴史資料館・デジタルコンテンツ

ナーを設けることで、不断ない調査研究を促し、外部との連携意識を常に持つことを職員間で意識させ、"進化する博物館"として機能させなければならない。

　さらに、展示室内に「上天草市の歴史的逸品」という小コーナーを設けている。ここは、新しく発見された古文書を整理していくなかで、学術的価値が高いと判断されたものを展示するところである。開館時は、『御役所触留帳』という、明治2（1869）年のキリシタン統制などについて記したものを展示している。これは、天草市所在の世界文化遺産である﨑津集落に通じる資料で、マスコミにも取り上げられた[17]。このように、調査した成果を定期的に公開、発信することで、リピーターの確保、展示の質の向上につながる。これに、企画展を兼ね備えることで、飽きのこない博物館活動が期待でき、前述した勝海舟記念館と同様の仕組みを採用した。

　実物展示で展開できなかったのが、市域の自然に関することである。歴史系博物館であるため、常設展示に組み込めなかった事情があるが、市史では取り上げられるテーマであり、不可欠な情報である。自然は我々にとって身近なものであって、日々感じうることのできるテーマ性がある。

そこで、常設展示に組み込むために、デジタル・コンテンツ（施工：ノムラメディアス）で紹介している。市史に記載されている内容をもとに、上天草市の動植物、昆虫、海中生物など、イラストや写真を駆使し、そこに解説を施し、現地へ赴く動機となるように工夫している。
　歴史資料館は何より、イコットという図書館併設型であることが特徴である。図書館の利用者に対して歴史資料館への導線が敷かれ、その逆も然りである。書籍で疑問を持った内容が歴史資料館に展示されていることもありうるし、歴史資料館で抱いた疑問点を図書館で調べて解決することが容易にできる。いわば図書館と博物館は相互関係にあり、利用者にとっても利便性が高い。各地方公共団体で財源が十分とはいえないなかで負担も抑えることができ、中小規模の自治体では有効な施設といえる。
　図書館や公民館といった社会教育機関との連携が唱えられて久しい。それは、博物館法が掲げる「社会教育法の精神に基き」に従えば、これらは社会教育法が定める「主として青少年及び成人に対して行われる組織的な教育活動」として、活動そのものがここに包摂されるためである。以前から多くの市町村で、まず図書館を建てて、その後に博物館をというケースが多く、博物館と一体化した複合館として建設されることが望ましいという意見もあった[18]。歴史資料館はこれを満たすものであり、隣接する天草四郎ミュージアムや道の駅、さらに、敷地内には遊具も設けられており、子どもから大人まで、そして市民以外を含めて広く利用を促すことが可能な環境にある。
　課題としては、歴史資料館の立地にある。天草への玄関口でもある大矢野に設けられたイコットは、上天草市域全体に人流を生む拠点とならなくてはならない。市域でも遠方にあたる松島町や姫戸町、龍ヶ岳町への人の移動を促すための情報提供の場とし、現地でもこれをフォローする展示事業等を展開することが重要である。天草市へ向かう幹線道路から外れている地域へ波及する取り組み拠点としての機能が求められる。
　天草市・苓北町を含めて2市1町から天草はなるが、江戸時代は、区別なく総じて幕領という歴史がある。上天草市は天草の玄関口に位置する自治体であり、果たすべき使命は大きい。2市1町に人流を環流させるため

の"拠点"として期待される。新しい博物館であるがゆえ、挑戦的かつ将来的ビジョンを見据え環境が整えられたといえよう。

　以上、展示監修した3館の博物館をみてきたが、それぞれ異なる性格を持っている。地域博物館の展示とは、地域に寄り添ったものでなくてはならず、人類の足跡と環境、慣習、文化とを網羅し、立体的に描くことにある。日本人のアイデンティティは地域博物館の地域展示運動によって醸成されていくという見方もできる[19]。これは、大学博物館にも同じことがいえようが、そこには確固たる調査研究に裏打ちされた成果が必要である。研究成果を担保とした展示をいかに発信していくのか。観光志向型との調整を図りながら、多くの層への興味を惹きつける仕掛け、そして、時流を見極めながら博物館活動を展開していくことが学芸員には求められる。

3　博物館活動の多様化

　学芸員は、資料収集にあたり、自分の専門性や関心のある分野だけに限定することなく、住民のニーズを把握することに努めて、広い見識を持つことが必要である。学芸員の資質により、資料の収集や研究内容は大きく左右され、展示手法によって博物館の"顔"も変わってくる。専門性を担保とした博物館の方向性のもと、近隣分野への不断ない関心を持ち続けなければならない。博物館運営の屋台骨ともいえる学芸員は、専門性と広い視野に立ち、同業者や博物館産業、マスコミ、地域住民などに向き合っていかなくてはならず、コミュニケーション能力を持ち合わせた活動を遂行していくことが大事であろう。

　特に、公立博物館の場合には、学芸員の偏見性を最小限にするため、博物館協議会などのように、住民意見が反映されるような機会を積極的に設けることが求められている[20]。学芸員の資質によるところは、資料収集だけに限らず、博物館運営全般に波及することであるが、住民の意見を反映させる姿勢は地域博物館には特に必要である。これは、地域社会に根差す以上、不可欠であり、さらに専門的知見を有する識者で構成される協議会などの設置は必須となる。博物館法第23条「公立博物館に博物館協議会を

置くことができる」とあるのはそのためで、博物館の運営に関して、館長の諮問に応じるとともに、意見を述べる機関として重要である。ある種、博物館が社会から孤立しないために必要な措置である。住民意見と専門意見との取捨選択、調整を行うことも学芸員の能力のひとつとなろう。

　博物館が地域の文化拠点である以上、その事業には継続性が求められる。一過性のもので終わってしまっては、教育機能ばかりか、研究機能も低滞してしまう。指定管理者制度が導入されている博物館では、学芸員の身分が不安定となっており、長く在職しない（できない）制度は、地域住民や同業者からの信用・信頼を得られない[21]。博物館が地域に受け入れられる前提には、住民からの理解と博物館への信用が必須である。新しくつくられた博物館であれば、地道に継続的な活動を心掛け、地域と共生していく努力が求められる。そのためには、地域社会における積極的な調査活動、住民への教育普及、さらには協働の形態に発展できる体制的な取り組みとなることが理想である。

　かつて、フランスの国家事業に「総目録」化という活動があった。これは、①地上にある標定可能なものをすべて、それらと関わりをもつ人びとの意識に啓蒙するやり方でもって特定すること。②建物や美術品を、国民的な記憶に導入するようなやり方で、最も高性能な技術を駆使しながら研究し、分類すること。③作成された「索引データを活用」し、更新された資料を、行政、地域開発事業の調査、地域と国の歴史、教育、レジャー等に提供することというものである[22]。こうした国家的な取り組みをいかに、地域の実情に則して落とし込めるか、自治体規模に応じた形式で実施することが求められよう。

　地域博物館とは、そこに生活する人々、一人ひとりの問題関心や生活課題に、市民とともに博物館の機能を通して応えていく立場にあり、学芸活動自体を社会的契機に包含させ、学芸活動を社会的に開放していくことが提唱されている[23]。つまり、地域が抱える課題を市民自身が主体となって取り組むことが基本であって、地域博物館の役割は、市民自治の原則を、博物館機能を通して育み、支えていくことである[24]。そこには地域住民と自己学習能力を刺激し、そして育み、自分自身で発展させていく力量の形

成を図ることを課題としている。この考えは、今日でも揺るがない、地域博物館の役割として評価できようが、そのためには、地域全体の歴史や文化、美術、芸術などを網羅するソフト面とハード面の充実が求められる。これを果たすためには、何よりマンパワーが必要であろう。

このマンパワーをどのように確保するか。単一自治体だけでは、限度がある取り組みも、複数館が連携することによって、プラスαの成果が発揮できる。それは、結果として、展示の質的向上や教育的効果が高まることに繋がる。また、広域への広報活動も期待され、連携がもつ可能性は極めて高い[25]。当然、負担の増大というデメリットもあるわけだが、メリットと比較してプラスになると考えられるのであれば積極的に行うべきであろう。それは、学芸員自身のメリットだけではなく、博物館活動、地域住民への視点に立って判断すべきである。そのためには、共同調査などを実施するといった組織的な作業が生じるが、その基底にあるのは、学芸員の専門性とコミュニケーション能力であろう。学芸員が持つ"矜持"を良い形で発揮できる組織作りが必要である。

このように、マンパワーが強く求められる今日の博物館だが、学芸員を助けるべきツールがデジタルである。博物館資料のデジタル化は、近代博物館から現代博物館へと昇華していく過程で重要な手法となった。資料のデータ管理は、広く利用に供することを可能にしたばかりか、保護の観点からも重用されている。サイトにアクセスすることで、現地に訪れなくても"モノ"に触れているかのような感覚でいられることに加え、実物資料の閲覧回数や利用を制限できることは、資料への負荷を減少させ、結果として保護することにつながるのである。

近年、博物館活動で求められる資料の活用、これに相対する保存の両輪をデジタルが担っている部分が大きい。デジタルアーカイブも近年では、高精細画像化や３Ｄ駆動が進んでおり、質の高い利用に供するようになってきた。それは、利用者がより近くで資料を見ることができるまでになっており、目視よりも多くの情報を得られるようになっている。資料の描写方法や文字情報さえも、よりクリアに確認できるようになってきた状況は、これまでデジタルが担ってきた資料の補助的役割を超えるレヴェルに

到達したと評価することができよう。

　こうしたなかで、近年、博物館の運営形態としてもデジタルミュージアムを取り入れている自治体が増えてきている。デジタルミュージアムは、みせ方として現実の博物館を凌駕することもある。過去の再現を実物資料だけで展開することは不可能である。実物の外観という今の「リアル」は博物館で見せることができるが、タイムマシン的に時間をさかのぼって過去の「リアル」に変化していくなどというみせ方はバーチャルミュージアムでしかできない[26]。時系列的な変化を含めて、デジタルミュージアムだからこそ可能な展示手法は、現実の博物館と相互関係にあるべきで、異なる目的での利活用を通じて、教育的効果が得られ、利用者の満足度も高められよう。

　デジタルミュージアムは、デジタルアーカイブの整理を前提としている。そこでのメリットとして、①保存の際、情報の損失が全くない。②資料の活用に際して、資料が全く劣化しない。③情報の伝達が即時的である、ということに集約される。さらに、"知の開放"のため、①収納物がオープン、②誰にでもオープン、③場所と時間にオープンが挙げられている[27]。博物館で弊害とされてきた課題の解決を促すデジタルミュージアムが担う役割は、技術の進歩にともなって大きくなってくるだろう。

　そこで、具体的な取り組み事例を２件紹介しておきたい。船橋市（千葉県）には、郷土資料館や飛ノ台史跡公園博物館といったミュージアム施設がある。そのほか、図書館にも郷土資料が保存されているなど、市内各所で分散して管理されていた。そこで、船橋市デジタルミュージアムが開設され[28]、一括して公開されている。「船橋の地図から探す」「時代から探す」「船橋を知るためのキーワード」「資料を楽しむ」、さらにカテゴリーからも選択でき、目的に応じた利用が容易にできる。動画もアップされており、利用者の理解を深めることができるコンテンツが用意されている。現地へ訪れる前に自宅や職場である程度閲覧でき、情報を得られることは、事前調査として活用でき、また、気軽に芸術に触れる機会を提供している。さらに、利用者が現地へ訪れる動機付けにもなるため、有効な施策といえよう。

大網白里市（千葉県）でのデジタルミュージアムの取り組みも先進的である[29]。大網白里市は、博物館や美術館などの施設を所有しておらず、資料を活用する場がなかった。そこで、「いつでも・どこでも・無料」で活用できるよう、インターネット上で公開を始めたという。「館を持たない自治体が提案する本格的デジタル博物館」をコンセプトに平成30（2018）年にスタートし、前述した船橋市とは異なるデジタルミュージアム構想といえよう。"ハコ"をweb上に求めるという発想の転換であり、逐次、更新可能で、管理も比較的容易であろう。博物館の基本に則り、資料の「収集」（＝情報の集約）・「保存」（＝現状の記録保存）・「調査・研究」（再分類・ストーリー化）・「展示」（情報の発信・公開）を行っており[30]、現実の博物館活動に倣った事業が展開されている。なお、大網白里市デジタル博物館は、令和6（2024）年3月29日に登録博物館になった。

　「美術館」「博物館」「資料室」という"3館"に加え、市の紹介がメインコンテンツである。また、子供を対象とした「子ども考古学教室」は、遺物の写真を掲載することに加え、漫画調での解説もあり、大人にも興味を惹かせる内容である。解説文も詳しく、3Dビュアもあるなど、実際の展示空間では困難と思われるデジタル故の高精度な展示手法が駆使されている。また、市民協働の企画である大網白里市ふるさと美術展もデジタルミュージアムで展開するなど、活動そのものは、現実にある美術館と遜色がない。学校との連携もみられるなど、一般の博物館の取り組みとかわらない。コロナ禍で北海道博物館が行った"おうちミュージアム"の先駆的なものともいえ、実際に、アクセス数も1.9倍になったという[31]。

　一方で、博物館や美術館が人流を生み出し、都市を形成する点に鑑みれば、デジタルミュージアムによる波及効果をどこまで延伸できるのかが課題であろう。文化財活用には、観光振興を担う期待が日々高まっている。文化施設の至上命題になりつつある現地へ訪れることによる経済効果を含めてどのように解消させていくのか工夫が必要であろう。また、web公開することにより資料の保護には秀でる一方、原資料の保存は然るべき環境で行われているのか。大網白里市に文化施設がない以上、相応の保存環境を設けることが必要であり、それは、市での"リアル"な資料収集方針

にも関わってくる。また、実物をみたいという利用者の欲求にどう答えていくか。その環境整備が求められる。

博物館は市民同士の交流を生む社会教育機関でもあり、webに限定することのデメリットもある。その代表的なことが、デジタル弱者へのフォローで、これをどのように解消していくのかも課題として挙げられよう。生涯学習に参加する層を考えて、前広に調整していかなくてはならない。

おわりに

今日、多種多様な博物館がつくられているが、設置主体の相違により、役割や使命も一様ではない。アミューズメント性の高いもの、地域や組織の歴史や文化に根差したものなどバラエティに富む現実は、文化活動に幅が出てきたものと評価できる。従前の郷土博物館や美術館からの枠を超えたエンターテインメント性の高い文化施設の創設は、結果として、博物館界の向上につながるだろう。館種の増加は、それぞれに相乗効果をもたらし、かつ、利用者としても選択肢が増え、目的に応じた利用が可能となる。そこには、先人たちが築いてきた博物館が、時流にあわせて成長してきた証左でもある。

博物館が持つ公共性は、社会的機関としての役割を果たすことにある。博物館は完成が到達点ではなく、始点に過ぎない。いかに、地域社会と共生しつつ、あらゆる層への社会教育機能、観光客を含めた来訪者への教育活動、広報活動の展開を充実させていくかが重要である。結果、博物館の活動を通して、自己教育力を身につけ、その学習や文化創造の成果が、将来なんらかのかたちで、地域や博物館に蓄積され、社会的に還元されていくという展望があることが、博物館の存在意義である[32]。社会が形成されるなかで、人類の精神的支柱を博物館に求められるように、活動を通じて民度を高めていくことが必要である。

来館者への対応をどのようにするか。この問題も博物館界全体で考えていかなくてはならない。文化行政のあり方が、資料の積極的活用、そして、インバウンドを求める傾向にあるなかで、外国語表記の問題は常に付きまとう。かつて、「外国語の案内は基本的には必要ない。外国人であっ

ても、日本のことを知りたくて日本の博物館を訪れているのである。日本語を知ってもらうことも博物館の役割で、むしろ綺麗な日本語、その形や表記の仕方などを工夫したい。外国人に日本語を学んでみようという気を起こさせる。正しく適切な日本語を使う、これも博物館人の役割であり、倫理である」という指摘もあった[33]。

　これは極めて理に適った指摘であり、博物館が外国人来館者に示す姿勢のひとつとして評価することができる。その一方で、滞在期間が限られている外国人に対しては、知ってもらうための機会を逸してしまう危険性が同居する。コロナ禍を経てインバウンドへの期待が上昇傾向にあるなかで、きっかけづくりとしての最低限の外国語表記は必須であろう。そして、学芸員も語学のスキルを身につけることが必要で、より、高度な専門性を追求されている。研究（資料の収集と保存を含む）と教育（社会教育機能）、さらに観光客への対応など、専門性の向上と接遇力の両輪を担う、高い"人間力"が求められる。

　博物館の多様化は、学芸員の能力に裏打ちされるものである。自身の専門性を担保とした幅広い能力が必要になるが、さらに、日本人・外国人への対応を含めて、以前よりも高度な活動が期待されている。博物館は、"過去と未来への架橋"となる場所でもある。これからの博物館に求められる活動を予見し、それを具現化するための見通す力も現場では重要である。そのためには、前述したような博物館史を理解しておくことが肝要で、不変の部分を正しく享受するとともに、時世を見極めた活動を展開していかなくてはならない。

[註]
1　後藤純郎「万延元年遣米使節と博物館」（『教育学雑誌』第24号、1990年）5〜8頁。
2　田村栄「博物館の陳列法」（『読売新聞』7月25日、1893年）。なお、ここでは青木豊編『明治期博物館学基本文献集成』（雄山閣、2012年）の93〜94頁に従った。
3　伊藤寿朗「地域博物館論―現代博物館の課題と展望」（長浜功編『現代社会教育の課題と展望』明石書店、1985年）242〜245頁。

4 伊藤寿朗「地域博物館論―現代博物館の課題と展望」(前掲書) 262～263頁。
5 加藤有次「わが国の博物館の概観と設立状況」(加藤有次編『博物館学講座 第3巻』雄山閣、1980年) 9～11頁。
6 浜田弘明編『シリーズ現代博物館学① 博物館の理論と教育』(朝倉書店、2014年) 157～158頁。加藤有次の考えとして挙げており、博物館を取り巻く地域社会が存在することを訴える。
7 金子淳「博物館と文化財をめぐる政策的動向」(『月刊社会教育』No.762、2019年) 10頁。
8 諸岡博熊「企業の文化活動からみた企業博物館」(『日本ミュージアム・マネージメント学会研究紀要』創刊号、1997年) 5頁。
9 星合重雄「日本の企業博物館の動向について」(『レコード・マネージメント』No.48、2004年) 60～61頁。
10 星合重男『企業博物館戦略の研究』(コニカ株式会社、1994年) 3頁。
11 "稼ぐ文化財"の提唱者として知られるのが、小西美術工芸社社長のデービット・アトキンソンである。ゴールドマン・サックス証券会社から転じており、観光立国論を掲げ、有識者会のメンバーを多く務める。
12 例えば、「日曜日問題」については、寺園喜基「西南学院の「日曜日問題」をめぐって―自校史研究の一事例」(『西南学院史紀要』Vol.5、2010年) を参考にしている。
13 棚橋源太郎『世界の博物館』(大日本雄弁会講談社、1947年) 76頁。
14 棚橋源太郎『世界の博物館』(前掲書) 76～83頁。
15 内川隆志「博物館資料の収集史」(青木豊編『人文系博物館資料論』雄山閣、2012年) 65～67頁。
16 浜田弘明編『シリーズ現代博物館学① 博物館の理論と教育』(前掲書) 52頁。実務上も時系列に沿った資料配列が最も楽であり、学校教育の立場からも通史展示の要望が強いのも事実とする。
17 熊本日日新聞2023年9月1日朝刊、社会面など。
18 村上義彦『地域博物館概論』(雄山閣、1997年) 31頁。
19 吉田優「地域博物館の展示調査」(『明治大学学芸員養成課程紀要 MUSEUM STUDY 20号』2009年) 17～18頁。
20 金山喜昭『博物館学入門―地域博物館学の提唱』(慶友社、2003年) 111頁。
21 安高啓明「非常勤学芸員に関する諸問題」(『博物館研究』44巻11号、2009年) 3～6頁。
22 西野嘉章『博物館学―フランスの文化と戦略』(東京大学出版会、1995年) 62～63頁。基本的に膨大な量の情報を管理することを眼目とすると評価し、

文化財の保護と保存に力を入れている「歴史建造物」の仕事と性格を異にすると指摘する。
23 伊藤寿朗「地域博物館論—現代博物館の課題と展望」（前掲書）262〜264頁。
24 伊藤寿朗『市民のなかの博物館』（吉川弘文館、1993年）159〜160頁。
25 安高啓明『歴史のなかのミュージアム—驚異の部屋から大学博物館まで』（昭和堂、2014年）、216〜220頁。
26 坂村健「デジタルミュージアム」（坂村健編『デジタルミュージアム』東京大学総合研究博物館、2000年）16頁。
27 木村衡「『デジタルミュージアム』と地域博物館」（『博物館問題研究』No.27、2000年）2頁。
28 https://adeac.jp/funabashi-digital-museum
29 https://adeac.jp/oamishirasato-city
30 武田剛朗「大網白里市デジタル博物館の公開について」（『千葉史学』73号、2018年）15頁。
31 武田剛朗「デジタルミュージアムと地方史研究の関係性—大網白里市デジタル博物館の事例より」（『地方史研究』70巻5号、2020年）89頁。
32 伊藤寿朗『市民のなかの博物館』（前掲書）184〜185頁。市民を対象とした言及だが、これは、あらゆる層への展望として評価できる指摘である。
33 水藤真『博物館学を学ぶ—入門からプロフェッショナルへ』（山川出版社、2007年）25頁。

レポート3

台湾のキャンパス・ミュージアム
——台湾大学と成功大学

　かつて、日本の統治下にあった台湾には、日本の教育システムや建築技法などが導入され、戦後も建物の一部は保存され、今でも活用に供している。これは、大学においても同様で、博物館施設として開放しているところもある。国立台湾大学や成功大学はそれを代表し、点在する施設・史跡をまとめてキャンパス・ミュージアム化し、在校生ばかりでなく、地域住民、観光客へも公開している。台湾史を語るうえで不可欠な歴史的建造物をどのように管理、維持していくのか。その方針を早くから見極めていたことが今日の大学博物館の活動に反映されている。

　歴史のある大学には、伝統的な校舎や遺構がキャンパス内に残っており、なかには文化財に指定されている物件もある。台湾の歴史には、日本に統治された時代（1895～1945年）があるが、その時の遺産を保存・管理、そして利活用している。国立台湾大学（台北市）は、昭和3（1928）年の日本統治時代に創立された台北帝国大学からの系譜がある。終戦にともない中華民国政府が接収し、国立台湾大学となったが、今日に至るまで、珍しく貴重な学術標本、文献資料、文物を所蔵している。

　キャンパス内には、台湾大学行政大楼（1928年）、台湾大学文学院（1929年竣工・井出薫設計）などが現存しており、これらは、市定古蹟と

台湾大学正門

169

椰林大道

なっており、現在でも使用されている建物である。こうした、日本統治時代の建物を保存・活用していることにあわせて、社会科学部棟は伊東豊雄氏が設計して、2013年に竣工しており、新旧の"日本式"建造物がキャンパス内で同居している。

　国立台湾大学は、キャンパス・ミュージアム化に取り組む先進的な大学のひとつである。キャンパス内には前述したような古い校舎が点在しており、これらを博物館群に位置付け、看板を掲示して周遊を促している。「台湾大学博物館群」として、2007年11月15日に正式に発足、2021年には、美術館が正式加入し、現在、その数は11館に及んでいる。博物館群の機運を高めるとともに、一体的な取り組みになるべく、共通ロゴが作成されており、ここには各館相互に親和性が見受けられる。

　台北帝国大学時代の正門を通り抜けると、日本統治時代への回帰を彷彿とさせる情景が広がっている。「椰林大道」が貫く先には、現在の「総図書館」がある。

　また、博物館群のコア館に位置付けられる「校史館」は、かつての「総図書館」(1929年)で、"学問の自主と自由な校風"という建学の精神の拠り所とされていた。2007年11月15日に「校史館」として開館、ここでは、大学の歴史を伝える資料を収集、展示するとともに、学内の博物館群の紹介を行っている。「校史館」は博物館群のコア館かつ、導入館でもあり、ほかの施設への周遊を促す拠点となっている。

　館内には特別展室が設けられ、

校史館

時宜に応じた展覧会が開催されている。スタッフにはボランティアもおり、学外からの来館者を意識した人員配置が行われている。「校史館」に併設、館内で行き来が可能な「人類学博物館」がある。「民族学展示室」には常設展示があり、「特展室」では、最新の研究成果を公開している。

このほか、学部棟に相当する建物でも展示公開されている。例えば、「物理文物廳」には、物理の実験で使用する用具類が展示されており、今日に至る物理研究の変遷の理解を促している。また、「動物博物館」でも、出入口部分に展示コーナーが設けられ、骨格標本などが立体的に配置され、来館者の目をひく。これらは、小さいながらも学部教育に関連する展示活動で、博物館群に加わったことにより単体では難しい周遊性を可能としている。しかし、特別展示を実施できるスペースがなく活動が制限されるため、リピーターの確保には課題を残す。

これ以外に、「植物標本館」・「昆虫標本館」・「農業陳列館」・「医学人文博物館」・「檔案館」（アーカイブスセンター）・「地質標本館」といった施設が学内に設けられ、前述したように「美術館」が新たに加わり、博物館群は充実の途にある。台北帝国大学時代からの文物を継承しながら、学術標本を用いた博物館活動が展開されている。また、「農業陳列館」では、台湾大学が製造している食品などを販売している。実験場などを抱えるが故に可能な台湾大学のプライベートブランドであるが、今日の研究成果の到達点と評価できよう。ここには、学内外からあらゆる層の人々を取り込むことができており、広報的効果も高い。

前述した「医学人文博物館」は、台湾大学のメインキャンパスから離れているが、台湾の医学教育の最古の学校であり、歴史系博物館として整備されている（起源は1897年に日本が台北病院に医学研究センターを設けたこと、1899年に「台湾総督医学校」が設立）。建物は近藤十郎が手がけた後期ルネサン

農業陳列館

医学人文博物館

ス様式の2階建ての赤煉瓦造りで、1904年に建築され、1907年に増築された。

　医学部の精神的な象徴として、修復・保存するために、卒業生などから資金を募ったという。こうして1998年に開館するに至り、医学史の展示を通じた親睦の場、過去と未来をつなぐ教育機能を有した施設となった。なお、「台大医学院旧館」として市定古蹟となった「医学人文博物館」は、台湾大学博物館群に組み込まれたことで、メインキャンパスとの一体的な周遊を可能とした。

　また、"台湾蓬莱米の父"と称される磯永吉の研究室（磯永吉小屋）が当時の日本式建築物の様式を保ちながら残っていたものの、老朽化著しい状況となっていた。そこで、卒業生たちが寄付を募り、修繕費にあてられている。磯永吉の業績に鑑みた、有志たちによる取り組みであり、博物館群を維持してきた大学の取り組みが、学生時代に理解され、受け入れられていたことを裏付けよう。こうして、博物館群のひとつとして統治時代の建物は喪失することなく、今日に残されているのである。なお、博物館群の統一パンフレットが作成され、各館の概要のほか、所在地マップ、スタンプラリーも掲載されている。独自にパンフレットを作成している館もあるため、来館者へのサービス向上に寄与している。

成功大学博物館

　国立成功大学（台南市）でも、「博物館総館」という核となる大学博物館のもとで、キャンパス・ミュージアム化している。ここは、元来、総督府台南高等工業学校行政中心の建物（1933年竣工）で、歴史的建造物である。「博物館総館」では、資料

の収集・研究・展示といった基本的な博物館活動が展開され、教員と、学生たちへの利用を促し、世界で活躍できる人材を育成することを使命にあげる。また、学外者にも開放し、社会教育にも力を入れている。1988年に準備グループが設置されると、2007年11月11日に台湾で最初の大学博物館として開館した。2013年

榕園

には、京都大学総合博物館と学術協定を締結するなど、国外とも連携しながら活動をしている。国内でも「相関単位」として国立台湾大学博物館群のほか、淡江大学海事博物館、国立政治大学民族博物館などをHPで紹介する。

　成功大学の正門入口には、「成大校園文化資産地図」が設置されている。これにより、学外の人にも校内の文化資産を視覚的に理解させている。大学がどのような"モノ"を資産とみなしているのかを一瞥でき、歴史的建造物ばかりでなく、「榕園」や「生態池」、「悠悠湖」などの自然系を含めて総体的な学術的価値を見出していることがわかる。学内に散在しているものを多面的に評価し、来学者へ学びの選択肢を提供している。

　建造物としては、学部が設置した「工科系系史室」や「材料系系史室」、「土木系系史室」、「系統系系史室」があり、これらとの連携が図られている。また、比較的規模の大きい展示室を有した施設に、「機械系系史館」や「電気系系史館」、「化工系系史館」、「文学院歴史文物館」、「医学院院史館」などがあり、文理でそれぞれ博物館施設を有している。「蒸汽火車頭」や「成功湖」、「榕園」といったものも史跡同等に位置付けられており、来学者へ誘導が図られて

小東門城垣と小西門

レポート3　台湾のキャンパス・ミュージアム――台湾大学と成功大学

いる。なお、城門古跡が残されているのも特徴で、「小東門城垣」と「小西門」(1970年移転)は、台湾府城の足跡を残そうとする大学の矜持を感じる。

　台湾大学と同じように、学内に散在する各施設と史跡との周遊性を意識しつつ、コアとなる総合博物館を置くという、ネットワーク化された全学的取り組みとなっている。これにより、学内で有する資源を最大限に活用した、あらゆる学習機会の提供を行っており、"社会に開かれた大学"を実現しているのである。

　以上、2つの大学博物館群をみたが、両者が展開するキャンパス・ミュージアムは、学内にある各施設や史跡を網の目のように繋げ、点在する文化財を統括する拠点(コア)に、大学博物館(総館)を位置付けていることが特徴である。学部に関連する展示室や史跡などを単体で管理するのではなく、俯瞰的に組織付けた取り組みとなっており、学内はもとより、学外、観光客を取り込む活動を展開している。学内にある歴史的、自然科学的資源を有効に活かすための事業が展開されており、日本の大学でも非常に参考となるだろう。キャンパスという限られた空間だからこそ、ミュージアム化しやすい。制限された空間を閉塞感のあるものと捉えるのではなく、最大限に演出可能な舞台装置とする発想が、キャンパス・ミュージアム化には必要であろう。

[註]
鄒海寧「台湾における大学博物館の一考察─「国立台湾大学博物館群」を中心に」(『國學院雑誌』120巻1号、2019年)
東京文化財研究所保存科学研究センター近代文化遺産研究所編『台湾における近代文化遺産活用の最前線』(東京文化財研究所、2020年)

レポート4

統治時代の遺産の活用
——台湾に残る建造物と宗教

　台湾は第二次世界大戦終了後、南京国民政府（1945〜49年）、台湾国民政府（1949〜96年）、高度経済成長期（1996年〜）と進んだとされ、1990年代は民主化の時代という。1982年には文化資産保存法が成立、文化圏が発展するなかで、住民が積極的に参加、景観法や文化政策にも関わるようになった。そこで旧統治時代の遺産を保護する動きが生じ、今日に至っている。

　そこで、まず台湾史を概観しておこう。16世紀後半、大航海時代が進展するなか、ポルトガル船が台湾（タイオワン）を発見する。台湾東部の山林の光景を目にして、「Formosa」（美しい島）と述べ、これが、台湾の別称として西洋で紹介された。1622年、オランダ東インド会社が貿易拠点とするため澎湖諸島に進出するも、当時、ここを支配していた明と交戦に至る。両国で講和条約が成立すると、澎湖諸島から台湾に移動、1624年には安平にゼーランディア城（熱蘭遮城・安平古堡）が築かれた。

　台南では、オランダによる厳しい統治政策への反発から、1652年には、農民による蜂起「郭懐一事件」が発生する。彼らは、竹で造られていた普羅民遮城（プロヴィンティア）を攻撃するも、5日間ほどで鎮圧されてしまう。事件をうけて1653年にオランダは赤崁楼（紅毛楼）を築城

安平古堡内の鄭成功像（台南・安平）

十宜楼（鹿港老街）

し、防衛を強化した。しかし、1661年には鄭成功がオランダを追い出すことに成功すると、赤崁楼は、行政機関である東都承天府となる。

一方、台湾の北部は、スペインの拠点だった。1629年には、淡水（新北市）にサント・ドミンゴ城（聖多明哥城）が築かれていたが、オランダが1642年に打破して占拠する。こうして、紅毛城と呼ばれ、東アジア海域の拠点となった。前述した鄭成功との戦いで敗北するにともない、オランダは紅毛城を放棄する。1724年には清朝がここを修復し、駐防軍を置いたという歴史がある。

ポルトガルが台湾を発見して以降、オランダが台湾南部、スペインが北部を支配した。スペインを放逐後、オランダが統治するものの、鄭成功との戦いによって、オランダも台湾から退去する。その鄭氏も、清朝・康煕帝に屈するところとなり、長く清朝に服属する。1895年には日本が侵攻して武力により平定、1945年の第二次世界大戦終結まで日本の植民地となった。このように、台湾は、統治が幾度も変わるなか、その痕跡を今に残しており、これらを国定史蹟などに指定して管理するほか、周辺の歴史的建造物の保護にも積極的である。また、鄭成功像は殊の外、台南市街に数多く設置されており、無意識のうちに台湾史を体感できる。

こうした歴史観は、台湾各地に残る「老街」からも感じられる。清国による台湾統治時代、台南・鹿港（彰化）・萬華（台北）が三大都市（一府二鹿三艋舺）として栄え、その時の街並み（＝老街）を今なお残し、現在でも観光スポットになっている。台湾古来の習俗と文化に、海外の文化とが混合した建物や景観は、自国史を語る上では生きた"証"である。台湾では、これらを積極的に保存すると同時に活用を図っており、"教訓"とし

台湾総督府

て維持・管理している。前述したオランダ、清朝以降、日本統治時代の建造物は、台湾各地で、比較的多く現存しており、これらへの保存・活用は、法的にも担保されている。

　その代表的かつ象徴的なものとして、1919年に建設された台湾総督府（現総統府）が挙げられよう。これは、日本統治時代を代表する赤レンガの建造物で、台北市内でも異彩を放った重厚感がある。内部は見学できるようになっており、展示を通じて、台湾史を国内外の人が学ぶことができる。夜間にはライトアップされ、昼間と異なる表情をみせる。台北市の中心地に残された台湾総督府からは、確固たる自国史への矜持が示されている。

　1927年に建てられた「宮原眼科」（台中市）は、宮原武熊氏が開いたが、戦後に帰国、国民党政府によって「台中市衛生院」となった建物である。数年間、閉鎖されていたところ、台中企業によって「宮原眼科」として開業、レトロ基調のスウィーツ・お土産店に様変わりした。当時のレンガ造りの外観に、出入口上部には「台中市衛生院」の石製標識をそのまま残し、往年の姿を保ちながら現用資産として活用する。なにより、「宮原眼科」という店名にして、オシャレな店内とのギャップに、多くの日本人は驚かされるだろう。日本統治下の状況を今日に継承しつつ、現代的にリノベーションする良質な手法である。

また、1932年、台南市に林方一氏が建てた「林百貨店」（市定古蹟・2014年に開業）があるが、これに類するものといえよう。

　台中市民の玄関口である「台中駅」（旧駅舎）も、日本統治時代を代表する建築物である。台中駅は1905年に竣工するが、1917年に二代

宮原眼科

台中駅　　　　　　　　　　　旧台中市役所

積善樓　　　　　　　　　　　高雄市立歴史博物館

目駅舎が完成する。現在は国定史蹟となっており、高架化された現用駅舎（2016年完成）と隣接する形で残されている。辰野金吾が設計した東京駅を彷彿する洋式木造レンガ造りだが、それは、交通局が辰野式を取り入れて設計したためである。また、近辺に、旧台中駅舎の遺構が出てきているが、簡易的に公開されているに過ぎず、発信に課題を残す。

　1911年に建築されたバロック様式の「旧台中市役所」は、辰野金吾が手がけたもので、今ではカフェスペースや展示コーナーなどが設けられている。そして、「台湾太陽餅博物館」は、かつて「全安堂」という薬屋だったことを示すように石製標識を残す。現在では台中の銘菓、太陽餅の歴史などを紹介する展示スペース（2階）、1階には物販が並ぶ。なお、近隣の歴史的建造物も紹介しており、周遊を促している。そのほか、和洋折衷の紋様がみられる「積善樓」（1924年・市定古蹟）、バロック様式の「一徳

西本願寺廣場

台中公園内の灯籠

洋樓」（1920年代）は文化複合施設（飲食店を含む）として開放されるなど、市中に統治時代の建造物が、利用を前提に保護されている。

　また、高雄市立歴史博物館は、統治時代の1938年に市役所として建てられた歴史をもつ。1992年に市政府が移転されるにともない、98年に博物館となった。日本の統治時代を物語る意匠がみられ、2004年に高雄市の「市定古蹟」となっている。

　旧統治時代における人民統制政策に、宗教教化がある。日本の統治時代には、台湾各地に神社・寺院が創建されたことは知られている。ただ、その面影を残すところになると極めて少ない。その痕跡を探れば、台北市萬華区、若者で賑わう西門から徒歩圏内に、「西本願寺廣場」がある。ここは、かつて浄土真宗本願寺派が台湾の布教拠点として台湾別院を置いた場所である。1931年に本殿が落成すると、台湾最大規模の宗教施設となった。戦後、日本人僧侶が引き上げると、紆余曲折ありながら、「樹心会館」や「鐘楼」を市定古蹟に定め、今日の姿に整備している。周囲の壁面には、台湾主要駅舎や周囲の建造物の変遷などを示す解説板が設置されるとともに、広場内の小高い丘の上には梵鐘があり、当時の面影を伝える。

　かつて台湾では「一街庄一社（がいしょう）」政策がとられ、各地に官立神社が創建された。しかし、日本政府の負担が大きかったことから、「一郡一社」へと変更、89市街庄と15郡に200社ほどが置かれたという。台湾を代表するホテルの圓山大飯店（台北市）は、かつて台湾神宮（官幣大社）があった場所に建っているように、現存する神社やその痕跡を残すものは少なく、

レポート4　統治時代の遺産の活用——台湾に残る建造物と宗教　　179

汐止神社鳥居

忠順廟と狛犬

なかには公園化されているところがある。

「台中公園」(台中市北区)は、かつて台中神社(初代・1912年竣工)が鎮座しており、公園内には、当時の面影がわずかながら残されている。本殿があった場所には孔子像を建立しているが、ここまで続く参道の両脇には、灯籠の竿石部分が現存する。石正面に「獻奉」とあり、その下に個人名や組合名が、裏面や側面部には「明治二十九年十月十二日渡臺　昭和六年一月一日建之」などと刻まれている。これは台中神社に奉納された灯籠であることを示すとともに、奉納者の足跡の証である。なお、高雄市にある「忠烈祠」も高雄神社の跡地に建てられ、その様子を伝えるものが残されている。

また、「忠順廟」(台中市汐止)は、汐止神社跡地に建立されている。同じ宗教施設であるが、境内入り口には赤い大鳥居が、廟の前には狛犬や石灯籠が残る。大鳥居の左部には「中華民国五十八年五月修建　汐止鎮長唐四郎題」とある。民暦58年は1969年で、これは、鳥居を修繕した年になろう。汐止神社時代のものを、引き続き忠順廟への奉納品としており、同化した宗教観のもとで、境内が整備された事例といえよう。

これと同じように、狛犬の台座正面には「汐止信用購買利用組合」、裏面には「昭和十二年十月吉祥」と刻まれ、昭和12(1937)年の汐止神社時代のものがそのまま「忠順廟」の奉献品として現存する。そして、石灯籠には「奉献」と刻まれた竿石の裏面に「昭和十四年六月一日吉祥」とあり、汐止神社時代に建立されたことを示すが、側面部には「忠順廟」と黄

岡山寿天宮

旗山孔廟

文字で入れられている。これは、後年に刻まれたものであろうが、汐止神社時代のものが上書きされていることは自明である。

　また「岡山寿天宮」（高雄市）は、岡山神社跡地にある。境内には手水舎や、昭和12（1937）年に奉献された石燈籠が残る。狛犬は復元され、当時の神輿も古文物として管理されている。そして、「旗山孔廟」（高雄市）は、旗山神社跡地にある。石燈籠が並ぶ様式は統治時代の名残りである。なお、神社は残らないが、本殿と鳥居がモチーフとなった所がある。これは抗日ではあり得ない動きであり、台湾でも特異な宗教観である。

　一方、社殿を今日に残している神社がある。「桃園神社」（桃園市）は、1938年に創建され、天照皇大神や豊受大神、大国主命を祀っていた。本殿、拝殿、社務所、手水舎、中門があり、唐破風など、神社の伝統的建築技法が駆使されている。戦後、1946年に新竹県忠烈祠となり、管理されていた。1974年以降、台湾各地にあった神社は取り壊されていくが「桃園神社」も1985年に老朽化を理由に更地にする意向が示されたものの、古蹟保護の声が上がり、1987年には戒厳令（1974年に出された日本神社の遺跡を取り壊す命令）が解除され、さらに、台湾研究史の高まりも保護への動きを促した。「桃園神社」は、1994年には「国家三級古蹟」と指定され、2017年に「桃園忠烈祠と神社文化園区」が設置され、今日に至っている。歴史的空間における活性化計画が掲げられているように、区域内では様々な催事が企画されている。訪問客も多く、境内には豆花を提供する店舗、日本ではあまりみられないユニークなお守りなどを販売する売店もあり、日本

桃園神社

末広社

の神社とも雰囲気が異なる観光地としての要素が強い。

　「桃園神社」と趣向が異なるのが、「末広社」（台南市）である。前述した「林百貨店」の屋上に鎮座する神社で、開業の翌年、1933年5月12日に建立された。日本でも商業施設の屋上に稲荷社などが鎮守されているところがあるが、これに類するものであろう。当初は非公開だったが、現在では、一般公開され、第二次世界大戦で被弾した痕も意図的に残されており、戦争遺産としても評価できる。

　上記してきた建造物や遺構は、日常生活に密接するものであるが、統治に直接関連する旧裁判所や旧刑務所も現存しており、その活用が図られている。「台湾新文化運動紀念館」（台北市）は、旧台北北警察署（1933年落成）で、1998年に「台北市三級古蹟」に指定された。日本統治時代に様々な社会運動が展開されるなか、多くの知識人がここに逮捕、拘留されている。こうした歴史事象を伝えるため、新文化運動紀念館として2018年に開館、展示室のほか、拘置室、水牢などが当時のまま公開されている。かつての統制状況を直接目にすることができ、歴史展示としての効果は非常に高く、抗日運動とは一線を画した展示意図も読み取れる。「台湾司法博物館」（台南市）は、旧台南地方法院（1914年落成）で、柱や天井に至るまで意匠を施したバロック様式の重厚感ある建造物である。1991年に「国定史蹟」となり、2016年に修復を経て博物館として開館している。裁判所内部が一般公開され、法廷の様子、拘留所など、生々しい統治時代の裁きの実態を体感できる。

台湾新文化運動紀念館・監視台

獄政博物館・正門

「獄政博物館」(嘉義市)は、日本統治時代に建設された「台湾嘉義監獄」(1922年落成)である。放射状にのびる監視体制は、日本でもしばしば採り入れられた監獄様式で、ここは、1994年まで使用されていた。2002年に「市定古蹟」、2005年には「国定古蹟」となり、2011年に博物館として開館している。房室はもとより、浴室、作業所、接見室などがそのまま残り、囚人たちの獄内での生活ぶりを知ることができる。また、重厚な正門に加え、「台湾嘉義監獄」の石製標識も残され、現用時を彷彿とさせる。その一方で壁に脱走を図る囚人のオブジェが置かれるなど、暗さが付きまとう施設にあって、ユニークさを演出している。また、施設メインゆえに欠けている動態展示が欲しいところをうまくフォローしている。

「刑務所演武場」(台中市)は、1937年に建てられた武道館で、警察官や司獄官が武道の研鑽を積んだところである。元来、「武徳殿」として、台湾各地に設置された武道場である。台中では監獄に付属する形で武徳殿が建てられており、台湾に残る武道場建築物として評価されている。2004年に歴史建築物として指定されるも、2006年の火災により、演武場や刑務官の宿舎を焼失してしまう。2010年に現在の姿に復元し、翌年11月1日に「台中歴史建築　刑務所演武場」として供用開始となった。焼失した統治時代の材木などが展示されているが、基本的には武道所として活用されている。また、高雄市にある「武徳殿」(旧称、振武館)は1924年に建てられ、同じく「旗山武徳殿」は1934年につくられるなど、各地に現存している。

保安堂外観　　　　　　　　　保安堂内部

　以上のように、台湾に残る旧統治時代の建物や遺構を紹介してきたが、これらは、台湾史を語る上で不可欠なものである。抗蘭や抗日意識を促すのではない、史実を伝える施設として開放、活用されている。寺院や神社など、人間の内面に及ぶ施設であっても、古蹟などに登録するなど、積極的な保護体制をとっている。それは、日本人の信仰の場から台湾地域社会の公共空間に変わったこと、さらに現在では歴史経験の意義のある文化財という認識が生まれたことも大きいだろう。これらの解説板には日本の元号が併記されているところが散見されるが、いうまでもなく日本統治時代を象徴するものである。ここには、台湾の歴史観が反映されており、統治時代の負の"遺産"としてではなく、未来志向型ともいうべきポジティブな立場で保護されていることを裏付ける。

　さらに、台湾には日本軍人が神となって祀られているところがある。神社のように、日本政府が主導したのではなく、そのほとんどは民間信仰であり、憑依や託宣による廟の建立、そして、個人崇拝であることが共通する。なお、崇拝対象者を当初は知らないまま祀っていることもあり、のちに実存する人物と判明したことは興味深い。

　「紅毛港保安堂」（高雄市鳳山区）では、高田又雄を「海府大元帥」に祀っている。高田又雄（熊本市出身）は、蓬38号艦の艦長で、1944年11月23日、戦艦武蔵の生存者を台湾に護送するため、高雄港からマニラに向けて出港した際、米国海軍潜水艦の魚雷が命中して沈没、乗組員全員145人が命を落とすが、そのうちの一人だった。終戦後の1946年、紅毛港の漁民

鎮安堂外観

鎮安堂内部

の網に一体の頭蓋骨がかかり、これを茅葺小屋の祠の神棚に祀ると、霊験を受けて廟を建立するに至っている。この時は、誰の頭蓋骨か不明だったが、1967年頃、高雄港開発に訪れていた日本人技師の夢枕に日本帝国海軍士官が軍服姿で現れ、廟を建立するように懇願されたことに加え、日本語を解せない台湾漁民の李石安に憑依して自分が高田であることを託宣したという。こうして保安堂で、「海府大元帥尊」として高田を祀り、「郭千歳尊」「宗府元帥尊」、戦死した蓬乗組員とともに合祀している。なお、廟内には、神輿や軍艦蓬の模型もある。

「鎮安堂」(飛虎将軍廟)(台南市安南区)では、「飛虎」(戦闘機)・「将軍」(神の尊称)として杉浦茂峰(水戸市出身)が祀られる。1944年10月12日のアメリカ軍の台南襲来で、零戦に乗っていた杉浦も被弾してしまう。そのまま墜落すると海尾寮の大集落に墜落すると思った杉浦は、機首をあげて東側の畑と養殖地に向かい墜落し絶命したのであった。終戦後、部落では「白い帽子」「白い服」を着た者が養殖地付近を徘徊するのを目撃し、追っかけても姿を消すばかりか、これを夢で見る者もいたという。そこで海尾朝皇宮の神(保生大帝)に尋ねると、戦死者の亡霊と答えたという。そこで、戦火から救うために命を犠牲にした杉浦ではないかという結論に至り、1971年に4坪の祠が建てられた。1993年、朝皇宮管理委員会からの提案で敷地50坪の廟が作られるに至っている。

「東龍宮」(屏東県枋寮)には、田中綱常(旧薩摩藩士・大元帥)を中心に、乃木希典(大将軍)、北川直征(神将)、中山奇美(神将)、良山秋子

（神将）が祀られている。この契機になったのは、宮主の石羅界道長（石界好）に田中の霊が憑依したことである。宮主は28歳の時、乃木将軍らの霊も憑依するようになると、体調を崩しがちになる。30歳の時、田中将軍から「家の入口に祭壇を置き、"桶盤" "円形の盆"を手に捧げ持ち、東を向いて跪拝するよう」に指示される。宮主はこれに従うとともに、専業の宗教職能者として活動することになり、「東龍宮」として1998年に廟が創建されたのであった。

　このように、民間信仰レヴェルで特定日本人（軍人）が台湾で神格化され、現地の人たちに大切に祀られている。実在する軍人が、当初は不明でありながら特定され、憑依や託宣によって祀られる現象は、台湾人の日本統治下における感情ともリンクする。現在でも、祭祀を執り行ったり、煙草を捧げたり、日常的に管理されている。「保安堂」・「鎮安堂」・「東龍宮」とも、子孫らが訪れ、神格化の公認ともいうべき「作法」がなされている。こうした民間宗教の動きは、政治とは異なるなかで、今なお連綿と確認できる。戦争を後世にどのように伝えるか、その一例としても参考になるだろう。

[註]
松浦章「台湾・淡水・紅毛城」（『阡陵　関西大学博物館彙報』36巻、1998年）
柴田幹夫『台湾の日本仏教―布教・交流・近代化』（勉誠社、2018年）
黄心宜「台湾における神社の位置づけについて」（『文化交渉』関西大学大学院東アジア文化研究科、2019年）
黄士娟「台湾の神社とその跡地について」（『海外神社跡地に見た景観の持続と変容』神奈川大学日本常民文化研究所非文字資料研究センター、2014年）
東京文化財研究所保存科学研究センター近代文化遺産研究所編『台湾における近代文化遺産活用の最前線』（東京文化財研究所、2020年）
林美容・三尾裕子・劉智豪（五十嵐真子訳）「田中綱常から田中将軍への人神変質―〈族群泯滅〉の民衆史学」（『日本台湾学会報』19号、2017年）

第Ⅲ部

"文化財"と地域振興
——新たな価値と観光ツーリズム

第1章
"負"の遺産の評価と継承

はじめに

　生活や慣習、文化の形跡を伝える集落遺跡のなかには、日常（ケ）と対峙する非日常（ハレを含む）の痕跡も併存する。例えば、生（＝正）に対する死（＝負）という陰陽を象徴する墓は、当時の墓制を伝える貴重な資源であるとともに、人生の終着点として、宗教史を包摂する価値も有する。ここには為政者による宗教統制や社会状況が反映されることもあり、時代を問わず常に意識される死のあり方、供養や追悼の形態を我々に提示している。また、死（＝負）を具象化した墓所は、日常生活とも密接で、人生の証として社会のなかに成立している、極めて特定的かつ個人的なものであるものの、現在では観光の対象にもなる所産である。

　忌避されることさえある墓は、光のあて方により様々な価値を生じさせる。例えば、鈴木光司氏の小説『リング』（1991年）で山村貞子の母親（志津子）のモデルとされた「御船千鶴子の墓」（熊本県宇城市）は、そのひとつである。御船千鶴子は千里眼（透視能力）があるとされ実験対象となり、のちに長尾郁子や高橋貞子らを含めて"千里眼事件"の関係者となった人物である[1]。当時、学会・研究者による賛否を巻き起こした当事者であることに加え、パロディー化、『リング』が国民的人気を

御船千鶴子の墓（熊本県・宇城市）

博したこともあって注目を集め、松合郷土資料館でも取り上げられるなど、自治体でも史実として情報発信されている。

　また、墓所と同じ概念で捉えられるものに、刑場がある。多くの人が処罰された刑場は、人為的かつ作為的な場所であり、様々な想いが交錯する。現在に比べ当時は、冤罪が多かったとはいえ、相応の罪を犯したものが処罰された"負"をともなう空間である。ここで処罰される者には、前述したような個人的な墓碑がつくられることは少なく、死者の弔いの点からは対置にある。史跡に指定されている場所もある負の所産は、文化的・学術的評価を受け価値を高めた結果であり、人類の歩みとして、これらの存在に目をそむけてはいけない。

　墓所や刑場が人為的産物とすれば、不可抗力のなかで生まれたものが震災遺構である。近年、頻発する地震や災害は、我々にとって忘れてはいけない事象であり、後世への教訓としても伝えていかなければならない。これは、先人からの"バトン"として受け止められ、様々な形で今日に継承されている。いつ見舞われるかわからない天災・人災に対して、有形化する行動様式も生まれ、保存・管理していく取り組みもみられる。史実の証（物証）こそ後世に残すべきであり、我々に課された責務でもある。

　決して"明るい"所産とはいえないこれらの遺産を、どのように評価すべきか。所轄する自治体や個人の考えに帰属するところが大きいが、"負"の遺産だからこそ生まれる価値は多種多様である。本章ではこれらの現状活用の実態から、果たしうる意義について、教育普及の観点を含めて検証する。博物館では得られない、現地にあるからこその"生きた"資源として、これらが持つ潜在的な価値を再度見出し、それらが有する"魅せる""魅せられる"可能性を提示していく。

1　江戸の刑場の変遷と現在

　近世初期、とりわけ徳川家康関東入国後に設けられた江戸の刑場は、鳥越と本材木町にあった。江戸市中の拡大にともない、鳥越が小塚原、本材木町は鈴ヶ森に移転され、江戸時代を通じて定着していく。鳥越と本材木町が刑場だったことを示す痕跡は少なく、鳥越にはキリシタン殉教地と銘

を刻む小さな碑が残るのみである。

　鳥越の刑場について、イスパニアの商人であるアビラ・ヒロンが著した『日本王国記』に所収される「聖笹田ミゲルの人物とその栄光ある殉教」のなかで、次のように記されている[2]。

　　役人どもは八人を皆馬にのせ、死刑に処するため連れてゆく人々につける印の紙の小旗を馬の頭の上にたてて、大通りを引いて行った。彼らは癩病院と市の間にある罪人を処刑するならわしの鳥越 Toricoy というところへ、市から連れて行かれた。

　ここからは、役人たちがキリシタンを以前から罪人の刑場であった鳥越に連行している（下線部）ことが読み解ける。当時は、多くの人たちが罪人の処刑の見物に集まっていたようで、前近代では見せしめ的刑罰として執行されていた。国内で増加するキリシタンに対して、粛清しようとしていたのである。

　「浅草・鳥越きりしたん殉教記念碑」が平成14（2002）年1月にカトリック浅草教会の敷地内に建てられている。多くの人に発信するという意味で貴重だが、刑場よりも殉教地としての意義が先行している。これは、長崎でも同じ傾向がみられ、現在の西坂公園は、「日本二十六聖人殉教地」として公的機関でも紹介され、多くの人に認識されている。

　西坂は、従来からの長崎の刑場であって[3]、キリシタンを処刑するために設けられた場所ではない。むしろ名もない罪人、冤罪になったであろう数多くの人たちが処刑されたところである。ひとつの史実に焦点を絞ることによる危うさ、これを自治体が積極的に発信することによる、歴史認識の異同も生じてしまう危険性をはらんでいるのである。

浅草・鳥越きりしたん殉教記念碑（台東区・浅草橋）

江戸における常設の仕置場は、その後、浅草小塚原、品川鈴ヶ森に定められ、これらを「両仕置場」と称した。処刑者の犯行現場、江戸出生の者には出生地の近い方の仕置場を選んだという。小塚原刑場は水戸街道、鈴ヶ森刑場は東海道に接しており、旅人の目に留まっていたことはいうまでもない[4]。生命刑（磔・鋸

西坂刑場跡（長崎市西坂町）

挽・火罪・斬罪など）は、最も重い刑罰で、見せしめ的要素をもって刑場で執行されていた。死骸は、親戚などに引き渡されることもあったが、基本的には「死骸取捨」と扱われている。
　鈴ヶ森刑場跡と小塚原刑場跡は、現在、史跡整備されている。鈴ヶ森刑場跡は東京都指定史跡、小塚原刑場跡にある首切地蔵と題目塔は荒川区指定文化財となっており、江戸時代の司法制度を伝える史跡として学術的評価を受けたのである。また、鈴ヶ森刑場跡には磔台や火炙台、小塚原刑場跡に隣接する回向院には安政の大獄によって処罰された吉田松陰、橋本左内、頼三樹三郎、さらに、ねずみ小僧の墓もあり、これらを関連史跡として総括的に紹介している。両者の違いは、鈴ヶ森は獄門場という性格があり、小塚原より重罪人の仕置場で、晒以外の磔や火罪の死骸は、必ず非人が俵に入れて本所回向院か小塚原別院に運ばれ、そこに埋められているのが特色という[5]。
　なお、仙台藩刑場跡（仙台市泉区）も史跡として整備されている。元禄3（1690）年に現在地（七北田）に移転、多くの人が処刑された。ここにも「嘉永三年」の銘がある地蔵尊や題目塔などが残り、今日に当時の様子を伝えている。江戸と同様、刑死者を供養するために地蔵尊などが建立され、藩による弔いの実態を体感できる。
　こうして多くの罪人が処罰された刑場であるが、明治時代以降、ここを管理していく動きに変化が生じた。江戸の鈴ヶ森と小塚原をみてみると、刑場としての機能を失った後、様々な問題が浮上し、民有地とすることで

第1章　"負"の遺産の評価と継承　　191

仙台藩刑場跡（仙台市泉区）

解消に努めていることがわかる。

まず、鈴ヶ森刑場は、明治20（1887）年12月から払下の動きがあった。この時、作成された文書には、鈴ヶ森刑場跡地は、道路に接続しているにもかかわらず、現在では「荊棘繁茂シ不潔ヲ極メ、永存スヘク必要無之」が理由として挙げられており[6]、刑場だったが故に、公的な手も加えられず、劣悪な環境に置かれていたことがわかる。そして、明治21（1888）年1月6日になると、大井村戸長田中肇は、東京府知事高橋五六に対して「旧刑場御払下願」を出している。

　　官有地第三種字水神下第千九百三十八番　　　　　　　　荏原郡大井村
　　一旧刑場八畝拾七歩
　　右ハ旧刑場ニ有之候処、現今御<u>不用</u>ニ属シ、然ルニ右位置ハ東海道一等往還之傍ニ有之、積年之累骨有之、野草及ヒ篠竹等繁茂、時々村方ニ於テ草取掃除等仕置候得共、見苦敷有之、近頃粗々承リ候<u>千住旧刑場モ御払下相成候趣ニ付</u>、同種類之物ニ付、当村方人民一統ヘ御払下被成下候ハゝ松杉等植付、見苦敷無之様保存仕、一村共有地ニ仕度候間、相当之代価ヲ以テ御払下被成下度、此段奉願上候也、

「旧刑場」（＝鈴ヶ森刑場）は、現在では「不用」（波線部）の扱いになっている。しかし、この地は、東海道の一等往還の傍らに所在し、長年の遺骨もあった。野草や篠、竹なども生い茂っており、村では時々、草取りなどの掃除をしてきたが見苦しい状態にある。近頃、色々と承知しているように、「千住旧刑場」（＝小塚原刑場）が払下になり、鈴ヶ森も同種のものであるため、大井村の人たちへの払下を望んでいる。そうなれば、松や杉などを植え付け、見苦しくないように管理していくので、村の共有地にしたく、相当の対価で払下にして欲しいと願い出ている。

ここからは、荒れ果てている鈴ヶ森刑場跡の管理の面から払下を望んでおり、村有地にすることでこれを維持しようという意向がうかがえる。換言すれば、十分な公的管理がなされていない現状に、大井村が払下を望んでおり、東海道沿道という立地や、払下となった千住旧刑場の事例を挙げながら願い出たのである。

鈴ヶ森刑場跡

これにあわせて、5ヶ条からなる理由書(「鈴ヶ森処刑場御払下ニ付上申書」)も付されている。ここには、品川仕置場としての由緒、丸橋忠弥が処刑された場所であり、千住仕置場(小塚原)とは異なり獄門が非常に多く、火刑や磔は一年に3・4度のみで「髑髏ノミニテ枯骨千住該場ヨリ至テ少ク、且加フルニ旧幕之節年号不相候得共、枯骨類一旦取片付候」とし、小塚原との違いを示している。さらに、枯骨は箱詰めにして約6個と見積もっており、池上村本門寺住職から承諾の上で境内に埋葬するなどとしている。結果、この地は、払下になることが決まり、村有地として管理されることになったのである。

前掲資料にもあったように、鈴ヶ森刑場、そして小塚原刑場は、明治になって「不用」となり、刑場としての機能を失った。それは、明治6(1873)年7月4日に小塚原刑場は「監獄則中、刑場ハ監獄場ノ一隅ニ設云々ト有之」(法令全書)と監獄場に移され、「小塚原刑場ハ相廃止」と記されている[7]。刑場が廃止されたことによって、その管理主体も曖昧となっており、前述した資料にもあったように、地域住民による奉仕によって維持されている状況だった。

刑場が廃止された後も、近隣住民たちは、旧刑場と向き合っていた。行政の手が行き届いていなかった事態を解消するために、払下を望んだのである。鈴ヶ森刑場の払下にあたって、「千住旧刑場モ御払下相成」(下線部)と記されていたが、これは、明治20(1887)年11月21日付の東京府知事である高崎五六から内務大臣山縣有朋に宛てられた「旧刑場払下之儀ニ

付伺」が認可されたことを指している。この伺書には、市ヶ谷監獄ができたことを挙げたうえで、次のことが記されている[8]。

> （前略）該地ハ雑草繁茂不潔ヲ極メ且往来頗繁ナル道路ニ接続シ将来埋葬スベキ場所ニ無之、民有地トナシ候得ハ不潔ヲ除キ候儀ニテ他ニ支障之筋無之（中略）払下代価ハ聊低価ノ如クナレトモ、旧刑場ニシテ刑死者埋葬地ニ密接シ人民希望ヲ属セサル場所ニ有之（後略）

旧刑場は雑草が生い茂る不潔極まりない場所でありながら、往来が激しい道路に接しているという立地の良さを主張する。今後も埋葬地とするべきところではなく、民有地とすることで清潔になり、支障はないとする。払下代金は低価であるものの、旧刑場であり刑死者埋葬地に密接する土地柄ゆえにこの地を所望する者は少ないという。つまり、ここでは、交通の利便性を考慮しつつ、払下による民力を活用して開発をしようとしていることがうかがえる。

小塚原刑場の象徴的存在が「地蔵尊」通称"首切地蔵"（延命地蔵菩薩）で、付近を描く絵図には描かれることが多い大地蔵である。寛保元（1741）年8月に刑死者の菩提を弔うために将軍吉宗の命によって建立[9]、石造で高さ一丈二尺（約3m60cm）、蓮華の台幅九尺（約2m70cm）である。台座には「御免　寛保元年　八月日」や「願主　東都　浄心」、「奉納経　天下泰平　国土安穏」、石工や施主などの名前が刻まれている。

また、首切地蔵の近くには、元禄11（1698）年に建てられた法華題目を刻んだ高さ一丈余（約3m）の御影石の石碑もある[10]。台座の裏面には、「元禄十一戊寅暦　二月中浣五日　為法䏛建之　願主法春比丘尼同谷口氏」と刻まれており、「法䏛」＝「法声」（説法）して建立されている。なお、側面には「維時慶

小塚原刑場跡

応三丁卯歳十月八日　祠堂金百両」とも記されている。

首切地蔵は損耗が著しかったようで、明治24（1891）年9月18日、「十万人招魂地蔵寄附金募集」（千住小塚原地蔵修繕寄附金募集）が東京朝日新聞に掲載されている。小塚原刑場の来歴を記したうえで、発願主南千住町回向院住職川口巌考などによって、次の趣意書が示された[11]。

火炙台・磔台

（前略）茲に彼の二百五十有余年前建立せし地蔵尊ハ其後志あつて此処に埋没せられしものを弔ふ人々が必ず供養する習しとなりしが、星移り物換るに従ひ大いに壊敗し、台石ハ地中に埋もり地盤ハ凸凹を生じ尊像も将に傾き倒れんとするの有様に至り実に遺憾に堪ざるを以て、之れが保管の任ある貧道何卒して之れを修覆せんと年来力を尽すといへども元より薄徳にして心に任す能はず、空しく歳月を過し来りしが、熟ら考ふれバ如斯にして幾年月を経るも決して此志願を果し難く、只年に月に益々尊像の頽敗を来すのみなれバ寧ろ衆力に拠つて修繕せんに如ずと。即はち今回東京府知事の認可を得て世の慈善有志家に向ひ賛成喜捨を仰ぎ先づ尊像を修繕し、之を初縁として傍らに常行堂を設け、以て永世不断念仏会を修し彼の十万有余の生霊追福を行ひ、兼て賛成せられし慈善家諸君の家運長久安寧幸福を祈らんと欲す云々。

地蔵尊（首切地蔵）を篤志家が供養する習慣があるが、経年により壊廃しているばかりか、土台は地中に埋まり、地盤が凸凹のため傾いているという状況を伝える。修復を試みようとするもうまくいかず、日々退廃している有様であり、今回、多くの人の力を借りて修繕しようと、府知事の認可を受けて呼びかけていることがわかる。小塚原刑場としての史実に向き

首切地蔵（2011年12月15日撮影）

合い、永世供養のための呼びかけが行われたのである。趣意書の冒頭には「凡そ万物の霊長たる人として情義の存するからハ物の哀れを知らぬハあらじ。浮みかねたる亡霊あるに依て之を弔慰せんとする此心からにて仏像を建立し堂塔を修繕する」とあり、罪人であっても死者として等しく供養する、同じ人類としての心構えをも示している。

　小塚原刑場には首切地蔵だけではなく、有志による千人塚も設けられている。寄附金を募る世話人である小池忠吉は、「文久二戌年より小塚原において果敢なく草葉の露と消失し人々のため慶応二年八月千人塚を築き、篤志の講中を設けて供養をなし」と述べ、千人塚を設け、篤志家らと講を作って供養している。彼岸には自弁で大供養をしていたようで、広く追善の念が浸透していたことがわかる。

　明治29（1896）年に開業する隅田川線の敷設予定地にあったことから、その前年に現在地に移転されている。そして、小塚原は再開発により発掘された際、山積みになる程、数多くの骸骨が見つかったという[12]。平成23（2011）年3月11日の東日本大震災で被災、台座部分のみを現在地に残し、首切地蔵は各パーツにわけて傍に置かれた。約20個の花崗岩で組み合わされている首切地蔵は、左腕が落下、胴体部分も大きくズレが生じ、倒壊の危険性が高くなったために解体する措置がとられた。荒川区指定文化財であることから、条例に基づく補助、そして、寄附や各種助成金を受けて翌24年に修復工事が完了している。

　このように、処刑者を悼む意識は、今日にも脈々と引き継がれている。罪人であっても人間であり、篤志家によって弔う行動様式は、地域社会のなかで受け継がれていった。かつて、徳川吉宗が地蔵尊建立を命じた想いは今なお地域社会で紡がれている。移転や災害に見舞われながらも、大切に扱われているのは、当該地に生まれ、生活する人々の宿命である。行政

的フォローが指定文化財となることによって可能となり、今日にも生きた教訓として守られているのである。人としてのあるべき姿を、刑場跡の管理実態からも知ることができるのである。

2　"投げ込み寺"浄閑寺

　全国各地にあった花街や宿場町には、遊女や飯盛女を弔う墓碑や墓地が残されているところがある。例えば、川崎区（神奈川県）にある曹洞宗寺院宗三寺(そうさんじ)には、川崎宿にあった飯盛旅籠で働いた飯盛女の供養塔があり、台座には吉田楼や三浦屋、高塚楼、金波楼、三日月楼などの屋号が刻まれている。江戸時代、遊女が命を落すと、遺体は捨てられるなど粗雑な扱いを受けていたことで知られているが、これは、大正時代に川崎貸座敷組合が追悼目的で建立している。

　また、函館市の曹洞宗寺院地蔵寺には、「有無両縁塔」がある。これは、元治元（1864）年に遊女たちを供養するために建立されたもので、台座には「施主人　廓内遊女屋」とあるように遊女屋主人たちにより弔われている。ここに住吉屋政十郎や廣田屋丈吉、増屋定吉といった名前も刻まれ、開港地となったことで、盛況となった箱館の遊女が偲ばれている。そのほか、地蔵寺には「高清水近太夫墓」（万延元（1860）年5月15日）もあり、外国人や商人たちの接遇にあたった遊女たちを悼んだ合同葬、個人葬での建立がみられる。

　日本一の花街である吉原遊郭に関わる「高尾太夫」の墓（浅草・春慶院）は現存する。これは万治2（1659）年のもので、戒名と辞世の句を刻んでいる。また、板橋の文殊院にも、宿場時代に「飯盛女」として働いていた遊女たちの墓が残されているなど、その形式は各地様々である。

　なかでも著名なのが、"投込寺"や"箕輪の無縁塔"と称される栄法山清光院浄閑寺である。通称、三輪山浄閑寺といい、安政の大

有無両縁塔（函館市）

高尾太夫の墓（台東区東浅草）

遊女の墓（板橋区仲宿）

地震（1854〜55年）、大正12（1923）年の関東大震災、東京大空襲（1944〜45年）においても、何ら被害を受けなかったという。浄閑寺は明暦元（1655）年に天蓮社晴誉上人随行順波大和尚が開山したことに始まり、晴誉順波は「生国奥州会津若松梶川五十三歳卒」（過去帳）とあって、没年は寛文元（1661）年2月29日である[13]。明暦3（1657）年の大火で遊郭が移転してきたことで、花街と浄閑寺の関係が生まれた。

浄閑寺は多くの文人墨客に取り上げられている。例えば、岡本綺堂（1872〜1939年）は、「箕輪の心中」（1916年3月刊、新潮社）のなかで当時の浄閑寺の情景を次のように伝える[14]。

> 浄閑寺は廓の女の捨て場所であるということも、今更のように考えられた。運の悪い病気の女は日の目も見えないような部屋に押し込まれて、ろくろくに薬も飲まされないで悶え死にする。その哀れな亡骸は粗末な早桶を禿ひとりに送られて、浄閑寺の暗い墓穴に投げ込まれる。そうした悲惨な例は彼女も今までにしばしば見たり聞いたりしていた。それでも寿命がつきて死んだ者はまだいい。心中してわれから命を縮めた者は、同じ浄閑寺の土に埋められながらも、手足を縛って荒菰に巻かれて、犬猫にも劣った辱かしめを受けるのである。

ここには花街の"艶"の世界とは一線を画した、遊女の現実がリアルに表現されている。心中を図った遊女に至っては非人道的な扱いをうけ、それは"犬猫"にも劣っていたという。病で生命を落とした遊女であっても、「早桶」（粗末な棺桶）に入れられ、「禿」（遊女に仕える見習）ひとりに見送られる次第だった。花又花酔が詠んだ「生きては苦海死しては浄閑寺」という川柳は、新吉原総霊塔に刻まれるが、これに通じる遊女の状況が想起される。なお、安政2（1855）年に発生

新吉原総霊塔（浄閑寺）

した大地震では、多くの遊女の死体が浄閑寺に投げ込まれたことで知られている。

　こうした悲惨な環境に身を投じながら、予期せぬ事件に巻き込まれることもあった。現在でも浄閑寺の墓所の入口に「角海老　若紫之墓」と刻銘された墓が残るが、これは、明治36（1903）年8月に殺害された若紫を弔ったものである。

　この事件は、当時、大きく取り上げられており、『都新聞』（8月24日付）と『東京朝日新聞』（8月25日付）に掲載され、前者では「角海老樓の無理心中」、後者には「角海老樓の無理情死」という見出しとなっている[15]。特に、『都新聞』には事件の顛末が詳しく記され、「昨暁三時新吉原京町一丁目の角海老樓に於て同樓の全盛娼妓若紫を刺し自分ハ咽喉を見事に突きて即死を遂げたる騒ぎありその顛末を左に記載せん」とし、①加害者と被害者の身元、②当日の模様、③跡始末とにわけて記している。

　加害者は、茨城県水戸市に住む高野寅彦の二男にあたる高野俊三で、野崎徳太郎を身元保証人に立て、砂糖商尾張屋平野吉右衛門方で住み込みをしていた[16]。なお、吉原の客帳には深川区諸町の平野歳蔵と偽名を使っている。高野俊三は放蕩者で評判も悪く、8月21日には主人の顧客先から30円を集め、その翌日に引手茶屋大澤屋から角海老樓に送られると、被害者となる若紫が相手することになったのである。

被害者の若紫は、大阪市南区玉水町新井芳太郎方に同居している勝田なら養女のぶという者である。明治31（1898）年11月8日から同37年12月7日まで満6年800円で角海老樓に「身を沈め」（身売り）、事件の翌年には年季明けとなるはずの身だった。「容貌醜からず殊に大阪ものとて詞も優しく」と、容貌もよく、大阪出身ながら言葉遣いも優しかったとある。真面目に勤めていたことから客も多く、茶屋受け貸座敷の「娼妓中第一の地位」にある者だった。

　高野俊三は登楼前に既に自害を決めていたようで、一昨日に下谷区車坂町の金物商金井屋で鋭利な七寸（21cm）ほどの小刀を購入して懐中し[17]、鶯谷の塩原温泉で遊んだ後、吉原へ向かった。京二の中米樓にて娼妓羽衣を買い、その夜、8時頃に大澤屋へ行き角海老へ登楼、芸妓を呼んで遊興している。この時は日曜日で、若紫には客が多くつき、部屋が空いておらず、俊三は11時半頃に表三階の名代部屋に引き揚げて床についていた。

　若紫はこの夜、引手茶屋若水、久大和、高砂屋、小松屋などから一組ずつ送り込みの客があり立て込んでいた。これらを勤め終えた後、表三階の名代部屋に行って俊三と寝ていると、深い眠りについてしまう。俊三はこれを狙い、隠し持っていた小刀を取り出したのである。

　　若紫の上に馬乗りに跨り咽喉部を見掛けて拳も通れと突きたれば布団へまでも刃先きの通りけるが即死に至らず、アツと叫んで岸破（がは）と跳起き、右の手にて刃物を掴み払はんとせしに、指はバラバラになりて、又も撞と倒れたれバ、最早絶命せしものと思ひ吾と我が咽喉を突き貫きて見事に即死を遂げたり、

　寝ていた若紫に馬乗りとなって、咽喉部に向かって刃先が布団まで達するほど強く狙っている。しかし、若紫は即死しなかったようで「アツ」と叫んで跳ね起き、右手で刃物を掴んで払おうとするも、指はバラバラとなってしまい、再び倒れ込んだという[18]。若紫がもう絶命したと思った俊三は、自分の喉元を突き貫いて即死している。一方、『東京朝日新聞』では、俊三と若紫の遣り取りを次のように記載している。

先づ若紫の咽喉を左右二ヶ所突き立てし後、自分も咽喉を突きたる様子にて、若紫は之を防がんとせし為め、両の手掌へも負傷し、咽喉は頸動脈を外れ居るも何分二ヶ所の重傷にて生命覚束なしとは憐れむべき次第なり、

　これによると、若紫の咽喉を狙って、左右２ヶ所を突いていることがわかる。そして、俊三が自分の咽喉を突こうとしているのを若紫がやめさせようと刃物を手にしたという。先の『都新聞』には、刃物を払おうとしていたとあったことと事情が異なり、どちらが史実かは不明だが、若紫はこの時に両手を負傷し、咽喉は頸動脈を外れたものの二ヶ所に重傷を負って生命の見込みがないという悲惨な状況だった。こうした事態に見舞われた若紫に対して、憐れむべきこととして悼んでいる。
　負傷した若紫の元には、新造（新しくつとめに出た若い遊女）の宮越みなと不寝番大野松次郎とが向かい、取り敢えず蚊帳から廊下へ引き出したという[19]。そして、すぐに、仲の町の派出所へ届け出ると、生方・斎藤巡査が馳せ付け、そこに、吉原病院長中島医師、外来病院の医師が出張し、応急処置を施した。さらに、急報で浅草署から佐藤警部が自転車で出張し、若紫の身は吉原病院に送られ様々な治療を加えたもののその甲斐なく、「昨日午前九時遂に死去」（『都新聞』）したのであった。
　佐藤警部が検視すると、俊三の懐中には水戸の実父、日本橋区大伝馬町の小室洋酒店、鈴木由松、小石川区下富坂町の畠山林太郎へ宛てた四通の書き置きがあった。俊三の死体は、主家の平野吉右衛門に引き渡された後、さらに身元保証人の野崎徳太郎へ渡っている。一方、若紫の死体は、北豊島郡町屋村で火葬、白骨にして親元へ渡す予定となっていた。当夜の俊三は14円余り散財したが、懐中には３円ほどしかなく[20]、不身持であるとして無理心中に相違ないと断定された。「若紫こそ飛だ災難に出合しもの」（『都新聞』）、「廓中一の大籬には不似合なる殺風景なり」（『東京朝日新聞』）と本件を表現している。
　作家の永井荷風（1879～1959年）は、『断腸亭日乗』のなかで浄閑寺に訪れた時のことを次のように記している[21]。

門内に新比翼塚あり。本堂砌の左方に角海老若紫之墓あり。碑背の文にいふ。

　　　　若紫塚記
女子姓は勝田名はのぶ子浪華の人。若紫は遊君の號なり。明治三十一年始めて新吉原角海老樓に身を沈む樓□（内カ）一の遊妓にて姿も人も優にやさしく全盛双びなかりしが不幸にして今とし八月廿四日思はぬ狂客の刀に罹り廿二歳を一期として非業の死を遂げたるは哀れにも亦悼ましゝ。<u>そが亡骸を此地に埋む</u>。法名紫雲清蓮信女といふ。茲に有志をしてせめては霊魂を慰めばやと石に刻み若紫塚と名け永く後世を吊ふことゝ為しぬ噫
　　明治卅六年十月十一日　　　　七七正當之日　　　　佐竹永陵誌

　若紫というのは『源氏物語』の主人公光源氏の妻の名であることは周知のところだろう。源氏名若紫の本名は、勝田のぶ子といい、大阪の出身だった。明治31（1898）年に新吉原の角海老楼に身を投じると楼内一の遊女となり、容姿や人格がとてもよく、これに並ぶものはいなかった。しかし、不幸なことに、明治36（1903）年8月24日に思いがけず狂客の刀により22歳で非業の死を遂げた。これを哀れみ追悼の念から、浄閑寺境内で埋葬したという（下線部）。有志によって霊魂を慰めようと石に刻み、「若紫塚」と名付けて、後世に弔っていることが記されている。

　若紫の遺骨は親元に渡す予定と『都新聞』にあったが、下線部から結果的に浄閑寺に埋葬されていることがわかる。狂客により命を落とした若紫を悼んで浄閑寺に埋葬されているが、これは従前の"投込寺"と

若紫之墓（浄閑寺）

は大きく異なっている。合葬ではなく、若紫個人が追善されており、多くの人に哀悼されている。

事件は新聞に大きく掲載され、そして有志により設けられた塚が現存するなど、史料（文字）と墓地（モノ）が揃う出来事として歴史的価値は高い。今日も類似した凄惨な事件が起こっているなかで、かわらず連綿と続く人間模様が浮かび上がり、本件も生きた教訓になろう。

浄閑寺には、昭和4（1929）年8月に新吉原総霊塔が建立されるが、これは、寛政5（1793）年以来の供養塔を改修したものである。江戸時代から昭和までの遊女をはじめとする遊郭関係者、安政期と大正時代の大震災で亡くなった者を含めて約2万5000人が弔われている。"投込寺"としての宿命と追悼する人々の想いは、今なお連綿と引き継がれている。著名人の墓地は指定文化財になっていたり、観光名所化しているところもある。しかし、名もなき人の墓碑や墓地からは、観光・遊興とは異なる、"教訓"を学びうることが大きいだろう。決して忘れてはならない歴史のなかにあり続ける遊女の足跡は各地に現存し、大切に扱われている供養塔などの存在から、その想いは脈々と受け継がれているのである。

3　震災遺構の保存と活用

平成23（2011）年3月11日14時46分に太平洋近海でマグニチュード9.0の地震が発生（東北地方太平洋沖地震）、これにより、波高10m以上にもなる大津波が東日本太平洋岸に到着、甚大な被害をもたらした。尊い人命、貴重な文物などを一瞬のうちに壊滅させた東日本大震災の教訓を後世にどのように伝えていくべきか、研究者や自治体、地域住民などによって検討されている。貞観11（869）年に陸奥国東方沖で起こった「貞観地震」、これにともなう津波被害を忘失していた我々に突きつけられた喫緊の課題が、"震災遺構"にどう向き合っていくかである。

"震災遺構"という言葉は、平成24（2012）年の5月から6月頃に使われるようになった言葉で、古くから定着していたものではない[22]。その意義について、①津波の恐ろしさを後世に伝える。②慰霊の場。③生活の記録。④復興に向けた象徴、といった4点が挙げられている[23]。教訓・記

供養塔（天草市）

録、慰霊、復興という、震災の痕跡を後世に残していく意義として極めて明瞭であり、これらは、災害と対峙しながら現代を生きる人にとって忘れてはいけないことである。いつ、どこで災害に見舞われるかわからない昨今、これらの価値は日々高まっている。震災遺構を後世に伝えていくためには、被災地における共有化された意識醸成なくしてはあり得ない。

　江戸時代も度々、震災に見舞われている。そのひとつに寛政4（1792）年4月1日に島原半島雲仙岳で発生した地震によって、眉山（前山）が山体崩落、津波が発生して、対岸の熊本、天草にも甚大な被害を及ぼした出来事がある。これを「島原大変肥後迷惑」というが、島原藩・熊本藩は発災当初から罹災者の救済にあたり、さらには復興へと取り組んでいく。幕府や近隣諸藩による支援もみられるなど、今日にも通じる動きがみられた。

　当時、震災遺構の概念はなく、これを保存する動きはなかったが、前述した教訓・記録、慰霊的な性格を持つ供養塔が建立されている。供養塔は、島原・熊本・天草での所在・分布が認められており、その性格として、①藩が指示したもの。②寺院による追善儀式。③溺死者が流れ着いた地域による自発的供養。④個人的供養とに分類することができる。これらの供養塔からは、公的、宗教的、自治的、個人的な行動様式が見受けられ、教訓・記録・慰霊の三位一体の想いが交錯する。現在でも供養行事が執り行われている地域もあり、震災の教訓は、連綿と語り継がれている[24]。

　こうした行動様式は、まさに震災遺構に求められる重要な要素と言えるのではあるまいか。国土地理院が取り組む「自然災害伝承碑」の地図記号化は、全国的に防災意識を醸成させるものと評価できよう。自然災害伝承碑への取り組みは、「西日本を中心に記録的な大雨が続いた平成30（2018）年7月豪雨」がきっかけで、一般に周知されていない過去の自然災害の教

訓を地域に伝達し、教訓を踏まえた的確な防災行動につなげ、被害の軽減を図る目的がある[25]。各自治体の協力を得ながら進められている事業だが、自然災害伝承碑の登録が一層進められると、防災意識として涵養していくだろう。

供養塔をはじめとする自然災害伝承碑は、震災遺構とは異なり、再現性に関しては脆弱である。そのため、震災遺構が担う役割は大きく、現代の保存技術の向上も相まって、後世へ伝える環境は整いつつある。震災遺構に

供養塔（島原市）

関わる固定概念に「本物信仰」ともいうべきものがあり、「偽物」にはない訴求力を持っている。"本物"が持つ意義の高さは言うまでもないが、オブジェ（＝偽物）であっても人々の記録の継承の担い手になり得るという[26]。

追悼への動きは、人類の足跡でもある。例えば、江戸時代の天草では、高浜村庄屋上田宜珍が建立した「群霊海会之塔」があったが、これは「島原大変肥後迷惑」が発生してから、7回忌（寛政10（1798）年）に因んだものである。しかし、現存しておらず、かつて隣峯寺（庵）にあったという記録にとどまる。高浜村は、津波被害を受けてはいないが、7体の溺死体が漂着し、これを追悼したものである。近年見つかった古文書からは、年忌法要をしていた実態がわかったものの[27]、教訓としてのインパクトを欠いている。この供養塔がなくなったのは、年忌法要を行わなくなったためと推測され、その結果、「群霊海会之塔」がどのような経緯で建立され、その存在さえも知らない人たちによって滅せられたと考えられる。村として追悼供養を行いながらも、村内では幸い被害が出なかったことにより、その意義が希薄となり、結果、供養塔がなくなり、教訓としても残らなくなった事例である。

こうしたなかで、震災遺構をどう取り扱っていくのか、世論も含めて考えると、行政の判断は慎重となる。東日本大震災の発生から平成27（2015）

年12月までの震災遺構に関する記事から分析が行われており、ここでは、「検討中」としていることが最も多く、全体の63.2％という[28]。行政は各種委員会を設けて、多角的に意見を集約して判断しているが、震災遺構として保存するのか、慰霊碑にするのか、震災に対する様々な意見があるなか、満場一致の判断というのは困難であろう。

東日本大震災の震災遺構として残されている事例をみれば、岩手県内（津波遺構たろう観光ホテルなど）に17件、宮城県内（震災遺構仙台市立荒浜小学校など）に12件、福島県内（井戸沢断層）に１件の合計30件（令和4（2022）年７月時点）があるという[29]。前述した生活の記録を残すという観点は、震災遺構によって変わらないが、慎重な判断をせざるを得ないのは、震災に対する被災者の想いが多様であるからにほかならない。生活の記録媒体としての震災遺構は、当時を懐古させる重要なツールとなり得るが、現実と対峙した時に"悲哀"へと変わることもある。"生きられた"、"生き残らされた"という、相対する想いが錯綜するなか、全てを震災遺構にすることは困難である。そこには、被災者の意向に寄り添った慎重な行政判断が求められるのである。

前述した「たろう観光ホテル」は防災拠点として、また、大規模な津波に見舞われながら凛として立ち残った"奇跡の一本松"は、復興の象徴、町のシンボルとして機能してきた震災遺構をあえて情景化し、その周辺にレジャー施設を充実させることで、被災地というダークなイメージから脱却したまちづくりを行っていくという指針がみられる[30]。"ダークなイメージ"というのは、主観的評価と言わざるを得ないが、震災遺構をどのように扱っていくのかは、区画整理や住宅再建を進めていくなかで一体的に考えていかなくてはならない。今を生きる人を最優先にしつつ、将来へ伝えるべき史実の保護は、我々に課された責務である。そこには、行政的指針と地域社会の考えが乖離することなく、未来へ繋ぎ、復興の原動力としていくように考えなければならない。地域住民との十分な議論なくして復興はあり得ないだろう。

現代の高度な技術によって復元された「奇跡の一本松」は、受注から完成に至るまで全国７ヶ所に及ぶ工場で加工され、製作に関わった延べ人数

は2,000名を超えたという。JIS 規格などが当てはまらないこともあり、構造検証が難航し、JAST（一般財団法人航空宇宙技術振興財団）や東北大学などの協力を得ながら平成24（2012）年9月12日に伐採、同26年6月に完成している[31]。

　震災直後から大津波に耐えた奇跡として、そこに生命力と希望の物語が、過剰に付与された。ここに見栄えの美しさが加わることで、全国から基金を募った復興事業としても成立し、そこに新たな物語が付与されていくことになる[32]。これは、震災遺構とは一線を画すものであるが、この物語性こそ、史実の歪曲になりかねない。前述した③生活の記録や④復興に向けた象徴としての性格を有する、*objet* かつ *monument* としての要素が強い。「奇跡の一本松」を見ることにより頑張れる人、元気をもらえる人、辛いことを思い出す人など、様々な人がいるが、枯死してもなお希望を与えてくれるものであると多くの住民が考えているという。その一方で、「奇跡の一本松」の保護には地元でも意見が分かれるアンケート調査もあり、それは、負の象徴として捉えられているという指摘がある[33]。新たな物語性による融和が十分に図られているともいえないなかで、今後も維持・保存の観点から検証を続ける必要がある。

　「奇跡の一本松」には実際、集客があり、保存の効果と意義の高さが確認され、震災直後から、樹齢173年の元々周囲の松より一回り大きい存在感を、「実物」として残したことが多くの人を惹きつけたという[34]。震災遺構は世界遺産認定への想定を含め、観光資源たりうるポテンシャルは十分あるという指摘もあるなか[35]、前述した震災遺構の意義付けが多様化してきている現状がある。従来、震災遺構に認められた、教訓と記録、慰霊、復興という目的に、新たに"集客"を加えることに危機感を覚える。商業的な"集客"至上主義が行政的指標となってしまうことが、被災者への意向と相入れるものなのか慎重に判断しなければならない。教訓の伝達、復興の手助けという意味での"集客"には一定の理解ができるものの、"観光資源"化という到達点には違和感があり、供養や追善といった本質さえも軽視されてしまう懸念がある。日本が被爆国としてこれまで取り組んできた成果も鑑みながら、一人ひとりが慎重に考えなくてはならな

い。

　震災遺構が示す津波の記憶を、ヒトやその思いを通して、もしくはヒトやその思いから語られる津波の記憶が震災遺構を通して時を経て伝わっている[36]。被災者、そして集落としての合意形成を第一にして、震災遺構の保存と整備を進めていくべきであろう。現存する供養塔からの発展形態でもある震災遺構は、人類の進歩による"産物"であるが故に、多くの課題を残しており、震災遺構という言葉に収斂されるべきではない。今なお、災害と向き合っていかなければならないなかで、これらをどのように扱っていくのか。現代に生きる我々に突きつけられた大きな課題である。

おわりに

　本論で取り上げた鈴ヶ森刑場跡や小塚原刑場跡に関連する史跡として、小伝馬町牢屋跡がある。ここは、天正年中（1573〜92年）に常盤橋外に牢があったが、慶長年間（1596〜1615年）に小伝馬町に移転したことに始まる。現在、十思公園として開放されているが、「石町時の鐘」（東京都指定文化財）や「吉田松陰先生終焉之地」の石碑、「身はたとえ　武蔵の野辺に　朽ちぬとも　留置かまし　大和魂」の辞世の句碑（留魂碑）などが残る。吉田松陰は安政の大獄により、小伝馬町牢屋で拘束され、安政6（1859）年にここで処刑されたため、十思公園に関連する石碑が建立されているのである。

　吉田松陰が処刑されたことを表すように、牢屋には処刑（斬首）する場所もあった。小塚原刑場や鈴ヶ森刑場で処罰されるよりも軽罪に相当するが、十思公園に隣接し、明治8（1875）年に大倉喜八郎と安田善次郎らによって創建された大安楽寺境

延命地蔵菩薩（大安楽寺）

内の延命地蔵菩薩のあるところが当時の仕置場にあたる。延命地蔵菩薩の台座には、「爲戰歿殉難諸霊菩提」「爲囚死群霊離苦得脱」が刻まれ、近くには処刑場跡の碑も玉垣として建てられている。なお、現在、同地も都の史跡に指定される。

また、浄閑寺に関しても、吉原神社や吉原弁財天、見返り柳など、関連史跡が残る。吉原弁財天境内には、大正15（1926）年に建立された吉原観音があり、これは大正12（1923）年の関東大震災によって、この池に逃れながらも命を落とした遊女たちを供養するものである。見返り柳は遊郭を象徴するもので長崎にも残され、当時の花街風情を伝える。

供養するものでさらに挙げれば、キリシタン墓碑も現存する。個人の思想、信仰にまで踏み込んだ江戸幕府の禁教政策は、今日の我々にも強いメッセージを残す。その象徴的なものがキリシタン墓碑であり、キリシタン布教期のもの、禁教期のものなどが各地に残されている。これらを俯瞰的にみることによって、我々は将来的展望を抱かなくてはならない。また、江戸時代の刑罰に流罪があり、遠島地には重罪犯が送られている。そこで、様々な人間模様があったわけだが、なかには墓碑を建立されている流人もいた。偏見を抱かせがちな流人の存在を見直す資源として評価できる。現代では忘れ去られやすい、こうした非日常の世界に目を向ける必要があるだろう。

キリシタン墓碑（南島原市）

流人墓（とっくり墓）（天草市）

震災遺構は、行政ばかりでなく、地域住民によって保護されるなど、広がりをみせている。本書で取り上

げた史跡や遺構、これに付随するものを加えると、広域的にとらえる必要がある。単体としての価値はもとより、周辺地域と協働しながら、伝えていくことが教訓として定着し、遺構の価値をさらに高めるとともに、来訪者への理解を促すことになる。

　以上、刑場と投込寺という、人為的な史跡や寺院、これに対して自然的要素も加わり創出された震災遺構は、価値や評価という点からも、追悼や供養、そして教訓となる概念は共通している。そこに、近年の"観光"という性格が重視されることによって、本質的意義の変容をもたらすことに注意が必要である。史跡を有する自治体としては、教育普及の観点からの活用が図られて然るべきだが、率先した観光ツールとすることには慎重さが求められる。生命に直結し、身を削って残された証を以て、安易に観光客の動員を図ることは、設置目的と本質的に異なってくる。そこには、丁寧な議論の積み重ねが必要であるとともに、来訪者とも正確な意識を共有しておくことが重要であろう。行政による一方的な情報ばかりでなく、各人が史実を理解していくことが、後世への確かな伝承へと繋がっていく。"負の遺産"に対する正しい理解こそが、それ以外のものへも波及し、新たな価値を照射することになるのである。

〔註〕
1　千里眼事件については、「本の万華鏡」（国立国会図書館）に詳しく紹介されている。https://www.ndl.go.jp/kaleido/entry/13/index.html
2　佐久間正ほか訳『アビラ・ヒロン著　日本王国記』（岩波書店、1965年）342〜343頁。
3　安高啓明『近世長崎司法制度の研究』（思文閣出版、2010年）279頁。
4　平松義郎『近世刑事訴訟法の研究』（創文社、1960年）944〜945頁。
5　重松一義『日本刑罰史蹟考』（成文堂、1985年）44〜45頁。
6　『東京市史稿』市街篇第73（東京都、1982年）425頁。
7　『東京市史稿』市街篇第55（東京都、1964年）26頁。
8　『東京市史稿』市街篇第73（東京都、1982年）29〜30頁。
9　重松一義『日本刑罰史蹟考』（前掲書）48頁。
10　荒川区役所編『荒川区史』（荒川区役所、1963年）641〜642頁、荒川区役所

編『新修荒川区史』上（荒川区役所、1955年）673頁。
11 『東京市史稿』市街篇第82（東京都、1991年）278～280頁。
12 瀧川政次郎『日本行刑史』（青蛙房、1961年）143頁。昭和35（1960）年に撮影された写真には、首切地蔵と題目の前に山積みされた遺骨がある。
13 北小路健『遊女―その歴史と哀歓』（人物往来社、1964年）272～274頁。
14 岡本綺堂『箕輪の心中―岡本綺堂情話集』（旺文社、1978年）174頁。岡本綺堂は明治42（1909）年に岡山県に生まれ、出版社「青蛙房」の主人である。
15 都新聞第5616号（『都新聞（復刻版）明治36年7月～8月』柏書房、1997年）。東京朝日新聞第6141号（『朝日新聞（復刻版）明治編125』、日本図書センター、1997年）。なお、都新聞の日付は「8月24日火曜日」とあるが、実際は月曜日にあたり、25日の誤記と思われる。
16 東京朝日新聞によれば、平野吉右衛門は砂糖及び氷仲買商とあり、俊三について「虎彦の次男新蔵」とある。
17 東京朝日新聞では、俊三が所持していたのは「鋭利なる紙切小刀」とある。
18 東京朝日新聞では、「あやしき叫び聲の聞えしより不審を起こして駆付」とある。
19 東京朝日新聞では、「若紫は血塗れとなりて部屋より走り出て廊下へバッタリ倒れたり」とある。
20 東京朝日新聞では、「一円五十銭を剰し居たるのみ」とする。
21 永井壯吉『永井荷風日記』第5巻　自昭和12年至昭和15年（東都書房、1959年）54頁。
22 小川伸彦「言葉としての『震災遺構』」（『奈良女子大学文学部研究教育年報』12号、2015年）67～82頁。
23 3.11震災伝承研究会編『東日本大震災・震災遺構シンポジウム　震災遺構の保存に向けて』（3.11震災伝承研究会、2013年）5～6頁。
24 安高啓明「災害の記録と伝承―寛政4年「島原大変肥後迷惑」の分析を通じて」（青木豊先生古稀記念発起人会編『21世紀の博物館学・考古学』雄山閣、2021年）505～520頁。
25 安喰靖「自然災害伝承碑の取組」（『国土地理院時報』133巻、2020年）71頁。
26 渡辺裕「『偽物』の効用―『震災遺構』保存問題の周辺から」（『アスティオン』86号、2017年）188～191頁。
27 『熊本日日新聞』2023年9月29日朝刊社会面などにて取り上げられた。
28 佐藤翔輔「東日本大震災　震災遺構の今―震災発生六年目の整備保存の現状と課題」（『震災学』11号、2017年）148頁。
29 松岡基嗣「震災遺構は観光資源たりうるか」（『日経研月報』535号、2023

年）51頁。
30　五十嵐大貴「震災遺構の保存は被災地に何をもたらすのか——たろう観光ホテル・奇跡の一本松を事例として」（『現代行動科学会誌』第34号、2018年）69頁。
31　及川誠「『奇跡の一本松』保存業務」（『高翔』61号、2014年）24～27頁。なお、乃村工藝社が請け負って事業が進められている。
32　椎原伸博「『被災地の美しい光景』というパラドクス——震災遺構の美学と倫理」（『建築ジャーナル』第1726号、2018年）26頁。インスタグラムでの投稿から、「視覚的に震災遺構を美しいと感じるときの後ろめたさは、この触覚的な感性によって抑制されるべきであり、インスタ映えする震災遺構の美学に要請されるべき倫理と言える」（28頁）とある。
33　長友大幸・坂野未緒「『陸前高田市の奇跡の一本松』に係わる住民の意識について」（『埼玉学園大学紀要　人間学部篇』第18号、2018年）272頁。
34　永山悟「『奇跡の一本松』の保存とその意義」（『都市公園』210号、2015年）16～17頁。
35　松岡基嗣「震災遺構は観光資源たりうるか」（前掲書）49～50頁。
36　佐藤翔輔「東日本大震災　震災遺構の今——震災発生六年目の整備保存の現状と課題」（前掲書）160頁。

第2章
感染症への対応とアマビエ流行
――資源の活用と可能性

はじめに

　人類には、幾度となく感染症と向き合い、対策を講じてきた歴史がある。医学・医療の進展は、多くの人命を救ってきたものの、その一方で、精神的な拠り所を求める人の動きも交錯している。流行と停滞を周期的に繰り返している感染症は、その都度、多くの人々を不安に陥れ、目に見えない"恐怖"が、日常生活の変化として直接あらわれてくる。そこには、医学的根拠とは別の作用も生じさせているのである。

　近年流行した"アマビエ"は、その代表的なものであろう。新型コロナウイルス（COVID-19）の流行に際して、アマビエは脚光を浴び、先行き不透明な状態のなかで、何かにすがろうとする気持ちは、時代を問わず目芽えている。それは、見えないものに対する恐怖がもたらした現代人の行動様式であるが、今に始まったことではない。自身ではどうすることもできない状況を、呪術的に解決しようと試みたものであって、疫病が蔓延するたびにこうした現象が起こっていた。

　人類の歩みは、疫病（病気）との対峙にほかならない。先人たちはこれを克服しながら、現代に生きる我々にバトンを渡している。現在、直面している新型コロナウイルスやインフルエンザウイルスなどの感染症は、人類と一種の共生関係にある。こうした状況のなかで、先人たちは、どのように向き合ってきたのか。これを歴史的に紐解くことで経験として受け止め、後世に活かしていかなくてはならない。歴史学は生きた学問で、現代社会に対して敏感であるように、新型コロナウイルスの流行は、我々に疫病の歴史とその対応について考える機会を投げかけている。

そこで、ここでは、前近代に起こった感染症の状況を紹介していくとともに、現代における対応との共通点などを探っていく。また、京都大学附属図書館所蔵の「肥後国海中の怪」（アマビエの図）を具体的に読み解き、これが作られた背景などを分析していくとともに、各地で流行した"アマビエ現象"の特徴を検討していく。アマビエに新たな価値が見出され、現代社会に与えた影響を明らかにし、感染症の歴史と現代的意義を考えていくことにする。

1　江戸時代の感染症対応

　人類はいつの時代も感染症と対峙してきた。医療が未発達ななかで、多くの人命が失われていく状況に、有効な手立てを見出せないながらも、でき得る限りの対策を講じてきた。幕末期（19世紀半ば～後期）にコレラが流行、その後、明治10（1877）年から同28（1895）年までの間に数年おきに流行しているが、この時、神官僧侶を中心に編成された教導職の関与もあったという[1]。前近代において医療と宗教（呪術）は常に同居しながら、官民レヴェルで感染症と向き合っていたのである。

　そして、大正7（1918）年にはSpanish flu（スペイン風邪）、平成14（2002）年にSARS、令和元（2019）年には新型コロナウイルス感染症（COVID-19）が大流行した。そこで、COVID-19の報告について、WHOの「SITUATION REPORT」をみれば冒頭に次のようにある[2]。

> On 31 December 2019, the WHO China Country Office was informed of cases of pneumonia unknown etiology（unknown cause）detected in Wuhan City, Hubei Province of China.

　ここには、令和元（2019）年12月31日に中国湖北省武漢市で原因不明の肺炎患者発生が世界保健機関（WHO）に報告されたとある。発生地の特定がなされ、その後、令和2（2020）年1月15日に武漢市に滞在歴のある肺炎患者が、国内初の症例として神奈川県で確認されると、COVID-19は2月1日に指定感染症となった。その後、数度の感染拡大を受けながら、

令和5（2023）年5月8日以降は、5類感染症に移行された。新型コロナウイルスの現実的対応は、水際対策の強化や罹患者の隔離を軸に展開され、ワクチン接種や特効薬による治療がなされている。これらは既に、江戸時代から採られていた対策であり、共通している点も多い。

　江戸時代の三大疫病は、疱瘡（天然痘）・麻疹・水痘（水疱瘡）であり、なかでも疱瘡は毎年流行していた。そこで幕府は、幕臣や大名に対して、登城や儀式への参列を遠慮するように申し渡していたという[3]。慶安3（1650）年の「疱瘡麻疹藪いも遠慮の覚」（国立公文書館蔵『教令類纂』所収）によれば、次のことが確認できる。

　　一手前ニ抱置候孫子親類疱瘡藪いも相煩候ニ付、三度湯かけ候ハ、御
　　　番ニ出し可申候、但屋敷之内を借罷在候親類縁者、右之煩有之時、
　　　構を仕切居住候ハ、不苦候、御番ニ出し可申候事、
　　一自身疱瘡相煩候ハ、相見へ候内より七拾五日過候ハ、御番ニ可出事、
　　　御目見之者百日除候事、
　　一自身麻疹藪いも相煩候ハ、見へ候内より三十五日過候ハ、御番ニ出
　　　可申事、
　　　御御目見之者者七十五日除申候事、
　　一疱瘡相煩候看病人見へ候日より五拾日、
　　　御目見不仕候ニ付御供番右之日数除候事、勿論当番之節御目見不仕
　　　事、
　　一麻藪いも相煩候看病人見へ候日より三十五日、御目見不仕候ニ付而
　　　御供番之節御目見不仕候、
　　　　　慶安三庚寅年十一月四日

　身内に疱瘡や藪いも（痘）を煩っている者がいれば、三度の湯かけをして番に出すように記されている。ただし、屋敷内で同居している親類縁者が罹患した時、構を仕切って居住していれば問題なく出勤することができた。また、自身が疱瘡を煩っている様子であれば、75日過ぎると番詰ができる。御目見の者は100日間で免除となった。麻疹や藪いもを煩っている

ようにみえてから35日過ぎるまで、御目見の者は75日過ぎるまで控えなければならない。疱瘡に罹患した者の看病人は症状が出てから50日、御目見をしない供番であればこの日数は除かれるが、当然ながら当番の時は御目見しないこと。麻疹、藪いもの看病人が発症してから35日を除き、供番の時は御目見しないことと定められている。疱瘡・藪いも・麻疹によって勤務を控える日数に差異があり、さらに、発症した本人か、または看病していて発症したかによっても異なっていた。

延宝8（1680）年「疱瘡疹水痘遠慮之事」（『教令類纂』）でも、病人や看病人に対して35日を過ぎて御目見が許され、さらに看病人は三番湯かけによって御目見することができた。「三番湯」とは、「酒湯」をして一日おいたら「二番湯」、さらに二日おいて「三番湯」を行うとか、「一番湯」から三日目に「二番湯」、さらにその三日目に「三番湯」とされるなど、地域によって違いはあるものの、天皇から将軍、庶民にまで広く行われていた習慣である[4]。

人混みを避けさせるという点は今日の対策と同じであり、これは江戸に限ったことではない。例えば、幕領天草では毎年ほどではないが、疱瘡流行が何度も確認されており[5]、その際には、人里離れた山野や島などに小屋を設けて隔離したり、村の境に垣を設けて人の出入りを制限している。隔離することを「山入」と表現しており、文化4（1807）年の『上田宜珍日記』のなかでも確認できる[6]。

　　一諏訪疱瘡弥相違無之段相決候得共、今晩山入仕寄不申付候ニ付、明
　　　日山入用意、明晩遣候様致度段、諏訪中ゟ願出候由会所ゟ届出ル、

天草の高浜村諏訪で起こっている病が、疱瘡で間違いないと判断している。しかし、今晩に「山入」するような状態にないので、明日、「山入」の用意をするとし、明晩には遣わすようにしたいと見通しをたてている。これは高浜村諏訪から願い出たもので、行政手続により疱瘡対策が講じられている。村方からの申請に基づき「山入」が検討され、「会所」（役所）にも届け出て、正式に隔離を決定する手続がとられていたことがわかる。

その後、高浜村庄屋の上田宜珍は、上長にあたる大江組大庄屋（松浦）のところへ年寄を派遣し、文書で事の詳細を報告している。
　天草郡中で流行拡大しないような手立ても講じられている。天草はキリシタンが多かった地域で、宗門改にあたっても各村を巡回して絵踏（影踏）が行われていた。絵踏は重要な行政手続であり、禁教遵守しているかの最たる確認であるため、役人にとっても重責だった。絵踏の時には、事前に日程を示して郡中を宗門改役が巡回することになるが、疱瘡が流行している村は免除されている[7]。つまり、流行爆発を招かないための例外的な措置が講じられ、人流抑制と拡散防止を図っていた。宗門改よりも流行病対応を優先した行政施策が行われていたのである。
　コレラは妖怪変化の仕業とされ、「狐狼狸」（コロリ）と言われたり、下痢や嘔吐から早期に死ぬことから、「虎列刺」・「虎狼痢」の当て字もあった。天草では、「ころりやん」と呼んでいたことも確認され、その後、「ツキタヲシ」と改名したという。あたかも"生物"であるかのように考えられており、流行することを「徘徊」とも表現し、郡中で迷惑していることを記した古文書もある[8]。多くの人が命を落としたコレラに対して、様々な想いを抱いていたことが示されよう。
　こうした隔離政策以外に、当時の医療も施されている。「稀痘神方」という中国伝来（漢方）の予防法が伝えられ、安永4（1775）年には版刷りで頒布されている。これは、天草の『御用留』にも所収されているため、公儀が指示した対策である[9]。安政6（1859）年には、コレラ対策として、「芳香散」という漢方薬が伝えられるなど、当時、でき得る限りの策が立てられている。なお、感染者や病死者がいれば、逐次、報告されるなど、役所と郡中との間で連絡体制が確立されており、今日の行政対応（保健所対応）の原型が見出せるのである。
　江戸時代に感染症が流行すると、呪術的な振る舞いもみられた。疫病神の御加護を受けるための版刷が製作されており、多くの人がこれを求めている。「はしか絵」や「疱瘡絵」、「コレラ絵」などは代表されるもので、感染症などの予防法、対処、養生方法について記された多くの錦絵やチラシが出されている[10]。なかでも疱瘡絵は、疱瘡見舞い客の購入を当て込ん

で商品開発された特異な浮世絵であるという指摘もある[11]。未知なる病への対処法を民間主導で広く伝えるとともに、"護符"のようにも取り扱われており、宗教界や商業を内包した動静がみられる。

「疱瘡絵」は別名「赤絵」とも呼ばれ、疱瘡の症状（赤い斑点）を連想した赤色刷であるのが特徴である。富士山に加え、達磨、源為朝、鍾馗のような疫病除けの武将や神仏が描かれることが多く、ここには添書がある。添書には疱瘡罹病を予防する方法、罹病時の服薬、症状の対処法、忌避すべき行為や食物についても記し、具体的な対処法が示されている[12]。また、呪術的効力を持つ人物や事物により疱瘡を予防すること、祝祭的な呪力により疱瘡を封じ込め、遊興により快復を連想させて健康を予祝するものでもあった[13]。

以上のような刷物の制作と頒布は、人心不安を払拭し、対処予防法の入手といった、感染症流行時の人々の行動様式に起因している。また、前述したように、商売として成立することもあって、全国各地で流行・伝播したのである。はしかや疱瘡といった古くから日本に存在していた感染症に加え、文政5（1822）年の流行後、安政5（1858）年に再びコレラ（虎列刺・虎烈刺・虎列拉）・コロリ（虎狼痢）が長崎から大流行する。

仮名垣魯文著『安政箇勞痢流行記概略』（国立公文書館蔵）には、1858年7月13日（安政5年5月）に出島で下痢と嘔吐の症状のものが30人おり、アメリカ蒸気船ミシシッピー号にも同様の症状のものが出ている状況を記している。また、中国でも流行し、"コレラアシアテイス"という病名の疫病が流行し、病死者が多数出ていることを伝えている。あわせて、胡瓜（きゅうり）や西瓜（すいか）、李（すもも）、杏子（あんず）、桃を食べることを禁じたり、暮らし向きに影響する情報が伝えられ、様々な対策がとられていることがわかる。安政5（1858）年のコレラ流行の状況について、オランダ海軍の軍医だったポンペは次のように述べている[14]。

> 1857年7月に米艦ミシシッピー号 Mississippi がシナから日本にコレラ病を持ち込んだ。1822年以来、日本ではこの恐るべき疾病についてはまったく聞くところがなかった。たくさんの犠牲者が出た。市民は

このような病気に見舞われてまったく意気消沈した。彼らは、この原因は日本を外国に開放したからだと言って、市民のわれわれ外国人に対する考えは時には、はなはだわれわれを敵視するようにさえなった。

　安政五カ国条約の締結後、日本は開国されたことにより、外国人が日本にコレラを持ち込んだという。鎖国から開国という国内状況の変化にともない、コレラの流行がさらなる人心不安に陥れたのである。そして、外国人を敵視する姿勢は、鎖国体制が連綿と続いてきた弊害ともいえるが、コレラ流行がさらなる拍車をかけた。有効な手立てが打てないまま、当時の日本人は外国人に矛先を向けたのである。安政6（1859）年になると、依然として外国人に対する敵意は顕著となっていく。そこで、ポンペは市中の様子を次のように記している[15]。

　市民はいろいろの神様を担いで市中を練り歩いた。こうしてこの疫病の神を追い払おうというのである。この行列に出会うことはまったく望ましからぬことであった。私も二度ばかりその破目に陥った。特にそのうちの一度は、もし行列の中に私を知った人がいなかったら大変危険な目に遭っただろうと思うほどであった。

　祇園祭が疫病退散の祭りであったことはよく知られるが、コレラが流行している最中にまさに疫病退散の神事が行われていたのである。外国人であるポンペも危険な目にあっており、外国人排斥（＝攘夷思想）運動とコレラの流行が緊密に連動した社会情勢にあった。ポンペらによる医療が十分に行き届かず、コレラが蔓延するなかで神威にすがろうとする民衆心理がここにあらわれている。その一方で、「コレラ絵」が作られるなど、時代に即応した動きも生じているのである。神威にすがることで感染症に対する心的不安の解消につながっていたとも考えられる。
　長崎から江戸へ大流行をもたらしており、その時の様子は、前述した『安政箇労痢流行記概略』（国立公文書館蔵）にも収められている[16]。ポンペが記した長崎の様子は、江戸でも同じだったようである。

小塚原から焼き場へ『安政箇労痢流行記概略』
（国立公文書館蔵）

此節流行之病症にて死亡人多く、市中一統恐縮之余り、中には祈祷与唱手遊之神輿、或ハ獅子頭等夜中町内持歩行候哉之趣、畢竟邪気除候儀（後略）

　コレラ流行によって死亡人が多く、市中では恐れ慄いていたことがわかる。これをあらわすように、「荼毘室」（焼き場）に向かって多くの棺が列をなしており、積み上げられていたという。病死したとして運ばれた者のなかには、蘇生する者もいたようで、焼き場から逃げ出したという話も巷で広まっている。

　こうした凄惨な状況を目の当たりにした江戸市中の人たちは、祈祷したり、神輿を担いだり、さらには夜中に獅子頭などを持って町内を練り歩く者もいた。これは邪気払として行われたもので、多くの人が生命を落とすなかで、一層神威にすがっていったのである。なお、コレラとの対比でキリスト教の侵入を脅威としてとらえる向きも生じていた。既存の民俗的認識枠組みで処理が試みられていた一方で、コレラの境界内への侵入が疫神・亡霊のみならず、狐や外国勢力、キリスト教の脅威としてもとらえられていたのである[17]。

　『安政箇労痢流行記概略』には、疫病と妖怪を結びつけた逸話も収められている。木津氏という勇猛な武士がいたが、勤務を終えて宿に帰り、寝室に行くと、屏風のなかから「異形之妖怪」がいきなり現れたという。木津氏に飛びかかる様子だったので、刀を抜いて妖怪の正面を斬りつけた。

異形之妖怪退治図（安政箇勞痢流行記概略）

外へ逃げようとしたので追いかけてなんとか生捕りすることに成功する。

　明かりを照らしてみて「是年経狸にて当時奇病の流行せるその虚に付込諸人をたぶらかし悩むるもの」と述べている。つまり、「経狸」（＝古狸）が奇病に乗じて人々を誑かし悩ませているとし、これを退治することによって人心不安を一掃しようとしているのである。流行病と妖怪を同一視して、目に見えぬ病に対峙していったことがわかる。

　『安政箇勞痢流行記概略』の最後には、「白澤之図」が収められている。「白澤（はくたく）」は中国に伝わる神獣で、その姿を描いたものは、厄除けとして用いられている。「白澤」は、中国で317年に確認され、日本でも延長5（927）年の「延喜式」で挙げられるほか、琉球の地域にも存在している。寛永13（1636）年には狩野探幽が牛に似た白澤を日光東照宮拝殿杉戸に描いたことでも知られている[18]。「安政五戊午季秋九月　天壽堂」が「白澤之図」を掲載するにあわせて、次の文も添えている。

　　毎夜このゑを枕にそへて臥すときハ凶ゆめをミず、もろゝの邪気をさ
　　くるなり

　　　　　　　　　　　　　　　　　　　　　　　　　　　　おろか

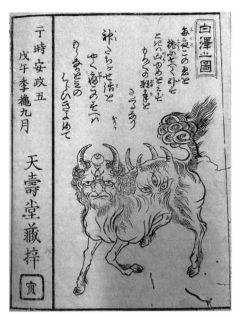

白澤之図（安政箇勞痢流行記概略）

神たちが世話をやく病このすへはもうなかとミのはらいきよめて

前半には、この絵（＝白澤）を枕に添えて寝れば、悪い夢を見ることもなく、様々な邪気を避けることができると記している。そして、神たちが世話をして病を退け、中臣祓で清める旨の和歌が添えられている。これにより、中国の霊獣「白澤」の神威を借りて、さらに中臣祓で疫病退散を図ろうとする考え方が伝えられていた。

疫病の流行にあわせて、様々な伝承が想起され、呪術が創出されていった背景には、顕著な人心不安があった。それを既存の宗教的・民俗的対応によって逃れようとしていた。医療の足りない分を宗教的に補っていたのである。明治になると、社寺局の教導職を、防疫活動に動員していた警察とともにコレラ予防の啓発要因に指定する。政府の方針に沿った衛生の徹底に向けた自助努力を促すようになり[19]、官民一体的な感染症対策が呪術的にも行われていったのである。

2　瓦版アマビエとその解釈

新型コロナウイルス流行にあたって、現代的な情報発信によって、前述した「コレラ絵」に相当する社会現象が生じた。それは"アマビエ"現象で、その起点となったのは、京都大学附属図書館が令和2（2020）年3月6日の公式Twitter（現X）で所蔵資料「肥後国海中の怪（アマビエの図）」

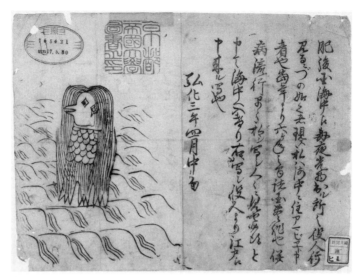

「肥後国海中の怪」(アマビエの図)(京都大学附属図書館蔵)

を取り上げ、次のような発信をしたことで、全国的に大きな反響を呼んだ。

> 新型コロナウイルス感染拡大防止のため、利用者のみなさんにはいろいろとご迷惑をおかけしております。疫病の際に絵を描いて見ると良いとされる妖怪アマビエを置いておきますね。貴重資料デジタルアーカイブで公開されておりますのでご活用ください。

この文章にアマビエの画像が添付されたが、資料を有する図書館だからこその発信で、時勢を見極めたユニークな取り組みである。SNSをはじめ、全国各地の紙面や番組で取り上げられ、老若男女を問わず、瞬く間にアマビエの存在は知られるところとなった。まさに21世紀型の"疫病神"としてアマビエは社会現象を巻き起こしたのである。なお、これ以前の2月27日にTwitter（現X）での発信があり、妖怪愛好家のなかでアマビエは周知され、自作のアマビエ投稿が増えていったという[20]。

実物資料を所蔵する京都大学附属図書館の発信は、様々な業界へと影響を及ぼすことになった。博物館・図書館が潜在的に有する強みが、"アマビエブーム"を巻き起こし、資源（資料）が多様な活用を引き起こしたのである。こうして全国的に知られるところとなったアマビエだが、どのような姿形の妖怪で、いかなる功徳がもたらされる存在なのか。京都大学附属図書館所蔵資料からこれを確認していきたい。

人魚塚（龍宮寺境内）

構図としては、前述した「はしか絵」や「コレラ絵」と同じように、絵と文章からなっている。まず、アマビエ図を確認すると、下半身まで伸びる長髪に菱形の目、クチバシをもち、エラとも耳とも受け取れる顔立ちである。胴体は鱗で覆われており、下半身は「三本足」とも「三割れ尾鰭」とも解釈できる出立ちで、波の上に直立している容姿からは、"半人半魚"をイメージしたものである。

アマビエの姿は、当時からしばしば目撃されていた"人魚"がモチーフである。日本における人魚にまつわる話として、貞応元（1222）年に博多で漁師の網に人魚がかかったというものがある。これは約150cmの人魚で、この肉を食べれば不老長寿と言われていた。現在、龍宮寺（福岡市博多区）には、人魚の絵図や人魚の骨といわれるものが残されるほか、境内には「人魚塚」が建立されている。

また、シーボルトは、人魚のミイラ（模型）をオランダに持ち帰るなど（現在、ライデン国立民族学博物館蔵）、国内外でその存在は、伝承を含めて認識されていた。そのほか、寛政3（1791）年に神沢杜口（1710〜1795）が著した『塵秘知』をみれば[21]、淡州（淡路国）の浜岡で人魚が現れたとある。そして、松浦静山が書いた『甲子夜話』には、延享の初め頃（1744

〜45)、伯父母が平戸から江戸へ行く航路で次の体験をしている[22]。

> （前略）船玄海を渡るとき天気晴朗なりければ、従行の者ども船櫓に上りて眺臨せしに、舳の方十余間の海中に①物出たり。全く人体にして腹下は見へざれども、女容にして色青白く、髪は薄赤色にて長かりしとぞ。人々怪みて、かゝる洋中に②蜑の出没すること有るべからず抔云ふ中に、船を望み微笑して海に没す。尋で魚身現れ、又没して魚尾出たり。此時人始て③人魚ならんと云へり。（後略）

ここには、玄界灘の海中に「物」（下線部①）が出没したとある。快晴のなか従者たちが発見したといい、快晴という気象状況や複数人が確認したという事実を以て、信憑性を高める記述となっている。「蜑（あま）」（下線部②）（＝海人）が出没するわけがないとしつつも、女の風貌で、青白い顔に薄赤い色の長髪であると特徴を述べている。当初、下半身はわからなかったようだが、魚身・魚尾がみられたとし、ここで「人魚」（下線部③）であろうと結論付けている。

『甲子夜話』の記述からは、平戸藩従者がみた「物」はアマビエを彷彿とさせるが、一般的な人魚のイメージと重なる。このような人魚のイメージが妖怪に転じたといえ、日本人に広く定着していったものと考えられる。

次いで資料右側には、アマビエが出現した様子や状況などが記されており、これを示すと下記の通りである。

> 肥後国海中江毎夜光物出ル所之①役人行見ニ②づの如く者現ス、私ハ海中ニ住アマビエト申者也、当年より六ヶ年之間諸国豊作也、併病流行早々私シ写シ人々ニ見せ候得と申て海中へ入けり、右ハ写シ役人より江戸江申来ル写也、
> 　　　　　弘化三午四月中旬

肥後国の海中に毎夜、光を発する物が出ている所の「役人」（下線部①）

が行って見たところ、「づ」(下線部②)(＝図)のような者が現れたという。すると、その者は「私は海中に住むアマビエと言う者である。今年から6年間、諸国は豊作となるが、あわせて流行病もあるので、すぐに私を写して人々に見せるように」と言って海中に入っていった。これは、筆写した役人から江戸へ報告された時の写しであるという。この時、弘化3(1846)年4月中旬だった。

　瓦版の本文構成は次の4つからなっている。①名乗り(私ハ海中ニ住アマビエト申者也)、②予言-1(当年より六ヶ年之間諸国豊作也)、③予言-2(病流行)、④疫病除けの方法(早々私シ写シ人々ニ見せ候)である[23]。今日のアマビエ伝承では、④疫病除けに注目が集まっているが、豊作の予言もあり、"良いことの後には悪いこと"という人生訓とも受け取れる忠告でもあった。

　ここから読み解けることとして、まず、アマビエは弘化3(1846)年に肥後国の海中に出現し、これは4月中旬には江戸へ報告されているということである。出没場所と報告した主体を考えると、「肥後国海中」という言葉から、今日の有明海か八代海、島原湾、天草灘がその範囲になろう。そして、「光物出ル所之役人」とあるため、「熊本領」、「人吉領」、「島原領」、「幕領天草」の役人の誰かがアマビエに遭遇したことになる。

　次いで、「光物出ル」という箇所について、これは、熊本でみられる「不知火(しらぬい)」現象に倣ったものと考えられる。八代海は不知火海とも称されるように、旧暦8月1日に蜃気楼(しんきろう)現象が起こる地域である。これについて、『日本書紀』によれば、景行(けいこう)天皇の九州巡幸にあたって芦北から出航し八代海の航行中に方角がわからなくなったが、遠くに見えた火を目指して進み無事に到着できたという。つまり、蜃気楼が起こっていたわけだが、その火のことは誰も知らないと述べたことが、「不知火」の由来である。古くから肥後国で知られる「光物」(＝蜃気楼)を混合したものと推察され、前述した「肥後国海中」は、八代海と想定できよう。

　アマビエに遭遇したのは、「光物出ル所之役人」である。前述した不知火の生じた場所は、現在の宇城市にあたり、江戸時代の行政区画でいえば宇土郡である。宇土郡内では、さらに郡浦手永と松山手永に分けられる。

つまり、ここに記される「役人」とは熊本藩の役人というよりも、中間行政機関にあたる手永会所に詰める役人である可能性が高い。

　他方、対岸の天草側からの目撃談ということも想定される。弘化3（1846）年の時の天草は、長崎代官高木家の預所となっており[24]、目撃したとすれば宇土の対岸に位置する大矢野組上村か登立村の役人である大矢野組大庄屋吉田家（上村庄屋兼帯）、登立村庄屋光瀬家らである。彼らから富岡町にある郡会所に連絡、富岡役所詰の長崎代官手代に上申、さらに、長崎に常駐する長崎代官を経由して、長崎奉行と勘定奉行に伝えられたことになる。在崎の長崎奉行からは在府の長崎奉行へ転達され、江戸にアマビエのことが伝えられたと思われる。つまり、熊本藩の会所役人、もしくは天草側の大庄屋・庄屋がアマビエに遭遇、これを筆写したと推測されるが、最終的には江戸まで報告されることになった。

　熊本の会所役人と天草の大庄屋・庄屋どちらが伝えたのかを特定することは難しい。ただし、江戸へ伝えたという点に着目すれば、天草側であれば妥当性がある。それは、天草は幕領であり、当時、長崎代官が治めていた。こうした状況から江戸への報告義務は、熊本藩よりも高いため、前述したルート（天草→長崎→江戸）で伝えられたと推知される。天草と熊本は同じ肥後国であるため、特定を困難とするが、両域にまたがる現象として創作されたのではなかろうか。

　豊作の件は、熊本を意識したものと考えられ、資料中に、今年（弘化3年）から6年間は豊作になると記される。弘化元年の熊本領内は、旱魃に見舞われ、雨乞いするも、五町手永内の村では5ヶ年の上納分の猶予願いを出し、損耗高は132,860石余、その翌年にも、夏に水害と風災に見舞われ、その損失215,898石余を幕府に届け出ているほどだった[25]。こうした領内の状況を受けて、五穀豊穣を願う民衆意識が生じて、アマビエの発言として盛り込まれていると思われる。

　また、アマビエは「病流行」を示唆している。この頃起こった疫病として、天保14（1843）年に長崎表や茂木村で疱瘡が大流行、長崎奉行所で取り調べられている天草の楠浦村の松之助は罹患して病死し、付添役だった二江村庄屋池田寅之助も帰村すると罹病したという[26]。同年には天草の樋

島村でも疱瘡が確認されており[27]、長崎からの疱瘡流行が肥後国天草にも伝播していたことがうかがえる。

このように、弘化3（1846）年にアマビエが作成される3年前から、疱瘡流行や旱魃、水害などに肥後国は見舞われていた。そうした社会状況のなかで、予言を通じて防疫も意識させる媒体が出回った。人心不安が続いているなか、不思議な現象である不知火とアマビエを同期させて神秘性を増し、作成されるに至ったのである。

3　アマビエの流行の契機と広がり

これまで日本では「はしか絵」「疱瘡絵」「コレラ絵」など数多くのものが作られてきたなかで、新型コロナウイルスのパンデミックでは「アマビエ」が大流行した[28]。先にあげた京都大学附属図書館のTwitter（現X）が発信源であるが、アマビエの姿形の図（絵）そのものの奇妙さも相まって多くの人々に受け入れられていった。兼ねてからアマビエの存在は民俗学を中心に知られていたようだが、決して周知されていたものではなかったことが、人気に拍車をかけたといえまいか。

水木しげる氏が『日本妖怪大全』（講談社、1994年）のなかで「アマビエ」を紹介している。そこには、牛が産み落とす「くだん」という予言の上手な妖怪の親戚である可能性を示唆しつつ、神に近い妖怪であると評価する。そして、予言だけではなく、病気を治す能力を同時に兼ね備えているとして、"神怪"というべきかとも指摘する[29]。

水木しげる氏の出身地である境港市には、境港駅から水木しげる記念館までの約800mの「水木しげるロード」がある。ここには177体の妖怪ブロンズ像が建立されており、単体ブロンズのほか、物語の一場面を再現したもの、さらに着ぐるみの妖怪も定期的に巡回し、動態展示を展開している[30]。境港駅を起点にマンホールや街灯など、徹底した"水木ワールド"を再現しており、多くの集客があった。また、水木しげる（本名：武良茂）氏の先祖は、隠岐島武良郷（現在の中村地区）にあるということで「隠岐は水木サンのルーツです」をキャッチコピーに観光振興している。

隠岐の島町の観光協会や商工会などが「水木しげるロード延長プロジェ

クト実行委員会」を立ち上げ、「隠岐武良祭風流」（隔年で挙行）を踊る水木しげる氏のブロンズの建立が計画され、平成20（2008）年10月5日に除幕式が執り行われた。その後、提灯おばけやさざえ鬼、五体面など11体のブロンズ像と3体の石像が設置されている。このなかにアマビエも含まれており、平成22（2010）年に披露された。新型コロナウイルス流行前に妖怪のひとつとして既に設置されており、その後、SNSなどで広く知られることになった。

　"隠岐は水木サンのルーツです　水木しげる"という文字と鬼太郎の絵を刻んだ土台にアマビエ像が置かれている。そのキャプションには、次の2点が記されている。

　　◆海中からいきなり出てきて「今年は豊作だ」などの予言をする妖精
　　◆効能／漁に恵まれる

　ここには、疫病について記されていないため、設置した際には感染症流行への意識が薄かったことがうかがえる。現在の隠岐の島町で主要な水産業を意識した"豊漁"を刻んでおり、前述したアマビエの"豊作"の助言が"豊漁"に結び付けられている。しかし、新型コロナウイルス流行を受けてアマビエが注目されるようになるなか、隠岐の島町に設置されたアマビエ像が全国各地で見られる「アマビエ像」の嚆矢といえる。

　コロナ流行にあわせてアマビエに関連するさまざまな商品が開発されている。官公庁の配布物にイラストされたほか、ぬいぐるみやシール、お守り、菓子などのモチーフにもなっている。商品化された事例は枚挙にいとまがないが、厚生労働省が「知らないうちに、拡めちゃうから。STOP！感染拡大──COVID-19」と、コロナ対策の啓発アイコンに採用したことで、ある種、"国認定"キャラクターのような状況にまでなっており、多くの国民に周知されていった。

　これは伝統工芸品にも波及する。天草では"天草土人形"という江戸時代から続く郷土民芸品があるが、しもうら弁天会によって下浦土玩具としてアマビエが作られている。また、福島県郡山市では、江戸時代初期から

三春駒や三春張子が製作されているが、"アマビエだるま"が作られた。このように、アマビエは伝統工芸の素材となっているが、これまでも当時の社会状況がデザインに反映されていることもあり、新型コロナウイルスが流行したことで新たなモチーフとして創出された。繰り返される感染症に対して、打ち勝った伝承や想いが妖怪に投影され、これが近年のアマビエ現象となったのである。

また、新型コロナウイルスの流行により、旅行業はもとより飲食業など、多くの業種で不況に見舞われた。これは、感染症流行にあたって避けては通れないものであり、以前から"泣き笑い"の業種が存在している。禁忌との兼ね合いで、芝居小屋・鰻屋・煮売屋・蕎麦屋・呉服屋・風呂屋・髪結床・遊郭は不況を代表するものである一方、宗教関係はお札やお守りを売り捌くといった明暗がわかれている[31]。

先述した「はしか絵」や「コレラ絵」などは、商品として製作された意味合いが強いものの、所有することで護符のような効果を期待し、多くの人がこれを所望していた。そこに医学的根拠はないわけだが、何かにすがる気持ちが行動様式としてあらわれ、現在、開発されているアマビエ関連品も同様に人心を掴んでいる。そこには、「海から」やってきた恐ろしい疫病と、波間にのんきに漂うアマビエの気の抜けた表情のギャップに不安緩和の効果があり、拡散の一因になったともいう[32]。

こうした商品化の一方で、常設に近い形でアマビエが置かれていることも特徴であろう。一過性的に雪でアマビエを作ったり（山形市）、砂でアマビエ像を製作している（東御市）自治体も確認できるが、常置されているアマビエ像を挙げると、次頁の表のようになる。

アマビエ像（天草市・大島子諏訪神社）

表　アマビエ像の素材と設置場所

材質	点数	所在地	場所	設置年月	備考
木像	1	山口県萩市	雲林寺	2020.5.5	チェーンソー作家
美濃焼	1	岐阜県土岐市	道の駅志野・織部	2020.5.11	高さ43cm
木像（境内のクスノキ）	1	長崎県諫早市	諫早神社	2020.5.25	チェーンソーアート2年連続日本一　高さ1.15m（300kg）
木製	10	熊本県坂本町	道の駅さかもと	2020.5	チェーンソー製作
石像	1	熊本県天草市	大島子諏訪神社	2020.5	地元石材店
木像	1	鹿児島県霧島市	霧島神宮	2020.5	
木像	1	富山県南砺市	金城寺	2020.5	彫刻師が制作、寄付
木像	1	長野県小諸市	菱野温泉　薬師館	2020.6.4	
木像（地元杉樹齢100年）	1	宮崎県美郷町	美郷町商工会北郷支所	2020.6.8	町観光協会副会長チェーンソーで作成　高さ90cm
瓦製（菊間瓦）	1	愛媛県松山市	愛媛県庁	2020.6.17	今治市瓦店より寄贈
木像（ヒノキ）	1	岐阜県高山市	森の水族館	2020.7.7	館代表の製作、現代アート
木像（樹齢400年の栗の木）・装飾（銅板など）	1	宮城県大崎市鳴子温泉	洞川院	2020.7.7	住職製作　高さ2.2m
石像	1	群馬県前橋市	弁天通り（商店街）大蓮寺山門横	2020.7.28	有志により寄贈
木像（御神木）	1	宮城県大崎市	鹿島台神社	2020.8.7	氏子奉納
布製	1	佐賀県鳥栖市	鳥栖駅	2020.9頃	駅構内
石像	1	熊本県上天草市	藍のあまくさ村	2020.10.18	高さ1.8m／重さ2t
藁製	1	群馬県みなかみ町	道の駅たくみの里	2020.11.17	高さ3m
土像（令和元年台風による堆積した土砂）	1	長野県上田市	上田市合同庁舎	2020.11.27	地域おこし協力隊員制作
木像	1	千葉県茂原市	ショッピングセンター「アスモ」	2020.12.18	チェーンソー、国道沿いにも別置
石像	1	鹿児島県鹿児島市	新生田上霊園	2021.1.29	
木像（杉）	1	和歌山県西牟婁郡	成道村	2021.2.2	チェーンソーアート2年連続日本一　高さ1.15m（300kg）
紙製（米袋）	3	新潟県新潟市	新潟駅	2021.2.8	在来線、JA北越後寄贈
紙製	1	山口県下関市	道の駅北浦街道豊北	2021.2.17	千羽鶴
石像	1	千葉県八千代市	長福寺	2021.3.20	石材店
木像	1	千葉県君津市	民家敷地内	2021.4.8	
木像	2	群馬県中之条町	交通安全不動尊内	2021.7.4	
石像	1	東京都立川市	諏訪神社	2021.7.14	東京立川ロータリークラブ
―	1	兵庫県神崎町	福山駅	2021.12.24	妖怪ベンチのひとつ
木像	1	千葉県袖ヶ浦	延命寺	2021年頃	
木像	1	山形県寒江市	JAさがえ西村山	2022.8.24	高さ50cm
木像（杉材）	2	栃木県芳賀郡市貝町	道の駅サシバの里いちかい	2022.4.1.	1.1m（70kg）・1m（40kg）
木像（樹齢100超の台風15号での倒木）	1	千葉県長生郡白子町	白子神社	2022.5.20	愛好家グループ　高さ1.8m

これによれば、全国的に設置されていることがうかがえるが、その場所には次の傾向がみられる。第一に「神威の拠点」である宗教施設に置かれていることである。神社や寺院の境内に置かれているが、これは、医学と一線を画した神威に期待したあらわれであろう。神社などに疫病神を祀ることは以前からもみられ、例えば「疱瘡神」は、どのような神かは明らかではないとしながらも、元禄頃から祀られていたという[33]。寺社の境内に設けられることで妖怪から神格化し、前述した水木しげる氏の指摘にある"神怪"というべき存在に昇華したと評価することができよう。

　次いで「人流の拠点」である商業施設に置かれていることが挙げられる。百貨店やショッピングモール、道の駅などの人が多く集まるところは、感染症対策の隔離と相反している。しかし、生活するうえで不可欠な場所であり、そこに、アマビエを置くことによって、安堵感・安心感を与えることにつながるだろう。今日ではオブジェとして置かれているものになろうが、閉塞感が漂うなかでの企業側の工夫であり、配慮でもある。検温や消毒といった現実的対策のほかに、商業施設を"守る存在"（神格化）として設置しているのである。

　さらに、人が行き来する「移動の拠点」の駅舎に設けられていることも確認できる。疫病のほか悪霊を防いだりするほか、村から追い出す神として村境には道祖神が祀られることが多いという[34]。疫病の越境を防ぐためには人流抑制が重要であり、駅舎に設けられたアマビエは、商売と人流抑制の矛盾を解消する存在として設けられているのである。また、利用客に対しても、心理的安心感を与えるものともいえよう。

　最後に、感染症への対策を講じる「対策の拠点」である行政庁に設けられていることが特徴である。かつての行政庁に鎮守の社が置かれていたように、今日のアマビエは、県庁や市役所などにも設置されている。人が往来し、集まるという点では、「人流の拠点」となりうるわけだが、宗教施設とは異なる場所である。対策を講じる職員はもとより、県民、市民への感染症対策意識の向上、さらには、"疫病退散"を祈念したものといえる。新型コロナウイルス流行にあたって新たに生まれたのが"アマビエ信仰"で、その現実路線の延長上に、アマビエを据えた行動様式が確認され

る。

　アマビエ像の設置主体は、ボランティアや神職・住職、職員、有志、氏子などといったように様々で、個人・団体が制作し、当該地に寄贈している。なかには芸術作品と評価できるものもあり、チェーンソーのような現代機器を駆使したアマビエ像もある。木製の場合は御神木をはじめ、倒木、そのほか、災害時の土砂なども用いられるなど、多岐にわたっている。テレビやインターネット普及も相まって広くアマビエの情報が伝達され、老若男女を問わず参画した表れであろう。また、SDGsの浸透もあって、まさに現代社会の状況が凝縮された現象である。疫病対応の具現化も時世にあわせながら行われていることがうかがえる。閉塞的な社会状況下にアマビエが人心掌握したかのような現象が各地で自然に生じていたのである。

おわりに

　コレラが流行した時にみられたように、隔離と非接触対策が新型コロナウイルス流行期も講じられてきた。全国的に避病院が設置されたことは、伝染病への対策を象徴するものである。その後、避病院における絶対的隔離が続き、さらに、らい予防法が制定されると、当初、放浪するらい患者の収容が目的であった施設が隔離施設となり、絶対隔離が実施された。それが人権問題という認識に至るまで長い時間を要することになる[35]。新型コロナウイルスでも流行当初、偏見や差別がみられて社会問題にもなったが、時を超えても完全に解消できない人類の未熟さを露呈した。その一方で、ホテル療養も行われるなど、時世にあわせた対応がとられていった。

　感染症との戦いは人類の歴史でもある。医学の進歩の一方で、ウイルスも変化している。医療従事者ではない多くの一般人にとって、アマビエの存在はまさに救世主となり、SNSという現代的手法で、迅速かつ広範囲に発信された。そこには、連綿と続いてきた疫病と人類との戦いの縮図があり、身近な対処法、かつ民間信仰的要素を有したものとしてアマビエが存在意義を高めていったのである（神格化）。マニアック性やキャラクター性も相まって人心をくすぐったことが流行の要因のひとつであろう。また、水木しげる氏や民俗学（妖怪学）の分野で学術的な裏付けが既にされ

ていたことも、人々に受け入れられていった背景にある。

　民間療法と民間信仰とが混合した対処法は以前からみられる。文久2（1862）年の麻疹流行にあたっては、素戔嗚尊が悪神を退治する絵が描かれ、古代から疫病を支配できる神とされた素戔嗚尊を麻疹神と見立てている[36]。また、疱瘡神や麻疹神を、鍾馗や源為朝などが退治し、疱瘡や麻疹を軽くするという民間信仰もある[37]。アマビエは、弘化3（1846）年から令和2（2020）年に時を超えて、新型コロナウイルスが誕生させた新星〝アイコン〟であり、時代を象徴するものとなって、後年に語り継がれることだろう。

　アマビエは、民俗学（妖怪学というべきか）的な研究が進められており、「アマビコ」との関連性も指摘されていた。それにも関わらず〝アマビエ〟として周知されているのは、未解明な点が多いからであろう。「肥後国海中の怪」は1点の現存しか確認されないなかで、歴史学的な調査の進展も見込めない。いわば、こうした未解明な部分が知的好奇心を煽り、各人で解釈可能な多機能型〝神怪〟としての地位を不動にした。京都大学附属図書館が発信したTwitter（現X）は、実物という〝モノ〟が有する魅力や価値を高め、改めて文化資源の可能性、そして、資源と人心との緊密性を再評価することにつなげたのである。

〔註〕
1　西村明「近代日本におけるコレラの流行と宗教」（『宗教研究』95巻2輯、2021年）61頁。
2　World Health Organization「Novel Coronavirus（2019-nCoV）SITUATION REPORT-1」（21JANUARY 2020）1頁。
3　並松信久「癒しと共生の系譜―江戸時代の感染症対策」（『京都産業大学日本文化研究所紀要』第27号、2022年）110頁。
4　鈴木則子『江戸の流行り病』（吉川弘文館、2012年）31頁。
5　安高啓明『近世天草の支配体制と郡中社会』（上天草市、2022年）281頁。そのほか、享保16（1731）年には「犬はしか」、安政5（1858）年にはコレラなどが流行している。
6　平田正範翻刻・執筆『上田宜珍日記　文化四年』（天草町教育委員会、1989

年）354頁。
7 　安高啓明『踏絵を踏んだキリシタン』（吉川弘文館、2018年）187頁。
8 　藤田家文書仮目録番号１-2341。
9 　安高啓明『近世天草の支配体制と郡中社会』（前掲書）284頁。
10　内藤記念くすり博物館では、保健衛生として、「衛生」「結核」「コレラ」「伝染病」「はしか・はしか絵」「ほうそう」「梅毒」と分類してデジタル・アーカイブされているので参照されたい。
11　川部裕幸「疱瘡絵の文献的研究」（国際日本文化研究センター『日本研究』第21集、2000年）140頁。
12　石垣絵美「疱瘡絵の画題と疱瘡除け」（『國學院雑誌』第118巻第７号、2017年）25〜30頁。
13　ハートムット・O・ローテルムンド『疱瘡神—江戸時代の病をめぐる民間信仰の研究』（岩波書店、1995年）。
14　沼田次郎・荒瀬進共訳『ポンペ日本滞在見聞記—日本における５年間』（雄松堂出版、1984年）288頁。
15　沼田次郎・荒瀬進共訳『ポンペ日本滞在見聞記—日本における５年間』（前掲書）310〜311頁。
16　別名『転寝の遊目』で、編者の金屯道人は仮名垣魯文によるルポルタージュである（氏家幹人『江戸の病』講談社、2009年）７頁。
17　西村明「近代日本におけるコレラの流行と宗教」（前掲書）58〜59頁。
18　熊澤美弓「『渉世録』について—「白澤避怪図」にみる妖怪資料」（『愛知県立大学大学院国際文化研究科論集』第８号、2007年）３〜５頁。
19　西村明「近代日本におけるコレラの流行と宗教」（前掲書）70頁。
20　飯倉義之「アマビエはなぜゆるキャラ的にコロナ禍のアイコンとなったのか—予言獣「アマビエ」ブームの観察と考察」（『子どもの文化』第52巻９号、2020年）４〜５頁。2020年２月27日のTwitter（現X）投稿が最初とする。
21　京都町奉行所与力を勤めた後、文筆家に転じた神沢杜口は、200冊に及ぶ随筆『翁草』を書いたことでも知られる。
22　中村幸彦・中野三敏校訂『甲子夜話　２』（平凡社、1977年）12〜13頁。
23　伊東龍平「アマビエ考—コロナ禍のなかの流行神」（『口承文芸研究』第44号、2021年）21〜22頁。
24　安高啓明『近世天草の支配体制と郡中社会』（前掲書）31頁。弘化３年は高木忠篤から高木忠顕へと交代した年である。
25　細川藩政史研究会編『熊本藩年表稿』（細川藩政史研究会、1974年）315〜316頁。

26　松田唯雄編『天草近代年譜』（みくに社、1947年）470頁。
27　安高啓明『近世天草の支配体制と郡中社会』（前掲書）281頁。
28　アマビエは、「アマビコ」の誤記であり使用を避けるべきとの言及がある（湯本豪一編『明治妖怪新聞』（柏書房、1999年）198頁）。
29　水木しげる『図説　日本妖怪大全』（講談社、1994年）50頁。
30　安高啓明『歴史のなかのミュージアム―驚異の部屋から大学博物館まで』（昭和堂、2014年）72～76頁。
31　鈴木則子『江戸の流行り病』（前掲書）101～106頁。
32　山中由里子「表象の疫学から解くアマビエ現象」（『季刊民族学』178号、2021年）76頁。
33　富士川游『信仰と迷信』（磯部甲陽堂、1928年）97～98頁。
34　大護八郎『道祖神―路傍の石仏2』（真珠書院、1966年）33～35頁。
35　酒井シヅ「伝染病の歴史―疫病から感染症に」（『日本医史学雑誌』第48巻第3号、2002年）13頁。
36　酒井シヅ『絵で読む江戸の病と養生』（講談社、2003年）90～91頁。
37　鈴木則子『江戸の流行り病』（前掲書）136頁。

第3章
『鬼滅の刃』にみる拠点の形成

はじめに

　日本の各地にある古墳や遺跡などの名勝旧跡地は、「史蹟名勝天然紀念物保存法」（大正8（1919）年6月1日施行）によって法的に保護されて以後、今日にその姿形を残している。近代化にともなう都市発展の一方で、開発によって失われる可能性のある遺跡を国家的に保存する施策を講じたもので、その結果、現在では各自治体の観光資源にもなっている。これは先人たちの不断の努力が結実した成果であり、我々はその恩恵を受けている立場にある。都市発展にともなう国内環境や社会状況の変化は、価値ある史跡を消失する危険性が潜在しており、これらを守る責務は現代に生きる我々にある。

　法的に保護されてきた遺跡に対して、"指定文化財"には至らないものの貴重な"資源"が身近なところに散在している。いわゆる未指定文化財は、行政による支援を受けにくく、住民や識者、ボランティアなどに依存して管理され、後世に伝えられている。指定になっていなくても、地域にとっては重要な資源は多く、住民のアイデンティティにもなっている。この意識を強くするきっかけになるのが、震災など自然災害で失う危機に直面した時であり、いかに、平時に周辺の状況を把握し、フォローする体制が作られているのかが肝要となる。

　こうした地域的な取り組みによって、新たな価値が生まれる可能性が潜在していることにどれだけの人が気付いているだろうか。史跡のように既存の価値をさらに高めることはもとより、地域の歴史や文化を可視化することで、新たな拠点の形成につながる。例えば、従来から行われる復元建

物だけではメディアとしてのメッセージ性は読み解きにくく、地域住民によるボランティア体制がとられることで情報が提供されている側面がある[1]。ハード面の充実はいうまでもないが、大学や博物館などに所属する専門家の協力が得られれば、さらなる価値を高めることができ、地場産業などを巻き込んだ産官学の協働に至れば、より活動の幅が広がる。

近年、"クールジャパン戦略"において、アニメやマンガなどは「外国人がクールととらえる日本固有の魅力（アニメ、マンガ、ゲーム等のコンテンツ、ファッション、食、伝統文化、デザイン、ロボットや環境技術など）」に組み込まれた[2]。これにより、国家的施策のもとで、新たな価値の創出を後押しすることになった。文化庁により、クールジャパンを推進する行政組織へと転換させる法整備が成り、経済成長を支え、地方創生を支えるために、文化・芸術に対して国が「戦略的な投資」を行う環境が整えられたという指摘もある[3]。また、遺跡などと価値付けが異なる新たなコンテンツを、文化財と同義的に評価することには、いくつかの問題を抱えている。しかし、著名な文化遺産などを有しない自治体においては、現代に創出されたコンテンツには魅力があり、また、多数の資産を有するところでも、さらなる地域振興の起爆剤としての期待が高まる。

日本にとどまらず、海外でもブームになったマンガ作品に『鬼滅の刃』がある。本作品は幅広い世代に受け入れられているのが特徴で、人気の高まりにあわせて多数の商品、コラボ商品を発売しており、ターゲット層に偏りがあるキャラクタービジネスにおいて稀有な存在であると指摘される[4]。コンテンツ制作が盛んになった背景には、児童数の増加と経済成長によって、家庭内での児童向けの支出が増え、玩具の需要が伸び、メーカーが急成長した経緯もある[5]。現在の日本は少子化であるが、海外での需要も相まって各業界にプラスの影響を与えている。

そこで、ここでは『鬼滅の刃』がヒットした背景を歴史的に探るとともに、人々の行動原理とリンクさせた新たな価値の創出過程を示していく。また、観光拠点の形成についても検討し、歴史や文化、観光とが不可分な関係にあることを提示していく。

1　聖地巡礼の原理と"鬼"

　平成28（2016）年から令和2（2020）年まで『週刊少年ジャンプ』に連載されていた吾峠呼世晴氏の『鬼滅の刃』は、集英社により単行本（全23巻）となった。家族が"鬼"に殺され、唯一生き残ったものの鬼となった妹・禰豆子を人間に戻すために竈門炭治郎たちが鬼に立ち向かっていくストーリーは、テレビアニメや映画化されるなど、一大ムーブメントを起こした。『君の名は。』と同じように、作者、制作者、出版社などのライツホルダーによるコンテンツの多角的展開（メディアミックス）や企業とのタイアップによって、地域やファンはその展開に関わるカタチでの共創がみられ、平成23（2011）年からの傾向である「製作者主導・多角展開型」と評価される[6]。

　作品のヒットは、ファンによる"聖地巡礼"という行動様式にあらわれた。コンテンツのなかでもアニメーションや映画、ドラマなどの映像コンテンツを利用した観光振興が、平成12（2000）年以後、日本各地で盛んに行われるようになった[7]。ヒット作品は舞台となった場所への人流を生み出し、地域振興、活性化の一助として、看過できないものとなっている。日本に古くからある"伊勢参り"などといった観光ツーリズムが存在したが、"聖地巡礼"という形で新たなコンテンツから生まれたのである。その背景には、日本社会におけるメディアの普及と製作技術の向上、実写映像のリアリティ化、情報伝達の発展という段階的な進化があったという[8]。そして、日常性を追体験できる傾向も指摘され[9]、その精度かつ満足度が高いほど、舞台化された地域へ波及するのである。

　『鬼滅の刃』のストーリー展開には、日本人に古くから定着している"鬼退治"が根底にある。童話『桃太郎』や年中行事である「節分」に代表されるように、悪の化身たる鬼を退治するという勧善懲悪の世界観に、様々なアレンジが加えられ、多様な創作物が生まれている。『鬼滅の刃』はその最新版と位置付けられ、連綿と日本人のなかで共有されてきたストーリー性に創作がマッチしたのである。本作品は、日本人に根付いている鬼退治を、大正時代という時代設定のもと、時代劇の性格を有することによる回帰性を容易とし、現実との乖離を最小限にする工夫が、多くの人

を魅了し続けているのであろう。そこにヒーローをグループにし（鬼滅隊）、主人公がここに入りながらも最強ではなく、時に"柱"をサポートしながら戦闘する。先行きの見えないストーリー展開が国内外で受け入れられているものと思われる。

そもそも鬼の起源は、黄泉国に現れた「ヨモツシコメ」とされ、「豫母都志許賣」（『古事記』）・「泉津醜女」（『日本書紀』）として登場する[10]。慶雲4（707）年に「一頭にして三面、長さ八丈、巾一丈二尺」の風体として現れ、さらに、寛平4（892）年8月17日に「武徳殿の東の松原に鬼神が出て、夜々人を喰らふ」という[11]。古くから人間とは異形の姿をした存在として創出されており、"人を食べる"という行為が人間に敵対的なものとして描かれており、『鬼滅の刃』の鬼にも共通性がみられる。

鬼は人間の普遍的な敵であり、各地に"鬼退治"の逸話が残される。例えば、川上村（現在の大阪府河内長野市）では、村人に害をなす鬼を退治するため、くじ引きで9人を選び出し潜む洞窟へ向かわせる。鬼退治に成功すると、9人の勇気と光明を褒め称えたとする話が残る[12]。その他にも、水俣市（熊本県）、京丹後市（京都府）、美濃市（岐阜県）などをはじめ、鬼退治に関する物語は枚挙にいとまがなく、なかには鬼の絵図が残されるところもある。

これらのストーリーは共通して、「異形の鬼を退治する人間」の構図であり、江戸時代になるとキリシタンにも転化するようになる。キリシタンが「吉利支丹」や「切支丹」と表記される一方で、"鬼"の字をあてることもあった。鈴木正三が記し、浅井了意が編者となり、山田市郎兵衛によって寛文年間（1661～1673年）に刊行された『鬼利至端破却論傳』全3巻（上・中・下）はよく知られ[13]、「鬼利至端」（キリシタン）たちが起こした島原天草一揆の鎮圧までを語った、まさに邪宗（鬼）を退治する排耶書である。キリシタンに対する当て字は様々あるが、『鬼利至端破却論傳』にもいくつも散見される。その用例を示すと次のようにある。

> かの本尊を提宇子と名つけ、またハ天帝といふ、その行ずる所の法を毀理至炭宗と名づけ、そのとなふるところハ是須磨婁といふ、かの修

行者を罰天連と名つけ、かの地ごくをバゐ怒へるのと名づく、膳須・
鬼理至屠ハ悟道の名なりといへり

　本書のなかで、キリスト教義が示されると同時に、布教者、信者らの命
名過程が描かれている。キリシタンの当て字としては「毀」（こわす）や
「鬼」といった一般的によくないとされる文字が使われている。それは、
排耶書によく採り入れられた手法で、島原天草一揆以降、幕府の禁教政策
の強化にともない、「キリシタン＝鬼」を公儀が滅する構図（＝鬼滅）を、
近世社会に涵養しようとしたのである。
　鬼の存在は、心的表現としても使われる。それは"心を鬼にする"や
"鬼の首を取ったよう"、"鬼の居ぬ間に洗濯"、"鬼の目にも涙"などと数
多く挙げられる。また、紫式部の和歌を収録した『紫式部集』には、次の
ものがある[14]。

　　絵に、物の怪つきたる女のみにくき図書きたる後に、鬼になりたるも
　　との妻を、小ぼうしのしばりたる図書きて、おとこは経読みて、物の
　　怪責めたるところを見て

「物の怪」（人にとりついて悩まし、病気にしたり死にいたらせたりすると
される死霊・生霊・妖怪の類）がついた醜い女が描かれた絵。そして、その背
後には、死んで鬼（＝物の怪）となった前妻が、小法師（若い下級法師）に
縛られている。その傍らには「おとこ」（＝夫）が読経して、「物の怪」が
退散するように責めている場面をみて、紫式部は次のように詠んだ。

　　泣き人に　託言はかけて　わづらふも　をのが心の　鬼にやはあらぬ

　亡くなった人（前妻）が立っていると「託言」（関係のないことに結びつ
けてそのせいにする言葉）して男が悩み苦しんでいるのも、自分自身の「心
の鬼」（疑心暗鬼）によるものであろうか、そうに違いない。ここで使わ
れる反語表現は、式部自身の「物の怪」観を、かなりの確信を持って表現

しているとされ、「物の怪」はその人の"疑心暗鬼"が生み出す現象であろうと合理主義的見解との評価をみる[15]。架空であるからこそ鬼は人心に潜むという、式部の巧みな感性が凝縮されている。これに対して、侍女（兄弟姉妹のうちの一人、友人、老女房、宣孝、父為時などという説もある）は、次のような「返し」をしている。

　　ことはりや　君が心の　闇なれば　鬼の影とは　しるく見ゆらむ

　確かにそうだ。あなたのお心が闇夜の状態でいらっしゃるから、（この絵を見て）すぐに心の鬼の影（姿）と「しるく」（著し：はっきりと）わかったのでしょうね。これは、夫の宣孝の死後に詠まれたと言われ、わずか3年半足らずの結婚生活で、幼児を抱えて未亡人となった状況のなかで、疑心暗鬼となる自己の姿を、絵の画材によって自覚したという[16]。

　これは、人間の不安定な心的状況を鬼に投影したものだが、立ち直るきっかけも"退治"に帰結している。無意識（異界）に潜在する「影に人格」（鬼）に吸収されたアニマ（美女：取り返す対象）・エネルギーを、優秀な個性的自我（衆に抜きん出た力を持つ男性）が意識の領域へ回収する話でもある[17]。

　また、鬼に対する評価は、鬼瓦にみられるように、守護神としての側面もある。日本で唯一、「鬼王」と名付けられた神社という稲荷鬼王神社（東京都新宿区）がある。元来、大久保村の氏神の稲荷神社であったが、宝暦2（1752）年、近くに住む田中清右衛門が紀州熊野から鬼王権現（月夜見命・大物主命・天手力男命）を勧請して、天保2（1831）年に合祀した[18]。ここでの節分追儺式

力様（稲荷鬼王神社境内）

は、鬼を春の神として"福は内、鬼は内"と唱えるという。また、境内には「水盥台石」（通称力様；新宿区指定有形文化財）がある。
　これは、四股を踏んで人に病や苦しみを与える邪気を追い払っている鬼の姿である。元来、加賀美某の庭内にあったが、連夜、水を浴びる音がしたことから、家宝の名刀で切りつけたところ、その後、家族に病や災いが起こってしまう。そこで、天保4（1833）年、盥石を斬った宝刀（鬼切丸）と盥石を稲荷鬼王神社に寄進した。その刀痕は、現在も残されており、ここに盥水を注ぐと熱病や子供の夜泣きが治るといわれている。このように、鬼でありながら、信仰の対象として、人々の心のよすがとなっていることもある。これにより、鬼には、悪と善の両属性があり、幅広く受け止められていたことがわかる。
　鬼は、人間の心の中に潜在し、時として権力強化にも利用された。そして、架空であることが、人間の欲求を解消するものとして連綿と意識されていたのである。それは、各地に残る鬼退治の伝承にもいえ、さらには子ども教育への転用もみられた。近年では、作品のヒットによる聖地巡礼という行動様式としてあらわれ、ここには、「自己承認欲求」「地域探索・解放欲求」「同行者との楽しみの共有」「地域の人とのつながり欲求」の因子があるという[19]。従前の歴史資産に留まらない新たな価値は、普遍性はもちろん、人間生活の中に溶け込みながら高められているのである。

2　『鬼滅の刃』にみる拠点創出──八幡竈門神社

　『鬼滅の刃』の主人公、"竈門炭治郎"の名前にちなんだ「竈門神社」が聖地のひとつとなっており、コスプレイヤーが訪れるなど賑わいをみせている。竈門神社は九州で多く鎮守されており、このなかでもよく知られるのがふたつの神社である。宝満宮竈門神社は、福岡県太宰府市にあり、もうひとつが大分県別府市にある八幡竈門神社である。
　そのほかにも、溝口竈門神社（福岡県筑後市）や竈門菅原神社（熊本県和水町）、竈門神社（福岡県うきは市・小郡市・大刀洗町、長崎県西海市、鹿児島県薩摩川内市・霧島市、宮崎県えびの市など）が鎮座しているが、これらは地域住民（氏子）とは異なる観光客らによる"鬼滅"ブームで生まれた

鬼が作った99の階段

新しいスポットにもなっている。作中の登場人物を描いた絵馬を奉納したり、コスプレイヤーが集まり撮影されるなど、地域を盛り上げている。SNSで賑わっているばかりでなく、作中に出てくる場所を取り上げた書籍が刊行されており、様々な媒体によって人流を誘発している[20]。ここでは、とりわけ、伝承と取り組みが興味深い、八幡竈門神社について詳しく紹介したい。

八幡竈門神社の祭神は、仁徳天皇の時に祀られたとされる三十三神に、神亀4（727）年3月15日宝城峰に白髪の大神比義に導かれて降臨した仲哀・應神天皇と、天長3（826）年に宇佐から勧請された神功皇后の三神霊を加えた三十六神である[21]。別府市は温泉地としての高いニーズがあるのにあわせて、"鬼滅"ブームを追い風にした多くの参拝者があるという。御守授与所では、竈門炭治郎が着用する羽織の柄、緑と黒の市松模様をデザインしたお守りがあるなど、"鬼滅"ファンの参拝者を意識した取り組みがみられる。

境内には『鬼滅の刃』を想起させるいくつかの伝承や文物が残される。まず、本殿に至るまでに99の石段があるが、これは"鬼が造った"とされる。その伝承は、この地域に現れていた人喰い鬼に、八幡の神様が「一晩で100段の石段を造れなければ、今後は人里に出てきてはならない」と告げる。しかし、99段を作り上げた時に夜が明けてしまい、鬼は逃げ去って以後、現れなくなったという。"人喰い"や"夜"というのが『鬼滅の刃』の設定と重なる。

また、石段を造った鬼が忘れたという「石草履」が境内にある。三本の指が型取られた長さ45cmからなる石草履に村人が足を入れると力が出て元気になるといわれている。その他、龍が出入りする場所と伝えられる

「龍穴」や、龍が頭を出しているように見える「龍頭」と名付けられたスポットもある。

宝永7（1710）年以来、現在の別府市域の全村は幕府領（日田直轄領）となり、日田代官が支配している[22]。これを示すように、享保19（1734）年、豊後・豊前・日向・筑前の幕領14万石の代官に就任し、日田へ入った岡田庄太夫が、同年に奉納した石灯籠が現存している。境内にあるものをみると、史実と伝承とが交錯したロケーションであることに気付く。

石草履

拝殿の天井には、「龍の水神様」があり、これが竈門炭治郎・冨岡義勇らの使う"水の呼吸拾之型"の「生生流転」（水が龍のごとく変形して敵を斬る）を使う際の背景に描かれる龍の絵と酷似している。龍神の絵は中国をはじめ、日本でもしばしばみられるものであるが、炭治郎の「生生流転」の場面と天井絵を並列したパネルが置かれており、参拝客へ説明している。作品に採り入れられた真偽は詳らかにできないが、目にした人に気付きと没入感を与えている。

なお、この天井画には「謀計雖為眼前利潤必当神明之罰　正直雖非一旦依怙終蒙日月之憐」の神託が付記されている。眼前の利潤のためといっても謀計（はかりごと・相手をだます計略）をすれば必ず神明（天照大神）からの罰が当たる。正直であれば、「一旦」（短期間・すぐに）に「依怙」（自分の利益）を得られなくても、最終的に「日月」（道義・正義、もしくは天）の慈悲が受けられるとある。龍神の賛として、人生訓ともいうべき漢文が添えられている。これについても八幡竈門神社で解説をしており、賛文を含めた絵画作品としての価値の理解を促している。

温泉地でもある別府では、温泉地獄と鬼をリンクさせた街づくりが展開

龍の水神様

天井絵のキャプション

されている。別府地獄組合が管理する地獄めぐりのひとつに「かまど地獄」があるが、その由来も八幡竈門神社の大祭に地獄の噴気で御供飯を炊いていたことによる。これは、『鬼滅の刃』が流行する前のことではあるが、神社や地域に残る鬼にまつわる物語の可視化、そして演出によって、没入感を与えており、聖地巡礼には不可欠である。それは、個人差特性として、懐かしさポジティブ傾向性と自分を物語の登場人物に置き換える想像性が高いほど、旅における既知感による懐かしさと感動を喚起させるためという[23]。地域の伝統や慣習、地理的環境を含めて、一体的な街づくりが地域にとっても相乗効果を生み、内外の関心を高めた結果、新たな人流を創出することにつながるのである。

3 『鬼滅の刃』の舞台——吉原遊廓

『鬼滅の刃—遊郭編』は、音柱の宇髄天元と炭治郎、善逸、伊之助らが吉原に潜入、"上弦の陸"の堕姫・妓夫太郎と決戦する物語である。その舞台となった遊廓が東京・吉原で、「京極屋」の蕨姫花魁（わらびひめおいらん）が遊女見習の少女に暴力をふるう姿を目の当たりにした善逸が鬼（堕姫）であることを突き止めて戦いに移行する。日本最大の遊廓とされる吉原を舞台に展開される物語は、当時の遊女の身なりや遊女屋の再現性も高く、時代考証が綿密に行われている。なお、吉原遊廓は、江戸時代から京都の島原と大坂の新町と並んで三大遊廓と称されていた。

まず、吉原の沿革について述べておこう。そもそも、江戸市中では、遊女屋が各所に散在していたが、慶長17（1612）年に一か所にまとめる願いが出される。願主の庄司甚右衛門（甚内）は、金さえ出せば牢人・悪党・欠落人などにとって格好の潜伏場所となり、遊ぶ金欲しさの遊客の横領、人勾引（ひとかどい）（暴力をふるって人を連れ去ること）、喧嘩や殺傷事件などの犯罪・違法行為が生じることを懸念して願書を提出したのである。そのため、近世初期の大規模遊廓が「廓＝曲輪」構造をなして成立、支配する空間として造成された[24]。つまり、江戸の治安維持と綱紀粛正を図るなかで、遊廓は形成されていったのである。

　また、遊女のかぶき踊りは各地で見られ、町人や武士、貴族まで熱狂し、遊女をめぐって喧嘩や争いも生じていた。こうした風俗統制の観点も相まって、幕府は元和3（1617）年3月にこれを認め、日本橋葺屋町付近の二町四方の土地を給して（現在の日本橋人形町・富沢町あたり）、「葭原」が設けられた[25]。あわせて、江戸市中やその近郊での遊女屋を禁じ、傾城町名主に願主の庄司甚右衛門が命ぜられ、彼らによる監視と取り締まりが展開されることになる。以後、甚右衛門の子孫が、代々町名主を継ぎ統制していったのである。

　こうして、吉原花街は産声をあげたが、明暦2（1656）年10月9日、町奉行石谷左近将監貞清から呼び出され、本所か浅草日本堤へ移転するように仰せ付けられる。それは、市街の再開発が理由で、当初、僻地であった葺屋町も、江戸市中の人口増加にともなって中心市街へと変貌していた。結果、浅草日本堤が選ばれたが、それは、大橋（両国橋）が架橋される前であるため、本所に比べて交通の便が良かったこと、浅草寺が近くにあったことが理由として挙げられている[26]。翌年の明暦3年には、明暦の大火（振袖火事）が発生、江戸市中の60％を焼き尽くすが、これにより"元吉原"も焼失、浅草日本堤の近辺、深川、本所などで時限的営業が認められている。

　こうして新しく日本堤に設けられた遊廓が、"新吉原"として生まれかわり、明治に至っている。町の形態も元吉原時代からのものを踏襲しており、江戸町1丁目・2丁目、京町1丁目・2丁目、そして角町と、仲之

町、揚屋町があった。元禄期（1688〜1704）になると、豪商たちが遊興するようになって活況し、享保期（1716〜36）には、高尾・薄雲・音羽・三浦などの名妓が生まれている。一方、各地に遊女を抱えた「岡場所」や料理茶屋が繁栄するようになると、吉原は衰勢する。こうしたなかで、幕末、明治維新を迎えることになり、時代の転換を生き抜いていったのであった。

　明治5（1872）年、明治政府により芸娼妓解放令が公布される。これは、マリア・ルス号事件を契機に国際関係上の配慮から導入された人身売買否定政策であり、かつ、賤民廃止令等と同じく役と特権に依拠した身分的統治の廃止政策の延長にあった[27]。幕末の頃から吉原の景気は悪くなり、京都仏光寺の名目のもと、北信の豪農から融資を受けている見世まで出てきた。妓楼は遊女の年季奉公に関わる債権の補償なく放棄することになり、20軒以上の格式高い見世が廃業、統合している[28]。明治9（1876）年4月5日の内務省達（乙第45号）では、日本で流行する梅毒に関して、伝染病で最もむごく烈しいとしたうえで、その根本的な原因を「娼妓・売淫」と挙げている。これが全国的に検梅制度の実施へと繋がっていった[29]。

　さらに、明治33（1900）年には娼妓取締規則（内務省令第44号）が公布されると、所轄警察署で遊女は名簿に登録、管理されることになる。登録されなければ娼妓稼ぎができなくなり、登録にあたっては自ら警察署で申請する必要があった。同一戸籍の尊属親などの承諾、市区町村長の証明書を添付しなくてはならなかった。娼妓は指定された場所に居住し、許可された貸座敷でのみ稼ぎをすることができたのである。なお、これは、昭和21（1946）年2月2日に廃止されるまで効力を有している。

　以上のような経緯があり、『鬼滅の刃』の時代設定である大正時代まで続くわけだが、『鬼滅の刃―遊郭編』では、浅草界隈を含めて吉原が舞台となっている。また、『鬼滅の刃―立志編』で、炭次郎が鬼舞辻無惨と初めて出会ったのも浅草で[30]、大正時代にはみられた著名な建造物や噴水、浅草六区の街並みの描写などがリアルに再現されている。大正時代の古写真や地図などを参考にして描かれていると思われ、作中画と原風景が一致する場面も多々みられる。

浅草公園凌雲閣（個人蔵）

凌雲閣跡地記念碑（台東区浅草）

　例えば、当時の浅草のランドマークでもあった凌雲閣は、作品中でも一見して目につく。凌雲閣は浅草寺の西側の程近く（浅草公園）に建設された12階建て（52m）で、明治23（1890）年11月に竣工した。同年4月1日から7月31日までは上野公園を会場にして内国勧業博覧会が開催されているが[31]、凌雲閣は、内国勧業博覧会側が用意した企画ではなく民間事業で立ち上がり、全国から見物に集まってくる人々を目当てにした興行の思惑が施設建設の発想の基本にあったという[32]。高塔に登ってみたいという客の関心を集め、「拾二階ノ高塔ニシテ、電気ノ作用ニ依リ「エレベートル」ヲ以テ縦覧人ヲ昇降シ」という構造だった。凌雲閣にはイベント性を加味した着想があり、内国勧業博覧会での集客を見越したものの、会期までに完成しなかった。

　イベントとして日本初の美人コンテストなどが行われた一方で、飛び降り自殺する者もあったという。次第に老朽化も目につくようになるなか、大正12（1923）年9月1日の関東大震災によって一部倒壊、9月23日には危険性から爆破することになり、完全倒壊となった。関東大震災によって浅草区域も大きな被害を受け、浅草観音堂以外は倒壊したが、凌雲閣もそのひとつだったのである[33]。

　『鬼滅の刃』で描かれている凌雲閣は晩年の姿になろうが、浅草界隈で

一際目立つ高塔をよく捉えている。また、近くに噴水も描かれるが、これは大池の「ひょうたん池」であり、十二階や興行街を映し出す水鏡だった[34]。「東京市浅草公園之全図」（下町風俗資料館蔵）には、十二階（凌雲閣）の近くのひょうたん池に噴水があり、「東京市浅草区地図」（大正6年）でもこれを確認することができ、方角の描写とも一致する。

　また、アニメ作品中には浅草寺の仲見世も描かれているが、ここには、今日では"ランドマーク"にもなっている雷門が描かれていない。それは、慶応元（1865）年に発生した浅草界隈の火災により焼失したためで、そのことは『藤岡屋日記』にも収められている[35]。

　　慶応元乙丑年十二月十二日夜四時頃出火
　　　　　　　　　　　浅草田原町一丁目
　　　　　　　　　　　　　　嘉兵衛地借
　　　　紙屑渡世　　　　　　幸千や　伊八
　　　　桶職　　　　　　　　同人店　勝五郎
　　右之者居宅続き物置より一昨十二日夜四時頃より及出火、昨十三日昼九時鎮火仕候、類焼并焼込左之通、

　ここからは、慶応元（1865）年12月12日22時頃に浅草田原町一丁目の紙屑渡世をする伊八・桶職である勝五郎の居宅続きの物置から出火していることがわかる。13日12時頃までに鎮火しているが、それまで広域に類焼している。この時の火の手は雷門にも及んでおり、「風雷神門焼失ニ付、神でさへ風雷神ハ内はなし」とし、「金龍山雷神門類焼咄し」が作られるほど、市井の人々にも衝撃を与えている。なお、焼失した雷門については、「風雷神門寛政七年御再建より三十年の星霜を経て文政八乙酉年雷神門修復有之」とあり[36]、寛政7（1795）年に再建された30年後、文政8（1825）年に修復されたものだった。

　つまり、『鬼滅の刃』の舞台となった大正時代に、雷門は再建されておらず、今日の鉄骨鉄筋コンクリート造りの姿となったのは、昭和35（1960）年5月3日のことである[37]。作品中でみられる両脇には仲見世が連なり、

2階建ての煉瓦造りの家屋が描かれるが、当時の古写真を確認すると同じである。そして、参道の行き着く先には、現在の「宝蔵門」が描かれている。「宝蔵門」は当時、「仁王門」と呼ばれていたが、東京大空襲で焼失している。そのため、『鬼滅の刃』で描か

浅草六区の賑ひ（個人蔵）

れているのは「仁王門」時代ということになろう。なお、手前には路面電車が走るが、浅草（雷門）区間は大正10（1921）年3月26日に開通しているため、時代設定としてはこれ以後ということになる。

　炭治郎が鬼舞辻無惨と出会った場所は浅草六区である。六区は浅草公園の一部で、明治14（1881）年6月に浅草公園附属地の千束田地の埋立が民間開発で始まると、同17年に第一区から第六区の区域に分けられ（附属地を七区に編入）、翌年には総煉瓦造りの仲見世が竣工、同19年5月に浅草公園開園祝賀会が開催されている。浅草公園は、一区（浅草寺本堂周辺）・二区（仲見世の地）・三区（伝法院の敷地）・四区（公園中の林泉地）・五区（奥山と呼ばれた所）・六区（興行街）・七区（公園の東南部）となり[38]、六区には現在でも浅草演芸ホールが残っている。興行街の六区をあらわすように、作中の沿道には幟が連なっており、当時の様子が精緻に再現されている。

　遊郭編の舞台となった吉原遊廓の象徴は、その入り口にあたる大門だろう。単行本でも象徴的に描かれているが[39]、左右にある門柱とその上にある近代的な燭台、アーチ状の渡りの中央にある彫刻が正確に描かれている。『吉原史話』に「通い廓の大門」として掲載されている大火前の古写真と基本的な構図は同じで[40]、左側に柳らしき樹木、正面の楼閣などとも一致する。

　古写真にある手前右側の家屋は花魁が利用した銀行で「両替」の看板が掲げられたが、作中では「仁丹」となっており、適宜、アレンジを加えな

通い廓の楼門

現在の吉原大門（台東区日本提）

がらも再現性が高い。ワンカットではあるものの、吉原遊廓を端的かつ視覚的にリアルにあらわし、没入感を演出している。大門は関東大震災で倒壊し現存しておらず、新しく作られたオブジェのような標識のみとなっているが故に、当時の情景を偲ばせる。

　また、廓内も江戸時代からの系譜をひく整然とした区画に楼閣が立ち並ぶ様子が描かれる。楼内の調度品や間取りなどの再現性も高く、ここで働く人々の様子も的確である。遊廓内では花魁道中が行われるが、そのシーンも収められており[41]、史実に則した描写である。見習の少女や傘を指す男性などの一行を動的に表現しており、現在の日常とはかけ離れた当時の光景を伝えている。史実をもとに再現される作品ゆえにリアリティを与え、読者への理解と没入感を創出しているのである。

　没入感を高揚させるのが、当時の街並みの再現性と現代との追体験だろう。そこで、舞台となった浅草界隈を古写真や古文献に基づき、正確に描写することで、後押しした。当時の資料が比較的豊富に残る時代設定が、リアルな姿の再現を可能とし、懐古的な情趣を与えることに成功している。焼失した雷門を描いて演出的な部分を取り入れてもフィクションとしては成立し、読者にとっても視覚的に理解を得やすかっただろうが、あえてこれを排除して史実に基づいて再現しているところに、作者の矜持が見出せ、こうした姿勢がヒットに繋がったものと評価できよう。

　作中には描かれていないが、衣紋坂、見返り柳、吉原神社、吉原弁財天など、廓の面影を残す史跡が現在もある。吉原は四方お歯黒溝で囲まれて

吉原神社

お歯黒溝跡

見返り柳

吉原弁財天

いた廓であるが[42]、その石垣の一部が現存している。お歯黒溝は「他に類を見ざるほど不潔極まるものにて、夏期に至れば蚊の発生おびただしく、かつ臭気鼻を劈くばかりなれば、附近住民の迷惑一方ならねど、廓内にて埋め立てを拒む等の事情ありて、これまで不問に附し置きしが、今回その筋に於いて調査の末、溝の幅広きに過ぐるの結果、浚渫の都度少なからぬ手数を要するのみならず、清潔法の実行を遂げ難きものと認め改造する事に決し」(明治34(1901)年8月10日読売新聞)とあり[43]、その姿を失うこと

になった。

　これら周辺の史跡を含めて観光客が訪れており、賑わいをみせている。旧吉原遊廓という、アンダーグラウンドのような地域だったが、『鬼滅の刃』のヒットによって新たな価値を創出している。三ノ輪方面にある遊女の"投込寺"浄閑寺、沖田総司終焉の地の今戸神社を含めて、一体的な動線が生まれている。ここに、ツーリズム要素も含まれ、波及的効果が生まれたと認められよう。アニメから生まれた新しい価値として、今後も一過性にならない取り組みが望まれる。

おわりに

　ここで取り上げた『鬼滅の刃』の事例は、いずれも風景描写の史的再現性に創作という新たな付加価値を生じさせたコンテンツであると評価できる。観光客の行動動機かつ社会的ニーズに即応した、現地レヴェルでの取り組みが功を奏したといえる。既存の歴史的かつ宗教的、文化的価値に、マンガ（芸術）という素材が相まって、幅広い層の知的好奇心を刺激し、追体験を通した行動様式が生まれた。単体では限定的となる資産が、複合的な要素が加味されたことによって、新たな価値が誕生したのである。『鬼滅の刃』に登場するキャラクターが、「意味」（属性・類型）・「内面」（性格）・「図像」（デザイン）といった[44]、複合要素ともマッチしていることがヒットの要因である。

　これは、水木しげる氏の故郷である境港市が、「ゲゲゲの鬼太郎」や「ゲゲゲの女房」をツールに、官民一体で街づくりを行い、多くの来訪者を迎えていることに通じた現象である[45]。ツーリズムの形態が、マスツーリズム（発地主導の観光：1960〜70年代）からニューツーリズム（着地主導の観光：1980〜90年代）、そして、次世代ツーリズム（旅人主導の観光：2000年代）と変化するなかで[46]、"聖地"化するためには、高度な再現性が求められる一方で、象徴的なところが一か所でもあれば成立するという[47]。そのためには、自治体などの相応の努力も求められることになろうが、『鬼滅の刃』に関しては、あえてモデルとなった場所を作者が明かしていないところに、関係する自治体ならびに関係各所は恩恵を受けている。これは

宮崎駿氏の作品でも同様であり、"聖地巡礼"の拠点の増加につながっている。既存の施設（神社など）があるという優位性を活かせば、当該地も大きな負担ではなく、本章で取り上げた八幡竈門神社のように、本作品と積極的に結びつける努力が、新たな人流を創出し、地域振興につながったのである。

『鬼滅の刃』は「キャラクター定量調査」によれば、男女3〜74歳では5位、Z世代（男女10〜24歳）に関してみれば1位となっている[48]。これをいかに地域振興に向けさせるかは、時間との勝負でもあり、広域的な優良コンテンツとして活用していくことを図る努力が必要であろう。聖地巡礼をした者たちの地域へのリピート率は高く、定住意向を持っている者もおり、彼らの承認欲求を満たすことで地域へ根ざすことにもつながる[49]。コンテンツツーリズムの対象地は流動的であるが故に[50]、普遍的な歴史価値に付随する新たな価値を見出して活用することが、持続可能な取り組みとなり得るのである。

そして、ひとつのコンテンツが成立することによって、周辺地域にも波及する現象が生じる。別府でいえば、八幡竈門神社とかまど地獄、吉原であれば、浅草寺、三ノ輪、今戸といった遠心状に人流を延伸させることができる。核となる優良コンテンツを定着させることが、求心力と波及力を兼ね備えた地域振興へとつながるのである。それには、確固たるストーリー性と再現性、そして現実社会と融和させる仕掛けが必要であり、これを支えるための自治体、関連団体、地域住民の協力が不可欠なのである。

〔註〕
1　鎌田雅人「観光資源としての考古遺跡の活用可能性に関する研究―「北海道・北東北の縄文遺跡群」を事例として」（『第23回国際観光研究学会全国大会学術論文集』、2008年）15〜16頁。
2　「クールジャパン戦略について」（内閣府知的財産戦略推進事務局、2019年）。
3　岩城卓二・高木博志編『博物館と文化財の危機』（人文書院、2020年）28頁。
4　電通メディアイノベーションラボ編『情報メディア白書』（ダイヤモンド社、2021年）108頁。なお、このブームは過去に例をみないともいう。
5　小田切博『キャラクターとは何か』（筑摩書房、2010年）31頁。

6　岩崎達也「アニメ聖地巡礼者の行動分析―関与度と行動動機」(『関東学院大学経済経営研究所年報』43集、2021年) 16～17頁。

7　金子真幸「アニメ聖地巡礼に関する研究―既往文献の整理を通じて」(『明治大学大学院文学研究科　文学研究論集』46号、2017年) 170頁。

8　大石玄「アニメ《舞台探訪》成立史―いわゆる《聖地巡礼》の起源について」(『釧路工業高等専門学校紀要』45号、2011年)。

9　荒俣美陽ほか「アニメ聖地巡礼と地域性―「地域振興」の視点を超えて」(『東洋大学社会学部紀要』55-1号、2018年) 128頁。

10　石橋臥波『鬼』(裳華房、1909年)、4～5頁。

11　和田健次『事物起源辞典』(京文社書店、1936年) 121頁。

12　中野吉信『川上村史』(川上村史編纂委員会、1954年) 381～382頁。

13　新村出監修『復刻版　海表叢書』第一巻(成山堂書店、1985年) 1～70頁。

14　南波浩『紫式部―付　大弐三位集・藤原惟規集』(岩波書店、1973年) 32～33頁。

15　竹内美千代『紫式部集評釈』(桜楓社、1969年) 268頁。

16　竹内美千代『紫式部集評釈』(前掲書) 272～273頁。

17　矢吹省二「鬼退治の心的分析―酒呑童子を読む」(『國學院大学教育学研究室紀要』27号、1993年) 52～53頁。異界の怪物に囚われた美女を奪還する男性のストーリーから論じられる。

18　高橋勝治『新宿史跡あるき』(真珠書院、1970年) 132～134頁。

19　岩崎達也「アニメ聖地巡礼者の行動分析―関与度と行動動機」(前掲書) 25頁。

20　例えば、岡本健監修『マンガ・アニメで人気の「聖地」をめぐる神社巡礼』(エクスナレッジ、2014年)では、「鷲宮神社×らき☆すた」など28項目にわけて図版や写真入りで紹介している。

21　土屋公照「八幡竈門神社のまつり」(『別府史談』8号、1994年) 86頁。

22　入江秀利「別府(横瀰)の江戸時代―複雑な支配の移り変わり」(『別府史談』14号、2000年) 100～103頁。

23　楠見孝・米田英嗣「"聖地巡礼"行動と作品への没入感―アニメ、ドラマ、映画、小説の比較調査」(『コンテンツツーリズム学会論集』Vol.5、2018年) 9頁。

24　曽根ひろみ『娼婦と近世社会』(吉川弘文館、2003年) 189～190頁。

25　市川伊三郎『新吉原遊郭略史』(新吉原三業組合取締事務所、1936年) 12頁。

26　『新吉原史考』(台東区、1960年) 64～66頁。

27　横山百合子「芸娼妓解放令と遊女―新吉原「かくし一件」史料の紹介をかね

て」(『東京大学日本史学研究室紀要別冊　日本社会史論叢』、2013年) 169頁。

28　日比谷孟俊『江戸吉原の経営学』(笠間書院、2018年) 171～172頁。

29　曽根ひろみ『娼婦と近世社会』(前掲書) 156～157頁。

30　吾峠呼世晴『鬼滅の刃』2巻 (集英社、2016年) 第13話。

31　安高啓明『歴史のなかのミュージアム―驚異の部屋から大学博物館まで』(昭和堂、2014年) 53～56頁。

32　佐藤健二『浅草公園凌雲閣十二階』(弘文堂、2016年) 18～21頁。越後長岡出身の福原庄七を中心に14～15名が出資した「会社」が事業主体とする。

33　浅草区史編纂委員会編『浅草区史』関東大震災篇全 (1933年) 26～27頁。

34　佐藤健二『浅草公園凌雲閣十二階』(前掲書) 207～211頁。

35　鈴木棠三・小池章太郎編『藤岡屋日記』13巻 (三一書房、1994年) 301頁。なお、浅草寿町よりの失火で田原町方面に延焼、浅草寺の雷門はこの時に類焼したという (浅草区史編纂委員会編『浅草区史』災害編全、1933年、22頁)。

36　鈴木棠三・小池章太郎編『藤岡屋日記』13巻 (前掲書) 303頁。水戸善右衛門による修復とある。

37　台東区史編纂専門委員会編『台東区史　通史編Ⅱ』(東京都台東区、2000年) 82頁。松下幸之助氏の寄贈による。

38　台東区史編纂専門委員会編『台東区史　通史編Ⅲ』(東京都台東区、2000年) 128頁。

39　吾峠呼世晴『鬼滅の刃』9巻 (集英社、2017年) 20頁。

40　市川小太夫『吉原史話』(東京書房、1964年) 31頁。

41　吾峠呼世晴『鬼滅の刃』9巻 (前掲書) 24～26頁。

42　稲垣史生『大江戸を考証する』(旺文社、1986年) 316～317頁。

43　明治ニュース事典編纂委員会編『明治ニュース事典』第6巻 (毎日コミュニケーションズ出版部、1985年)、777頁。

44　小田切博『キャラクターとは何か』(前掲書) 119～120頁。

45　安高啓明『歴史のなかのミュージアム―驚異の部屋から大学博物館まで』(前掲書) 72～76頁。

46　津村将章・大方優子・岩崎達也「アニメ聖地巡礼の特徴―アニメ聖地巡礼者とフィルムツーリズム旅行者との比較」(『コンテンツツーリズム学会論集』Vol.7、2020年) 35頁。

47　荒俣美陽ほか「アニメ聖地巡礼と地域性―「地域振興」の視点を超えて」(前掲書) 129頁。

48 野澤智行「デジタル時代のアニメコンテンツ支持形成—「鬼滅の刃」にみる魅力的なサブキャラクターへの愛着が及ぼす影響」(『行動計量学』49巻2号、2022年) 107頁。
49 岩崎達也「アニメ聖地巡礼者の行動分析—関与度と行動動機」(前掲書) 26頁。
50 溝尾良隆「コンテンツツーリズム対象地の観光地としての持続性」(『コンテンツツーリズム学会論集』Vol.7、2020年) 2〜3頁。

| レポート５ |

キャラクター像の設置と地域振興

　令和元（2019）年９月に内閣府が掲げた「クールジャパン戦略」もあって、日本のアニメやマンガ、ゲームなどのコンテンツが、国をあげて海外へ売り込まれている。いわゆる経済成長を実現するためのブランド戦略であって、情報発信を通じて海外に認知させ、商品サービスを展開するという"稼ぐ"コンテンツを目指し、結果、インバウンド効果をも期待している。官民一体かつ業種の垣根を超えて連携を図っており、日本の魅力を海外へ効果的に発信し、これを国内の経済成長につなげる国家事業である。ここに、アニメやマンガなど、海外でも人気のあるコンテンツが加えられていることは、これらが日本特有の文化的価値を有するものと認められた証左である。

　作品の舞台となっているところに訪れる"聖地巡礼"がブームとなっている。そこには、作中に自身を重ね合わせることによる没入感を求めた行動様式があろう。この場合、人工的な手を加えていない、作風そのままの現状維持を図ることが必要となる。描かれた"原風景"に価値を見出す人々がいることに対して、作品の登場人物の像を作り、観光動機を促す取り組みもある。没入感というよりも、実在に価値を求める人たちもおり、聖地巡礼の両輪となっている。

　キャラクター像を建立して地域振興している自治体は多い。そのなかから具体的な事例をみていくと、まず、『ゲゲゲの鬼太郎』の作者である水木しげる氏の故郷である境港市がある。境港市はJR境港駅から水木しげる記念館までの道筋（水木しげるロード）が、『ゲゲゲの鬼太郎』のキャラクターで埋め尽くされている。ラッピング電車や標識、電灯、交番、郵便局に至るまで、鬼太郎のキャラクターが採り入れられるほど徹底されてい

水木しげるロードにある像（境港市）

る。そして、道中には鬼太郎をはじめとするキャラクター像が建立されている。大小様々な像は、通り一遍ではない、躍動感のある演出となっている。

現在、177体の妖怪像が立っているが、これらのブロンズ像は、全国各地からの寄付によっている。ブロンズ像には銘板も付けられ、寄付者の境港市への来訪意欲をかき立てる。市としても協働的事業として進めていくことができ、財政的負担も軽減され、地域振興策の好例といえよう。水木しげるロードにある商店や喫茶店も、観光客を取り込むために様々な工夫をしており、官民一体の"おもてなし"となっている。観光客は、境港駅を中心とした街づくりとなっているため、訪れやすいというメリットがある。NHK朝の連続ドラマで「ゲゲゲの女房」が放映されたことも後押しし、一時は、多くの観光客に恵まれたという。これを一過性の現象にせず、どれくらい維持していけるのかが課題であろう。

境港市と同じ取り組みが新潟市でもみられる。新潟市出身の水島新司氏の作品である『ドカベン』（山田太郎・殿馬一人・岩鬼正美・里中智）や『野球狂の詩』（岩田鉄五郎・水原勇気）、『あぶさん』（安武）に登場する人物の像が中心地の"ふるまちロード5"に建てられている。平成14（2002）年に中心市街活性化策として、古町通五番町商店街振興組合が水島氏からも同意を得て国・県・市の補助により設置している。水島氏の意向と異なることがあったとし、平成27（2015）年に撤去騒動が起こったものの、現在でも

山田太郎（ドカベン）

観光スポットになっている。各地にある一般的な商店街に、当該地特有の抑揚が加わり、商業圏だけでなく芸術圏としての要素も加わっている。"文化都市にいがた"を標榜する自治体の意向が、商店街を舞台に体現された取り組みといえよう。

また、葛飾区亀有では、JR亀有駅を起点に秋本治氏の作品である『こちら葛飾区亀有公園前派出所』による街づくりが行われている。作品の舞台となったのが亀有であり、両津勘吉（両さん）を主人公とする物語は多くの人が知るところであろう。亀有駅の南口には、作品のモデルといわれる交番が残り、南口・北口を出てすぐにキャラクター像が建てられている。

町中には徒歩圏内にブロンズ像が設置されており、周辺の散策を意識したような仕組みが見受けられる。そのためか、駅前のベンチには両さん像が配され、亀有公園にも「ひと休み両さん」のベンチがあり、休憩するだけでなく、観光客の撮影スポットになっている。

亀有では地元商店街が全面的に協力しているのが特徴である。亀有銀座商店街振興組合や亀有地区商店街協議会が像を寄贈し、管理は葛飾区地域振興部商工振興課が行っている。「ゆうロード」という葛飾駅から延びる商店街、そして駅周辺、さらに香取神社を含めて、各所に像が設置されており、区と商店街とが一体的に活動している。香取神社境内にも両さん像が置かれるなど、地域の理解が得られた取り組みと評価できる。

両さん像だけでなく、「少年両さん像―勘吉・豚平・珍吉像」は、コミックを読んだ人に懐かしさを与える。小学生の頃の両さんが笑顔で握手を求めている像は、「制服姿の北口駅前像」や「祭り姿の南口駅前像」とともに、亀有を訪れる人にとってより身近に感じられるようにとの願いをこめて建立されており、地域外の人への配慮が十分みられる。ある

こちら葛飾区亀有公園前派出所　両津勘吉像

こちら葛飾区亀有公園前派出所マンホール蓋　両津

種、動体展示ともいうべき手法に近く、要所でこれらの像が、一定の趣向性に基づいて有効に配置されており、"こち亀"ファンを幅広く取り込んでいる。

　また、像だけではなく、デザイン・マンホールも含めた取り組みもみられる。「両津」「中川」「麗子」「本田」「大原部長」「麻里愛」のデザインが施されたマンホールも徒歩圏内に配置されており、新たな動線を生じさせている。「本田」や「大原部長」、「麻里愛」など作中では欠かせない登場人物が立像と異なる形で展開され、訴求性を高めている。なお、「両津」については、マンホールカードが配布されており、蒐集家も取り込むことができている。

　地震や災害に見舞われることが多い昨今、復興の一助としてキャラクター像が設置されている。そのひとつが「ONE PIECE 熊本復興プロジェクト」で、平成28（2016）年に発生した熊本地震では、県内で多く被害があったため、被災地によりそった政策として行われている。『ONE PIECE』の作者である尾田栄一郎氏（熊本市出身・県民栄誉賞）が復興に向かう原動力として、県と連携したプロジェクトを立ち上げ、平成30（2018）年にルフィ像が熊本県庁プロムナードに設置されると、県内9市町村に「麦わら一味」の仲間の像が設置されていった。

　熊本市・動植物園にチョッパー（2020年11月7日）、益城町・ミナテラスにサンジ（2019年12月7日）、大津町・大津中央公園にゾロ（2022年1月22日）、阿蘇市・阿蘇駅前にウソップ（2019年12月8日）、南阿蘇村・旧東海大学阿蘇キャンパスにロビン（2021年10月9日）、高森町・高森駅前にフランキー（2020年11月21日）、西原村・俵山交流館萌の里にナミ（2021年7月31日）、御船町・ふれあい広場にブルック（2020年11月8日）、宇土市・住

吉海岸公園にジンベエ（2022年7月23日）がある。設置場所とキャラクターは関連付けられており、例えば地震で新庁舎が建設される宇土市には、復興の舵取りとかけて操舵手のジンベエが選ばれた。また、獣舎が被災した熊本市動植物園には、船医のチョッパーが動物のケアということで設置されている。このように、設置場所と復興の方向性を意識した取り組みとなっていることがわかる。

　熊本県内で分散して設置されているため、観光客の誘致に広範囲の導線を引くことができる。好きなキャラクターがあれば、優先的に訪れる行動様式を誘発するであろうし、コンプリートを目指す人もいるだろう。被災地にくまなく人流を起こし、復興の一助とする取り組みとなっている。全国区の大人気漫画であるため、観光客の誘致に一役を担うだろう。ここに、作者の尾田栄一郎氏の故郷を想う気持ちを、マンガ県を掲げる熊本が具現化していったものとして評価することができよう。

　以上、四都市を取り上げたが、妖怪の世界観を創り上げ観光客の誘致を図る境港市、野球をテーマにしつつ芸術性を盛り込んだ新潟市、フィクションでありながら日常に同化させた葛飾区亀有、復興のシンボルとする熊本県といった、趣向や目的は三者三様である。そこに訪れることで初めて得られる没入感を演出する取り組みや、町全体で"振り切る"努力によってまた違った形となって成長できるであろう。単体事業体で行うのではなく、複合的に取り組むことで、来訪者へのサービス向上につながる。マンガのキャラクターが単に娯楽のものではなく、地域振興や復興の一助になり得るのである。歴史が確固たる地縁性に帰属するように、キャラクターにも作家や作品の"縁"によって、人流の誘発と行動への動機付けを創出できるのである。そのためには創作者と関係団体、観光客との間で交錯する想いが、同じ方向性にあることが重要でもあろう。

〔参考文献〕
安高啓明『歴史のなかのミュージアム―驚異の部屋から大学博物館まで』（昭和堂、2014年）

レポート6

"ポケふた"と"マンホールカード"

　全国各地に何気なく存在し、そして我々の日常生活を支えているもののひとつにマンホールがある。下水道の普及にともなって設けられたが、その歴史は長い。近代的下水道は、明治14（1881）年に三田善太郎（神奈川県御用掛技師）が横浜居留地で設計したとされる。その後、中島鋭治（東京大学）が東京の下水道を設計するにあたって西欧のマンホールを参考に考案（東京型）、これが全国に広まったという。昭和33（1958）年にJIS規格が制定された時に採り入れられ、現在に至っている。なお、名古屋の茂庭忠次郎が上下水道の指導で全国へ訪れた際に広まったものもあるという（名古屋型）。

　今日では、植物や動物、自治体の史跡名勝などがイラストされたもの、さらには、ゆかりのあるマンガとコラボレーションしたものがマンホールのデザインとなっている。従来の"地味で人目につきにくかった"マンホールの蓋が今日、多種多様な意匠を凝らしたものへと変容している。安全性の担保が大前提であることはいうまでもないが、自治体が有する自然や歴史などの特色を、丸型の蓋に集約させた、まさに"デザイン・マンホール"ともいえるだろう。

　デザイン・マンホールには、郷土の伝統文化を集約して表現したものがある。例えば、青森市は国指定重要無形民俗文化財のねぶた祭りが有名だが、「武者のねぶた」と「跳人（はねと）」を描いたマンホール蓋がある。市が誇る祭りを県内外の人に紹介する効果がある。また、ゆるキャラや市の花（市花）が着彩されているものもある。これらは、従来の画一的で見向きもされていなかったマンホール蓋にユニークさと華やかさを演出し、一石を投じている。自治体との縁を重視したデザイン・マンホールの製作に一層拍

車をかけたものが、アニメやマンガとのコラボであろう。

　例えば、東京都練馬区には、「仮面ライダー１号」、「メーテル」（銀河鉄道999）、「ラム」（うる星やつら）、「矢吹丈」（あしたのジョー）が設置されている。これは令和３（2021）年の「映像∞文化のまち構想」に基づいたもので、練馬区には映画の撮影所やアニメ会社、映像関連の会社が多く、ここで名作が生まれていることにスポットを当て、映像資源を活用して文化的営みを高めることを目的としている。また、大阪市では「キン肉マン」がデザインされたマンホール蓋が設置されているが、これは「下水道'21大阪」開催にあたり、大阪市出身の漫画家ユニット「ゆでたまご」の作品とコラボしたものである。市のHPによれば、「下水道事業について楽しみながら幅広く関心を持っていただくため」とあり、下水道事業への理解を促すという目的もみられる。

　千代田区には「鉄腕アトム」や「お茶の水博士」、「ウラン」のデザイン・マンホールがあり、「鉄腕アトム」のマンホールカードを配布している。これも、アトムが作中で「お茶の水小学校」に通っていることに加え、お茶の水博士など、同区にゆかりのある地名が出てくるためである。区は「デザイン・マンホール蓋を活用し、観光客誘致の促進および地域活性化を図っていきます」と掲げており、明確に観光客と地域活性化を目的としている。

　マンホール蓋の観光客誘致としては、池田市の取り組みが興味深い。池田市のデザイン・マンホールは観光大使ひよこちゃんをデザインしたものである。インスタントラーメン発祥の地である池田市は、ひよこちゃん（日清のキャラクター）を採り入れているが、春（３〜５月）夏（６〜８月）秋（９〜11月）冬（12〜２月）で配布するマンホールカードのデザインを変えている。前述した観光客を誘致するという意味では、リピーターの確保を図る工夫した施策である。

　マンホールカードは、下水道広報プラットホーム（GKP）が統括する事業であるが、これとは別にポケモンとコラボしたポケモン・マンホール、通称"ポケふた"がある。ポケふたは、株式会社ポケモンの事業であり、平成30（2018）年に鹿児島県指宿市の指宿駅にイーブイのマンホール蓋が

"ヒコザル・ロコン"（北海道上ノ国町）

設置されたことが契機である。本事業は、地域それぞれの「推しポケモン」が魅力を発信する活動を行う一環として実施されており、現在、「推し活」と連動させた地域振興事業である。北海道ではロコン・アローラロコン、香川ではヤドンなどといったように、メインとなるポケモンに「推しポケモン」がつけられ、これがポケふたとして、設置されている。

　ポケモンの人気は、国内にとどまらないことから、訪日外国人を見越したものともいえよう。実際、ポケふたは、観光客の撮影スポットになっており、見込んだ通りの成果をあげている。また、ポケモンGOのスポットにもなっており、さまざまなコンテンツに波及効果が生じている。

　以上のように、マンホール蓋に多様なデザイン性が見られるようになってきた。そこには、下水道への理解ということはもとより、観光客誘致や地域活性化を見込むという行政施策がリンクしている。デザイン・マンホールは、全国的な広がりをみせているなか、現在では後者の目的が主となってきているように感じる。新たな集客コンテンツとして、自治体が見出した結果であり、ここに各種企業体などとコラボすることで、双方にとってウィンウィンの状況を生んでいる。日本、ひいては、地域活性化という共通する目的で行われる事業は、今後も続いていくだろう。また、マンホールカードを配布する手法も、子供から大人までを対象とした補助的なツールとして秀逸である。

　平成19（2007）年に国土交通省がダムカードを配布したことをはじめ、各業界で同様の動きがみられた。当該施設の啓発的効果を図ったものだが、交流人口の拡大にもつながる政策として重要である。また、内閣府の「日本の国境に行こう!!」プロジェクトは、周囲100m以上ある島だけで約14,000に及び、小規模のものを入れると10万を越える日本の国土状況を

離島カード

理解してもらう目的で立ち上がった。ここでも現地を訪れた人たちに「離島カード」を配布している。多数の島嶼部を有する日本ならではといった国家的な啓発事業であり、北海道、本州、四国、九州など全国統一的に実施されている。

　デジタル全盛の時代において、あえてアナログのカードを配布することは、"手にする"満足感を直接与え、さらに蒐集熱をかき立てる効果がある。そこには、近代博物館成立以前、換言すればヴンダーカンマー時代以来の傾向があり、人類社会が続く限り途絶えることはないだろう。現地へ行ったことへの満足感に加え、帰宅した際にも余韻がある、ひいては、思い出・コレクション化されるとすれば、当該自治体においては有益だ。ここで成功する事業になり得るかは、規格化されたカード様式と広範に及ぶ連帯性を生じさせられるかである。

　この点、マンホールカードは、下水道広報プラットホーム（GKP）がマンホールカードを企画・監修している点は、前述した連帯性の核となっており、今後、参加する自治体も増えてくるだろう。コレクションアイテムとしての魅力はもとより、配布は1か所1人1枚までという、限定的な手

法にもこだわりが感じられる。また、土曜日・日曜日も配布を促し、提供場所にも事業に関連する役所、観光案内所、商工会議所、観光関連施設を選定するなど、原則を定めていることは特筆すべき点である。なお、マンホールカードを発行できるのは、地方公共団体のほか、住宅事業、港湾事業、航空事業などの国土交通省所轄事業に関する事業を実施する公的機関で営利性も薄い。

　ポケふたも既存のファン層に加え、地域住民への周知によって、地域振興に相乗効果を生む。今後、設置する自治体も増えることは想定され、国内外の人流も増加してくるだろう。デジタルとの連結により、多様な展開も期待できる。先述したマンホールカードとあわせて、"デジタル・アナログ"による多角的な取り組みが可能である。

　博物館や資料館といった史実を母体とする事業とは一線を画した、新規の地域振興の拠点として、観光客の誘致につながるものと考えられる。マンホールカードの入手、デザイン・マンホールやポケふたの見学を通じて、現地へ訪れる動機を生み、近隣史跡や博物館などにも巡回する波及効果を創出する可能性を秘めているのである。

〔参考文献〕
『JASCOMA』Vol.27（公益社団法人日本下水道管路管理業協会、2020年）

おわりに

"地球の宝を守れ―国立科学博物館500万点のコレクションを次世代へ"

　国立科学博物館（以下、科博）が、目標金額100,000,000円に設定し、クラウドファンディングを行い、目標額に達したばかりか、それ以上を集めた（2023年10月26日時点で812,630,000円）として話題になった。多くの賛同者を得たことによる賛辞として紹介される向きもあったが、現在の博物館界が抱える問題を露顕した。資料の活用に重きを置いた文化財保護法の改正に基づき、積極的かつ"攻め"の博物館運営が求められているが、これに対する基盤的措置（人的・予算措置など）が追いついていない現実をさらした。そこに、博物館に自助努力を求めるという、"現場"を無視した文化財の活用重視の姿勢が、"クラウドファンディング"として表出したのである。

　クラウドファンディングが行われること自体が悪いのではない。これにより、多くの人の関心を集めることに繋がり、結果、所蔵品の価値に改めて着目し、博物館運営の理解にも通じる。博物館が現在抱える問題は、活動への一般的理解が低調だったことが要因のひとつと考えれば、まずは、興味・関心を寄せさせなければならない。その施策として、クラウドファンディングは有効といえようが、科博が行った今回のクラウドファンディングには、コロナ禍の影響による入館者の減少、物価高による保存容器や保存液等、光熱費の高騰などを挙げ、「自助努力や国からの補助だけでは到底追い付かない」と窮状が訴えられている。標本や資料の新規受け入れを断念している状況にもあり、目に見える形で活動に支障をきたしているのである。

　本来、基盤経費で賄うべきものが、外部の有志に頼らざるを得なくなってきている。クラウドファンディングは、さらなる活動の充実を図るために、来館者への満足度を高める運営のために行われるべきものではないだろうか。こうした現状を、国はどのように考えるのか。文化財を観光資源

にすると標榜しつつ、現実では科博のような状況にある。むしろ、日本を代表する科博でさえ、こういう事態に直面しているといえ、地方の博物館が置かれている現状をどれだけ正確に把握しているのか疑問を呈せざるを得ない。まさに、"机上の空論"ともいうべき文化財の活用重視が検討されているのではないだろうか。

　我々は、先人から貴重な資料、文化財を引き継ぎ、次世代に引き渡すスキームを作り上げるべきである。これは、本書で一貫して述べてきたように、文化財保護法に至るまでの様々な立法措置が、文化財の保存に繋がっており、その恩恵を受けている我々に課された責務が次世代への継承である。保存から活用への移行は、博物館法に基づく合理性はあるが、観光客・インバウンドへの偏重的な活用には十分な法整備がなされているとはいえない。科博が行ったクラウドファンディングは、施策と現実の矛盾を浮かび上がらせ、国民への強いメッセージを与えることになった。美談ではなく、そこにあるのは、まさに"危機感"そのものなのである。

　地域経済の衰退、少子化、人口減少など日本を取り巻く状況は決して良いとはいえない。そのようななか、業界、分野、自治体を超えて包括的に取り組んでいくことが求められる。地域創生には、ソフト面とハード面の充実が不可欠で、斬新的発想も重要である。各地に残る歴史や文化、慣習などに新たな光を照射し、価値を創出することで、街全体に活力を与える。危険水域にあるからこそ挑戦できる新しいビジョンを関係者には期待したい。歴史学研究に携わる立場から、本書が今後の文化財行政ならびに地域振興策の一助となれば幸甚である。

　本書は科学研究費助成事業基盤研究（C）「幕領預所天草の「訴え」にみる救済と治安維持―村役人の調整機能と郡中自治」（24K04496）の成果の一部である。

索　引

あ 行

アニメ　　238, 239, 250, 254～259, 265
天草市　　132, 204, 209, 230, 231
天草四郎ミュージアム　　113～115, 156, 159
アマビエ　　213, 214, 222～234
安政五カ国条約　　59, 65, 219
安政の大地震　　80, 198
医学館薬品会　　24, 38～40, 42, 45, 48, 49
伊佐市　　88, 89
一次資料　　99～103, 105～108, 110, 134, 135
伊藤圭介　　28, 29
稲生若水　　25, 30, 31
慰霊塔　　80
疫病　　213, 215, 217～220, 222, 223, 226, 227, 229, 230, 232～234
江戸　　26, 31, 33～37, 189, 191, 216, 219, 220, 225, 227, 247
江戸時代　　23, 24, 39, 44, 53, 59, 61, 70, 71, 78, 81, 154, 157, 159, 189, 191, 197, 203～205, 209, 214, 215, 217, 226, 229, 240, 246, 252
江戸幕府　　53, 54, 58, 74, 209
絵踏　　53～57, 59～61, 65, 66, 217
蝦夷　　39, 44
大網白里市　　164
大坂　　30, 34, 35, 55, 56, 246
大門　　251, 252
小野蘭山　　28, 30, 38
オランダ　　23, 24, 53, 59, 175～177, 224
オランダ東インド会社　　175
尾張　　24, 26, 28, 34, 38, 39, 44, 48

か 行

貝原益軒　　25, 46
学芸員　　12, 14, 22, 74, 94, 96～98, 104, 108, 109, 114, 115, 117, 122, 127, 130, 131, 136～138, 142, 146, 147, 149, 151, 160～162, 166

学術標本　　92～94, 96, 98～108, 110, 111, 113, 116, 133～136, 169, 171
学内共同利用機関　　97, 117
勝海舟　　152～155
勝海舟記念館　　143, 149, 152～155, 158
学校博物館　　92
葛飾区　　261～263
竈門神社　　243～246, 255
上天草市歴史資料館　　143, 149, 156～158
上天草市　　113, 114, 143, 149, 156～159, 230
雷門　　250, 252
感染症　　213～215, 217～219, 222, 229, 230, 232, 233
館長　　97, 146, 161
企業ミュージアム　　146, 148, 149
企業メセナ　　111, 112, 148
北島秀朝　　63, 64, 66
『鬼滅の刃』　　237～240, 243, 244, 246, 248～251, 254, 255
キャンパス・ミュージアム　　117, 150, 151, 169, 170, 172, 174
旧統治時代　　175, 179, 184
京都　　34, 35, 133, 246
教部省　　59, 61～67, 69, 71, 75
キリシタン　　53～58, 64, 67～72, 75, 158, 189, 190, 209, 217, 240, 241
キリスト教　　53, 55, 70, 71, 74, 150, 220
禁教政策　　53, 54, 57, 58, 61, 74, 75, 209, 241
クールジャパン　　19, 238
クールジャパン戦略　　238, 259
首切地蔵　　191, 194～196
熊本　　29, 30, 111, 121～124, 188, 204, 227, 231, 262, 263
熊本地震　　121～124, 129～133, 136, 262
供養　　188, 191, 195～197, 205, 207, 209, 210
供養塔　　197, 203～205, 208
栗本丹洲　　26
刑場　　189～195, 197, 210

271

遣米使節　143
公共性　49, 110, 117, 165
古器旧物保存方　3〜5
国宝　9, 10, 13, 21, 73, 123
国宝保存法　7〜12, 14
小倉　53, 55
古社寺保存法　5〜8
小塚原刑場　191〜195, 208
小伝馬町牢屋跡　208
コレラ　214, 217〜220, 222, 233

さ 行

境港市　228, 254, 259, 260, 263
鎖国　23, 53, 55, 58, 65, 219
三条実美　61, 62, 64, 65
シーボルト　24, 28, 38, 53, 54, 224
宍戸磯　60, 61, 63〜68
史跡　7, 13, 83, 123, 124, 150, 173, 174, 189, 191, 208〜210, 237, 252, 254, 264, 268
史蹟名勝天然紀念物保存法　7, 11, 73, 237
自然災害伝承碑　204, 205
指定管理者制度　20, 146, 161
島原天草一揆　54, 55, 240, 241
島原大変肥後迷惑　204, 205
社会教育法　3, 16, 145, 159
社会に開かれた大学の窓口　108
社寺局　67〜69, 75, 222
赭鞭会　26〜28
重要美術品等ノ保存ニ関スル法律　10, 11
重要文化財　13, 15, 41, 53, 71, 88, 123〜125, 129
生涯学習　16, 93〜98, 108, 117, 134, 137, 165
浄閑寺　197〜203, 209, 254
嘗百社　26, 28, 29, 38
庶物類纂　25, 26
資料台帳　108, 136
資料目録　108
神格化　186, 232
震災遺構　189, 203〜210
新吉原　80, 199, 202, 203, 247
鈴ヶ森刑場　191〜193, 208
スペイン　176
成功大学　169, 172, 173

聖地巡礼　239, 243, 246, 255, 259
西洋事情　143〜145
世界文化遺産　13, 53, 158
浅草寺　80, 247, 249〜251, 255
千人塚　196
僧侶　40, 55, 179, 214

た 行

大学設置基準　93
大学博物館　92〜94, 96〜88, 107〜113, 115〜117, 121, 122, 133〜139, 150, 151, 160, 169, 170, 172〜174
台中市　177, 178, 180, 183
台南　175, 176
台南市　172, 177, 182, 185
第二次世界大戦　175, 176, 182
台北市　169, 177, 179, 182
題目塔　191
台湾　169〜186
台湾大学　169〜174
高雄市　179〜184
辰野金吾　178
田村藍水（元雄）　31, 33, 35
地域計画　15〜19
地方公共団体　7, 11, 15, 128, 143, 146, 148, 159, 268
朝鮮半島　39, 44
津島恒之進（如蘭）　30, 31
津波　126, 136, 203〜208
坪井正五郎　112, 113
データベース　99, 101, 103, 105, 106, 108, 116
デザイン・マンホール　262, 264〜266, 268
デジタルアーカイブ　162, 163, 223
デジタルミュージアム　163, 164
寺請制度　54
伝統的建造物群　12, 14, 123
天然記念物　13, 124
東京国立博物館　41, 53, 126
東京帝室博物館　69, 70, 72, 74
東都薬品会　24, 31〜37, 48
登録有形文化財　13, 123, 124, 152
徳川吉宗　26, 196

図書館　92, 93, 99, 100, 106, 129, 132, 135, 146, 156, 159, 163, 170
戸田旭山　30, 31, 35
鳥取県西部地震　126

な 行

内国勧業博覧会　145, 249
内務省　5, 7, 67, 248
直海元周　35
長崎　34, 53, 55, 56, 58〜60, 62, 63, 65, 67, 81, 86, 88, 123, 190, 191, 209, 218, 219, 227, 228, 231
長崎県令　59, 60, 63〜67, 75
長崎代官　227
長崎博覧会　63, 66, 67, 71, 75
長崎奉行　53, 55〜58, 61, 227
長崎奉行所　53, 55, 57〜59, 61, 66, 71, 227
長崎貿易　23, 24, 47
名古屋　38, 39, 44, 45, 264
新潟市　231, 260, 263
日本遺産　16〜18
丹羽正伯　25, 26
人魚　46, 224, 225

は 行

博物学　23〜25, 48
博物館史　93, 133, 166
博物館相当施設　122, 150
博物館法　3, 14, 16, 93, 107, 109, 110, 122, 145, 148, 159, 160, 270
博物局　67〜69, 74, 75
博覧会　54, 63〜67, 71, 75, 145
発祥の地　18, 78, 82〜89, 265
発祥の碑　82, 83, 85, 86, 88, 89
林信勝（道春・羅山）　24
万国博覧会　145
阪神淡路大震災　121, 126, 127
東日本大震災　121, 123, 128, 129, 131, 136, 196, 203, 205, 206
平賀源内　31, 33, 35〜37, 48, 49
フィールド・ミュージアム　117, 155
福沢諭吉　143
武士　31, 40, 46, 220, 247
物産会　24, 31, 33, 39, 49, 145
物類品隲　37, 38
船橋市　163, 164
踏絵　53〜75
文会録　31
文化芸術振興基本法　19
文化財　2, 3, 9, 11〜20, 53, 99, 107, 121〜133, 135, 136, 138, 139, 156, 157, 164, 169, 184, 237, 238, 269, 270
文化財ドクター　129, 131, 139
文化財保護委員会　2, 11
文化財保護法　2, 3, 8, 11, 12, 14〜17, 19, 20, 107, 122, 129, 139, 269, 270
文化財保存活用大綱　15, 16
文化財保存活用地域計画　15
文化財レスキュー　126〜129, 131, 136, 139
文化庁　19, 125〜129, 131, 133, 139, 238
文化的景観　12, 13
ポケふた　264〜266, 268
墓所　152, 188, 189
細川重賢　29, 30
ボランティア　105, 109, 126, 130, 150, 171, 233, 237, 238
ポルトガル　176
本草学　23〜26, 28, 29, 31, 33, 38, 46〜49
本草綱目　24, 25, 28, 46〜49
ポンペ　218, 219

ま 行

迷子石　78〜81
埋蔵文化財　2, 11, 12, 14, 132
町田久成　67〜69
松岡恕庵　26, 30, 38
松田長元　33
マンガ　238, 254, 259, 263〜265
マンホールカード　262, 264〜268
水木しげる　228, 229, 232, 233, 254, 259
水谷豊文　28, 29, 38
宮川房之　60〜62, 64, 66
無形文化財　2, 11〜13, 123, 124
村井椿寿　29
名勝　7, 11〜13, 73, 123, 124, 237, 264
モバイルミュージアム　112, 113

や 行

薬品会　24, 31～40, 42, 45, 46, 48, 49, 145
大和本草　25, 46, 47
遊郭　197, 198, 203, 209, 231
遊廓　246, 247, 251, 252, 254
遊女　197～199, 201, 203, 209, 246～248, 254
湯島天神　79, 81
ユニバーシティ・ミュージアムの設置について　93, 94, 98

吉原　197, 199, 200, 246～248, 252～255

ら 行

蘭学　23, 28, 38, 49, 143

わ 行

若紫　199～203
和漢三才図会　47

■著者略歴

安高 啓明（やすたか ひろあき）
1978年生まれ。2007年中央大学大学院文学研究科博士後期課程修了。博士（史学　中央大学）、博士（国際文化　西南学院大学）。現在、熊本大学大学院人文社会科学研究部准教授。主な著書に『近世長崎司法制度の研究』（思文閣出版、2010年）、『歴史のなかのミュージアム』（昭和堂、2014年）、『踏絵を踏んだキリシタン』（吉川弘文館、2018年）などがある。

博物館の系譜と現代的実践
――ひろがるヴンダーカンマー

2025 年 3 月 25 日　初版第 1 刷発行

著　者　安　高　啓　明
発 行 者　杉　田　啓　三

〒 607-8494　京都市山科区日ノ岡堤谷町 3-1
発 行 所　株式会社　昭和堂
TEL（075）502-7500／FAX（075）502-7501
ホームページ　http://www.showado-kyoto.jp

Ⓒ 安高啓明 2025　　　　　　　　　　　　印刷　亜細亜印刷
ISBN978-4-8122-2327-7
＊乱丁・落丁本はお取り替えいたします。
Printed in Japan

本書のコピー、スキャン、デジタル化の無断複製は著作権法上での例外を除き禁じられています。本書を代行業者等の第三者に依頼してスキャンやデジタル化することは、たとえ個人や家庭内での利用でも著作権法違反です。

―――大学的ガイドシリーズ―――

奈良女子大学文学部なら学プロジェクト編
大学的奈良ガイド
――こだわりの歩き方
A5判・304頁
定価2530円

奈良女子大学文学部なら学プロジェクト編
続・大学的奈良ガイド
――新しい見どころ60編
A5判・276頁
定価2200円

西南学院大学国際文化学部　高倉洋彰・宮崎克則編
大学的福岡・博多ガイド
――こだわりの歩き方
A5判・272頁
定価2420円

西高辻信宏・赤司善彦・高倉洋彰編
大学的福岡・太宰府ガイド
――こだわりの歩き方
A5判・308頁
定価2420円

沖縄国際大学宜野湾の会編
大学的沖縄ガイド
――こだわりの歩き方
A5判・316頁
定価2530円

四国大学新あわ学研究所編
大学的徳島ガイド
――こだわりの歩き方
A5判・336頁
定価2530円

長崎大学多文化社会学部編・木村直樹責任編集
大学的長崎ガイド
――こだわりの歩き方
A5判・320頁
定価2530円

和歌山大学観光学部監修・神田孝治・大浦由美・加藤久美編
大学的和歌山ガイド
――こだわりの歩き方
A5判・328頁
定価2530円

鹿児島大学法文学部編
大学的鹿児島ガイド
――こだわりの歩き方
A5判・336頁
定価2530円

弘前大学人文社会科学部編
羽渕一代 責任編集
大学的青森ガイド
――こだわりの歩き方
A5判・272頁
定価2530円

昭和堂刊（価格は税込）

昭和堂ホームページ　http://www.showado-kyoto.jp/

――大学的ガイドシリーズ――

静岡大学人文社会科学部・地域創造学環編
大学的静岡ガイド
　――こだわりの歩き方

A5判・288頁
定価2530円

都留文科大学編
加藤めぐみ・志村三代子・ハウエル エバンズ責任編集
大学的富士山ガイド
　――こだわりの歩き方

A5判・264頁
定価2530円

愛媛大学・松山大学「えひめの価値共創プロジェクト」編
若林良和・市川虎彦 責任編集
大学的愛媛ガイド
　――こだわりの歩き方

A5判・276頁
定価2640円

富山大学地域づくり研究会編
大西宏治・藤本武責任編集
大学的富山ガイド
　――こだわりの歩き方

A5判・300頁
定価2640円

甲南大学プレミアプロジェクト神戸ガイド編集委員会編
大学的神戸ガイド
　――こだわりの歩き方

A5判・320頁
定価2530円

新潟大学人文学部附置地域文化連携センター編
大学的新潟ガイド
　――こだわりの歩き方

A5判・296頁
定価2530円

塚田修一編
大学的相模ガイド
　――こだわりの歩き方

A5判・296頁
定価2530円

松村啓子・鈴木富之・西山弘泰・丹羽孝仁・渡邊瑛季編
大学的栃木ガイド
　――こだわりの歩き方

A5判・376頁
定価2640円

岡山大学文明動態学研究所編
大学的岡山ガイド
　――こだわりの歩き方

A5判・360頁
定価2640円

昭和堂刊（価格は税込）

昭和堂ホームページ　http://www.showado-kyoto.jp/

——大学的ガイドシリーズ——

流通経済大学共創社会学部編・西田善行・福井一喜責任編集
大学的ちばらきガイド
——こだわりの歩き方

A5判・280頁
定価2750円

福島大学行政政策学類編・阿部浩一責任編集
大学的福島ガイド
——こだわりの歩き方

A5判・368頁
定価2640円

平山　昇編
大学的神奈川ガイド
——こだわりの歩き方

A5判・380頁
定価2640円

ものつくり大学教養教育センター編・井坂康志責任編集
大学的埼玉ガイド
——こだわりの歩き方

A5判・336頁
定価2750円

鎌田真弓編
大学的オーストラリアガイド
——こだわりの歩き方

A5判・304頁
定価2750円

昭和堂刊（価格は税込）

昭和堂ホームページ　http://www.showado-kyoto.jp/